In der Heimat ihrer Kinder

In der Heimat ihrer Kinder
Tamilen in der Schweiz

Vera Markus

Mit Texten von

Paula Lanfranconi
Markus Spillmann
Martin Stürzinger
Damaris Lüthi

OFFIZIN

Dank

Ohne die Unterstützung aller Menschen, die mir einen Einblick in ihr Leben ermöglichten, in zahlreichen Gesprächen hilfreiche Anregungen und Auskünfte gaben und bei Verständigungsschwierigkeiten nicht verzagten, hätte dieses Buch nicht entstehen können.
Ihnen allen meinen wärmsten Dank.

Besonders danke ich:
Ratnacumar Vijiyanathan, Thakshayini und Nilayini Vamatheva, Srikalasena Sinnadurai, Vathany Sriranjan, Tharani und Ramanadhakurukhal Sivasanmukanathasarma, Venis und Englieen Robinson, Kannanthas Velummaylum, Rushani Nimalakumar, Peter Canute Jakomuthu, Nagesh Uruthira Moorthy, Pfarrer S. J. Peppi.

Ich danke auch allen, die mich über die zweieinhalb Jahre, in denen dieses Werk entstand, mit ihrer konstruktiven Kritik begleiteten und mir in vielerlei Hinsicht wertvolle Unterstützung gaben:
Martin Müller, Ursula Markus, Eva Markus, Käthi Schwab und Charlotte Rutz vom Verein Kamadhenu, Therese Halfhide, Nadine Schneider, Bea Schwager, Hans-Peter Harlacher.

Vera Markus

Die Fotografin, die Autoren und der Verlag danken folgenden Institutionen, Stiftungen und Sponsoren, durch deren Unterstützung die Herausgabe dieses Buches ermöglicht wurde:

Familien-Vontobel-Stiftung
Stiftung der Schweizerischen Landesausstellung 1939 Zürich
 für Kunst und Forschung
Karitative Stiftung Dr. Gerber-ten Bosch
Schweizerische Doron-Preis Stiftung
Casinelli-Vogel-Stiftung
Eidgenössisches Departement für auswärtige Angelegenheiten (EDA)
Bundesamt für Flüchtlinge (BFF)
Paul Schiller-Stiftung

Stiftung für Bevölkerung, Migration und Umwelt BMU
Migros-Kulturprozent
Römisch-katholische Zentralkommission des Kantons Zürich
Evangelisch-reformierte Landeskirche des Kantons Zürich
Gemeinde Küsnacht ZH
Restaurant Hiltl
Römisch-katholische Landeskirche des Kantons Freiburg
Alice Belser
Isabelle Fischer und alle hier nicht namentlich genannte Spender.

Anmerkungen

Die Fotografien entstanden zwischen 2002 und 2004.
Die Zeichen auf den Seiten 6, 12, 18, 28, 64, 96, 122, 140, 184 sind Buchstaben des tamilischen Alphabets.
Mit «Tamilen» sind in diesem Buch tamilische Flüchtlinge aus Sri Lanka gemeint, nicht aber Tamilen aus Südindien.

Nach Redaktionsschluss, kurz vor Drucklegung, ereignete sich die schreckliche Flutkatastrophe in Südostasien. Die Solidarität mit den Opfern war in der tamilischen Bevölkerung der Schweiz sehr gross. Sie trauten der sri-lankischen Regierung nicht, dass sie Hilfsgüter auch an die notleidende tamilische Bevölkerung verteilen würde, und organisierten daher selber Transporte nach Sri Lanka. Sie sammelten Geld, Kleider, Arzneimittel und anderes, richteten Abgabestellen in Läden und Tempeln ein, sammelten auf den Strassen und klopften bei ihren tamilischen Landsleuten an die Tür. Ich versuchte diese Bemühungen in Bilder zu fassen. Sie wurden in letzter Minute in dieses Buch eingefügt (siehe Seite 136/137).

Inhalt

Hintergrundtexte	Die Hintergründe der tamilischen Massenflucht Markus Spillmann	6
	Little Jaffna: Die tamilische Diaspora in der Schweiz Martin Stürzinger	12
	Die kulturelle Identität bewahren Damaris Lüthi	18
Bilder Familie	«Wir heiraten nicht nur unseren Ehemann, sondern gleich die ganze Familie mit.»	28
Porträt Vathany Sriranjan	«Welchen Weg sollen wir gehen?» Paula Lanfranconi	62
Bilder Alltag	«Sie mögen uns, weil wir fleissig sind.»	64
Porträt Ratnacumar Vijiyanathan	«Wir müssen tun, was wir können!» Paula Lanfranconi	94
Bilder Freizeit	«Neben Arbeit und Familie bleibt uns kaum Freizeit.»	96
Porträt Surenthini Devarasa	«Ich möchte mein Leben selber gestalten.» Paula Lanfranconi	120
Bilder Politik	«Es ist unsere Pflicht, etwas für unsere Heimat zu tun.»	122
Porträt Lathan Suntharalingam	«Mein Ziel ist, Tabus zu brechen.» Paula Lanfranconi	138
Bilder Religion	«Für uns bedeutet Religion das Leben.»	140
Porträt Sasitharan Ramakrishnasarma	«Gott ist überall, er weiss alles.» Paula Lanfranconi	182
Bilder Erziehung	«Bildung kann uns niemand wegnehmen.»	184
Porträt Dharmini Amirthalingam	«Die Eltern müssen mit der Schule zusammenarbeiten.» Paula Lanfranconi	204
Schlusswort	Wie alles anfing Vera Markus	206
Autoren		207

Die Hintergründe der

tamilischen Massenflucht

Markus Spillmann

Die keimende Saat

Seit der Entlassung aus der britischen Kolonialherrschaft im Jahr 1948 wird das politische und gesellschaftliche Leben Sri Lankas vom Gegensatz zwischen der singhalesischen Bevölkerungsmehrheit und der tamilischen Minderheit dominiert. Wurde der Konflikt zunächst nur auf der politisch-gesellschaftlichen Ebene und weitgehend gewaltlos ausgetragen, hat er in den letzten zweieinhalb Jahrzehnten die Intensität und Brutalität eines Krieges angenommen. Diesem sind bis heute rund 70'000 Menschen zum Opfer gefallen. Die Zahl der physisch und seelisch Verletzten geht in die Zehntausende, jene der Entrechteten, Verschwundenen, Vertriebenen und Geflohenen in die viele Hunderttausende. In der Mehrheit handelt es sich dabei um Tamilen. Deren Diaspora wird weltweit auf über eine Million geschätzt; allein in Sri Lanka dürften rund 800'000 Personen intern vertrieben worden sein.

Obwohl die Unabhängigkeit Sri Lankas im Gegensatz etwa zu Britisch-Indien 1948 weitgehend störungsfrei und vor allem gewaltlos vollzogen wurde, waren in der sri-lankischen Gesellschaft schon zu diesem frühen Zeitpunkt jene Konfliktlinien gezogen, die wenige Jahre später aufbrechen sollten.

Das Land, rund eineinhalb Mal so gross wie die Schweiz, umfasst auf relativ engem Raum eine sowohl ethnisch als auch sozial und wirtschaftlich sehr heterogene Bevölkerung von rund 19 Millionen, die gleichwohl rein zahlenmässig mit 75 Prozent nur von einer Volksgruppe, derjenigen der Singhalesen, dominiert wird. Überwiegend buddhistischen Glaubens verfügen die Singhalesen über eine eigene Sprache und Schrift, das Sinhala.

Die Singhalesen lassen sich grob in zwei etwa gleich grosse Gruppen unterteilen, in die so genannten Tiefland-Singhalesen der (primär) südwestlichen Küstenregionen und die Hochland- oder «Kandy»-Singhalesen, die im südlichen Bergland mit der Stadt Kandy als Zentrum leben.

Auf tamilischer Seite sind zwei Volksgruppen zu differenzieren, die so genannten Insel- oder Sri Lanka-Tamilen sowie die von diesen streng zu unterscheidenden «Plantagen»-Tamilen. Die erste Gruppe zählt rund 2,1 Millionen oder 12 Prozent der Gesamtbevölkerung. Ihre Hauptsiedlungsgebiete umfassen die Halbinsel Jaffna im Norden mit Jaffna als wichtigste Stadt; darüber hinaus erstrecken sie sich, mit sehr viel stärkerer Durchmischung, entlang der sri-lankischen Ostküste. Diese Bevölkerungsgruppe ist mehrheitlich hinduistisch und besitzt mit dem Tamilischen auch eine eigene Sprache und Schrift.

Von den indischen («Plantagen»-)Tamilen unterscheiden sich diese Tamilen dadurch, dass sie einerseits früher, vor rund 1000 Jahren, aus Südindien in den Norden und Osten Sri Lankas zogen, andererseits traditionell eine andere Kasten- und Sozialstruktur aufweisen. Die Plantagen-Tamilen wurden ab Mitte des 19. Jahrhunderts von den britischen Kolonialherren aus Südindien für die Kaffee-, später Tee- und Kautschukplantagen in das südliche Bergland geholt. Anders als bei den Jaffna-Tamilen überwiegen bei dieser Volksgruppe die Niedrigkastigen und Landlosen, was sie auch aus Sicht der Jaffna-Tamilen zu Menschen zweiter Klasse macht.

Mehrheit mit Minderwertigkeitsgefühlen

Entscheidend für das Verständnis des Konfliktes ist das Verhältnis zwischen Tamilen und Singhalesen, das zum Zeitpunkt der Unabhängigkeit sehr unscharf als das Verhältnis zwischen dem singhalesischen Mehrheitsvolk mit Minderwertigkeitsgefühlen und der tamilischen Minderheit mit den Ambitionen des Mehrheitsvolkes umschrieben werden kann. So existierte eine primär durch Beamtenkarrieren in der britischen Verwaltung aufgestiegene tamilische Elite, die gemessen am prozentualen Bevölkerungsanteil eine relative Vorrangstellung im Staat gegenüber den Singhalesen einnahm. Die Hochland-Singhalesen rund um Kandy wiederum fühlten sich durch die britisch forcierte Zuwanderung der südindischen (Plantagen-)Tamilen latent in die Minderheit versetzt, zumal die Bande zu den Tiefland-Singhalesen eher locker waren, hier also innerhalb des Mehrheitsvolkes wiederum eine Form des Minderheitenproblems bestand.

Als Folge wurde die Unterscheidung zwischen sri-lankischen und südindischen Tamilen immer diffuser, der Verweis auf die «Umzingelung» mit Blick auf das nahe gelegene indische Festland zu einem Topos antitamilischer Polemik. Aus Sicht der Singhalesen hatten die Jaffna-Tamilen nicht nur die Kontrolle über die administrativen Schlüsselpositionen inne, sondern bedrohten in Form der indischen Tamilen rund um Kandy auch noch das singhalesisch-buddhistische Kernland.

Genährt wurden solche Ängste auch durch die Tatsache, dass Sri Lanka vom indischen Gliedstaat Tamil Nadu nur durch die zwölf Kilometer breite Meerenge von Palk und dadurch von rund 50 Millionen indischen Tamilen getrennt ist. Die Nähe zur südasiatischen Landmasse entfaltete schon sehr früh eine nicht zu unterschätzende psychologische Wirkung auf die Singhalesen. Die Interessen Indiens mit seiner eigenen tamilischen Minderheit wurden automatisch mit jenen der tamilischen Minderheit in Sri Lanka gleichgesetzt.

Radikalisierung

Die gesellschaftliche, politische und wirtschaftliche Ausgrenzung der Tamilen lässt sich etwas pauschal in drei Schritte unterteilen: Forderung nach Repatriierung der indischen Plantagen-Tamilen nach Indien, mit dem Ziel der zahlenmässigen Schwächung der aus singhalesischer Sicht homogenen tamilischen Bevölkerungsgruppe, die Durchsetzung einer Sprach- und Bildungsreform zur Wiedererlangung und Absicherung der singhalesischen Vormachtstellung gegenüber den sri-lankischen Tamilen und schliesslich die Einbindung gemässigter Tamilenparteien bei gleichzeitiger militärischer Bekämpfung der militanten tamilischen Kräfte.

Der singhalesisch-tamilische Konflikt entzündete sich scheinbar auf einem «Nebenfeld» – bei der Frage des Stimm- und Wahlrechts der indischen Plantagen-Tamilen sowie deren Einbürgerung. Unter britischer Herrschaft hatten rund eine Viertelmillion unter ihnen bereits ein politisches Mitbestimmungsrecht erhalten, ohne allerdings nach der Unabhängigkeit sri-lankische Bürger zu werden. Unmittelbar nach 1948 wurde durch die tonangebende singhalesische United National Party (UNP) die Nationalitätenfrage erneut aufs Tapet gebracht und mit der Stimmfähigkeit verknüpft. Aus Sicht der UNP handelte es sich bei den Plantagen-Tamilen um Bürger Indiens, die entweder repatriiert werden mussten oder aber in einem willkürlichen Prozess eine sri-lankische Staatszugehörigkeit beantragen konnten.

Die politische Ausgrenzung fast der Hälfte der gesamten tamilischen Bevölkerung führte zum wirtschaftlichen und sozialen Niedergang der von der Massnahme direkt betroffenen indischen Tamilen. Die Massnahme begünstigte gleichzeitig aber auch – und das war mit Blick auf die spätere Gewalteruption fatal – unter den bisher eher gemässigten Jaffna-Tamilen jene Kräfte, die im Vorgang eine längerfristige Bedrohung auch der eigenen Stellung erkannten und sich infolge verstärkt nach ethnisch-nationalen Kriterien zu definieren begannen. So büssten die wichtigsten gemässigten Tamilenparteien zusehends an politischem Einfluss zu Gunsten neuer, sich am (utopischen) Fernziel einer Separation orientierender Bewegungen ein – die infolge interner, auch gewalttätiger Auseinandersetzungen schliesslich in den siebziger Jahren zur Gründung der Untergrundbewegung Liberation Tigers of Tamil Eelam (LTTE) unter Vellupillai Prabhakaran führte.

Die seit der Unabhängigkeit tonangebende UNP wiederum sah sich auf singhalesischer Seite mit der Gründung einer zweiten Mehrheitspartei konfrontiert, der Sri Lanka Freedom Party (SLFP). Diese verband unter dem Slogan «Sinhala only» in einer abenteuerlichen Mixtur singhalesisches Überlegenheitsdenken mit buddhistisch-nationalistischem Gedankengut und erklärte gleichzeitig in einem späten antikolonialen Reflex den sozialistischen Entwicklungsweg zum Leitbild. Dieses Konzept sollte sich als wählerwirksam erweisen und die UNP auf einen ebenfalls härteren, antitamilischen Kurs drängen.

Mit dem SLFP-Parteigründer Solomon Bandaranaike trat zudem ein Mann auf die politische Bühne Sri Lankas, dessen Familie mit wenigen Unterbrüchen bis heute in gleichsam dynastischer Weise die Geschicke des Landes bestimmt. So ist die amtierende Präsidentin Chandrika Kumaratunga die Tochter von Solomon und dessen Gattin Srimavo Bandaranaike, die nach der Ermordung des SLFP-Gründers 1959 als weltweit erste Frau Premierministerin wurde und in der Folge die politische Entwicklung der ganzen Region über Jahrzehnte massgeblich prägte.

Der Weg in die Gewalt

Es ist für das Verständnis der tamilischen Massenflucht unerheblich, wie im Einzelnen die politische Entwicklung bis zum Ausbruch der pogromartigen antitamilischen Ausschreitungen von 1983 verlief. Im Allgemeinen war sie geprägt von einer Radikalisierung beider Seiten bei einer gleichzeitig immer klarer erkennbaren Strategie der singhalesischen Mehrheitsparteien, die tamilische Minderheit zu marginalisieren.

So wurden die diversen, aus singhalesischer Sicht als «Fehlentwicklungen» antizipierten tamilischen Errungenschaften aus der britischen Kolonialzeit nach und nach im Sinn der singhalesischen Mehrheit «korrigiert». Sinhala wurde zur alleinigen Staatssprache erhoben. Sie erhielt den Charakter einer Nationalsprache, während das Tamilische zur Sprache einer auch geographisch klar eingegrenzten ethnischen Minderheit degradiert wurde. Die Verwaltung, die Kulturbetriebe, das wirtschaftliche Leben und schliesslich auch das Bildungssystem wurden «singhalisiert». Besonders gravierend war dabei der Eingriff im Schul- und Universitätsbereich, wo mit einem Quotensystem die bis anhin überproportionale Vertretung der Tamilen im singhalesischen Sinn zurechtgerückt wurde, was viele fähige und kluge Köpfe unter der tamilischen Minderheit ins Ausland trieb.

Begleitet wurden diese Massnahmen durch eine steigende Gewaltbereitschaft auf beiden Seiten, die sich nicht zuletzt auch durch die aufgestaute soziale und ökonomische Deprivation innerhalb der disparaten singhalesischen Bevölkerung erklärt, aber auch anhand der Tatsache, dass die Regierung in Colombo schon früh zum Disziplinierungsmittel des Ausnahmezustandes in den zunehmend unruhigen Provinzen des Nordens griff und so indirekt der kompromisslos auf die Mittel des Guerilla- und Terrorkampfes ausgerichteten LTTE in die Hände spielte. Diese formten seit den frühen Siebzigerjahren ein Sammelbecken für all jene Tamilen, die einer Verhandlungslösung keinen Kredit mehr gaben und davon überzeugt waren, dass nur Gewalt den Gegner zu Konzessionen zwingen würde. Richtete sich Prabhakarans Kampf zunächst vor allem gegen die Rücknahme der als rassistisch wahrgenommenen singhalesisch-buddhistischen Reformen, verhärtete sich im Verlauf des Konfliktes seine Haltung, indem er die von Beginn an angestrebte Gründung eines unabhängigen tamilischen Staates, Tamil Eelam, zur unverhandelbaren Maxime erhob. Das Festhalten an dieser Extremposition schwächte nicht nur die tamilische Minderheit, sondern lieferte der singhalesischen Mehrheit über Jahrzehnte genügend Gründe, zur Wahrung der inneren Sicherheit die Tamilen mit härtesten Bandagen zu bekämpfen.

Hatte es schon vorher immer wieder zwischen, aber auch innerhalb der Volksgruppen Gewaltausbrüche gegeben, haben sich rückblickend die Pogrome gegen die tamilische Bevölkerung zwischen dem 24. und 30. Juli 1983 als die eigentliche Zäsur erwiesen. War die

Initialzündung für das Pogrom ein Überfall der LTTE auf eine Armeepatrouille, dem 13 singhalesische Soldaten zum Opfer fallen, so lagen die tieferen Ursachen für die rasch sich ausbreitenden Übergriffe auf Tamilen in dem jahrelang gärenden Unfrieden unter vielen Singhalesen, der nicht zwingend mit dem ethnischen Konflikt in Zusammenhang stehen muss. Die blutigen Auseinandersetzungen forderten nicht nur das Leben von rund 3000 Tamilen, sondern führten indirekt auch zu einer letztlich fatalen Internationalisierung des Konfliktes, in Gestalt der Intervention Indiens und einer Polarisierung der Lager. Hatten politische Passivität und Nichtbeteiligung neben der Unterstützung gemässigter Parteien zuvor noch Alternativen dargestellt, wurde nun die Solidarisierung mit der singhalesischen oder tamilischen Sache zur bestimmenden Richtgrösse. Die tamilische Zivilbevölkerung sah sich dabei doppelt unter Druck gesetzt: Als Ethnie sollte sie sich mit der tamilischen Sache solidarisch zeigen, als sri-lankische Bürger der (staatstragenden) singhalesischen Seite gegenüber Loyalität beweisen. Übergriffe einer überforderten Regierungsarmee in Jaffna wurden genauso zum Alltag, wie die Heimtücke des LTTE-Terrors die Städte des Südens heimsuchte.

Militärisch freilich blieb der Konflikt stets an Ort tretend: War es den Regierungstruppen gelungen, die LTTE in ihren Hochburgen auf der Halbinsel Jaffna und im Vanni-Dschungelgebiet in Bedrängnis zu bringen, reagierten diese mit Terroranschlägen ihrer so genannten Zyankali-Attentäter.

Die seit 1994 die Geschicke des Landes zunächst als Premierministerin, dann als Präsidentin lenkende Kumaratunga glaubte diesen Teufelskreis mit einer Mehrfachstrategie durchbrechen zu können. Sie wandte sich zum ersten Mal entschieden gegen die Sinhala-Doktrin ihres Vaters, im Wissen, dass diese einer Einbindung gemässigter Tamilen immer im Wege stehen würde. Sie erhoffte sich zweitens den Gewinn der «Herzen und Köpfe» all jener Tamilen, die dem Terror und der Guerillataktik der LTTE kritisch bis ablehnend gegenüberstanden, indem sie ihnen eine moderate Autonomielösung im Rahmen einer Föderalisierung unter Beachtung ethnischer Gegebenheiten in Aussicht stellte. Drittens versuchte sie (nach mehreren gescheiterten politischen Verständigungsversuchen), die LTTE und deren Führer Prabhakaran militärisch so zu schwächen, dass diese innerhalb der tamilischen Bewegung isoliert und damit marginalisiert würden. Viertens setzte sie gegenüber den eigenen Singhalesen alles daran, die katastrophalen Auswirkungen des Krieges auf die Wirtschaft (und da vor allem auf den Tourismus) zu verharmlosen, bei gleichzeitiger Betonung der Notwendigkeit, mit immer grösserem militärischen Aufwand und ausufernden Kriegskosten das Gewaltmonopol des sri-lankischen Staates gegen die LTTE durchzusetzen. Keines dieser Ziele wurde auch nur annähernd erreicht. Die LTTE, die inzwischen auf rund 15'000 Kämpfern angewachsen waren und mit eigenen Kriegsschiffen, Artillerie und modernsten Flugzeugabwehrwaffen zu den weltweit wohl am besten ausgerüsteten Guerillaarmeen gehörten, vermochten unter der gleichermassen genialen als auch absolut skrupellosen Führung Prabhakarans ihren absolutistisch vorgetragenen Alleinvertretungsanspruch für die Tamilen jederzeit zu wahren, selbst dann, wenn sie mit dem Rücken zur Wand standen. In den Flüchtlingslagern des Nordens, aber auch in der Diaspora fanden sich genügend Willige und Zahlungsfähige, die den Kampf der Tigers mit trugen. Wo dies nicht genügte, bediente sich Prabhakaran der Rekrutierung von Kindersoldaten, der Schutzgelderpressung oder des Drogen- und Waffenhandels.

Die sri-lankische Armee ihrerseits musste erkennen, dass sie in den tamilischen Siedlungsgebieten des Nordens als Besatzer in feindlicher Umgebung operierte und nicht auf die Unterstützung der lokalen Bevölkerung zählen konnte, selbst dann nicht, wenn diese schon längst keine Sympathien mehr für die Methoden der LTTE hegte. Kooperierten diese Menschen mit der Regierung in Colombo, drohten ihnen schwere Repressionen seitens der Tigers; blieben sie diesen gegenüber loyal, wurden sie als potenziell Verdächtige zum Ziel der Regierungsarmee. Schikanen, Sippenhaftung und grundlose Verdächtigungen schufen zusammen mit grassierenden Menschenrechtsverletzungen eine Atmosphäre, in der die Flucht ins Ausland die letztlich einzige Hoffnung darstellte.

Friedenshoffnung und Friedenshindernis

Der Krieg in Sri Lanka war nie nur ein Konflikt zwischen, sondern auch innerhalb von ethnischen und politischen Gruppierungen, ein Ringen um Vorherrschaft, um Dominanz und Einfluss, um politische und wirtschaftliche Macht im Staat. Die Ablehnung, die auch vor Gewaltanwendung nie Halt gemacht hat, richtete sich nie allein gegen den «Anderen» im ethnisch-religiösen Sinn, sondern auch gegen den in sozialen, wirtschaftlichen und politischen Denkmustern als «konkurrierend» und damit bedrohlich Wahrgenommenen. Zu jedem Zeitpunkt war in der sri-lankischen Geschichte die Fragilität des demokratischen Prozesses gross – ein Zustand, an dem sich bis in die jüngste Gegenwart hinein kaum etwas geändert hat. Sri Lankas politische Landschaft war und ist geprägt von einer gleichsam dynastischen Präsenz einiger weniger Familien, aber auch von stark politisierten buddhistischen Mönchsorden und Laienorganisationen. Die Dominanz autoritär-absolutistischer Machtansprüche sowie Misswirtschaft, Korruption und Nepotismus prägen seit der Unabhängigkeit die sri-lankische Demokratie.
Diese Gemengelage hat eine Verschärfung und Komplizierung des ursächlich ethnischen Konflikts bewirkt; nur zu oft blieben Friedensversprechungen auch deshalb unerfüllt, weil ihre Umsetzung dem politischen Gegner in der eigenen Volksgruppe einen Vorteil verschafft hätte. Entsprechend hat der singhalesisch-tamilische Gegensatz auch eine tiefe gesellschaftliche, soziale und wirtschaftliche Krise heraufbeschworen, deren Überwindung selbst bei einer Beilegung des Konfliktes noch Jahrzehnte dauern wird.

Die Komplexität des Problems mag die Tatsache illustrieren, dass es zur Lösung der vielen Streitfragen schon gut drei Dutzend nationale und internationale Friedensinitiativen gegeben hat, eine (letztlich gescheiterte) Militärintervention Indiens und viele im weitesten Sinn alternative Verhandlungsansätze, die meist getragen von Nichtregierungsorganisationen und privaten Gruppen die Kluft zwischen Friedensnotwendigkeit und Friedensbereitschaft bei den Konfliktparteien zu überbrücken suchten. Ihr aller Erfolg blieb bescheiden; es bedurfte dazu offenbar erst der weltpolitischen Zäsur eines 11. Septembers 2001, dessen Ausstrahlung auch Sri Lanka erfasste und begann, gewohnte Verhaltensmuster in Frage zu stellen. So wurden die LTTE im Zuge des Anti-Terror-Kampfes in den USA, in Europa und in Indien nur noch als Terrororganisation wahrgenommen und entsprechend geächtet, nachdem sie jahrelang propagandistisch geschickt den mit Terror unterstützten Guerillakrieg für viele im Westen als gerecht darzustellen vermocht hatten. Colombo wiederum sah sich angesichts der jahrzehntelangen erfolglosen Militarisierung des Konfliktes und der dramatischen Wirtschaftssituation nicht länger in der Lage, eine Verhandlungslösung unter Einbindung der Tigers abzulehnen.
Seit Februar 2002 herrscht zwischen der Regierung und den lange Zeit für eine Abspaltung der tamilischen Siedlungsgebiete kämpfenden Befreiungstigern von Tamil Eelam ein Waffenstillstand; freilich ist es noch zu früh, die unter geduldiger Vermittlung Norwegens herbeigeführten Verhandlungen als entscheidenden Durchbruch hin zu einer politischen und nicht mehr kriegerischen Lösung des sri-lankischen Konfliktes zu bezeichnen. Immer wieder hat es in der Vergangenheit derartige Anläufe gegeben, Phasen, wo Waffen schwiegen oder die Gewalt auf ein sporadisches, freilich nicht minder tödliches Mass für die Betroffenen zurückgedrängt wurde. Immer wieder wurden die damit verbundenen Hoffnungen auf Frieden bitter enttäuscht.

Little Jaffna: Die tamilische

Diaspora in der Schweiz

Martin Stürzinger

«1985 reiste unsere Familie wegen des Bürgerkrieges in die Schweiz ein. Wir waren damals zwei Jahre und sieben Monate alt. Unser Bruder wurde ein Jahr später in der Schweiz geboren. Wir hatten vor, nur einige Jahre in der Schweiz zu leben und sobald der Bürgerkrieg zu Ende ist, wieder nach Sri Lanka zurückzugehen. Jetzt sind schon 17 Jahre vergangen, und Sri Lanka hat immer noch keine politische Lösung. So sind wir hier geblieben.» Das schrieben Thaka und Nilayini im Jahr 2002 in ihrer Maturarbeit, und so wie ihrer Familie ging es wohl den meisten Tamilen, die in der Schweiz um Asyl nachsuchten.

Als die Eltern der beiden jungen Frauen Sri Lanka Hals über Kopf verliessen, war ihnen egal, wohin. Dass sie der Schlepper in die Schweiz brachte, war ihnen so recht wie in irgendein Land. Deutsch lernen wollten sie erst gar nicht. «Ich dachte, ich könne ja ohnehin nicht lange hier bleiben», entschuldigt sich der Vater. Doch die Zeit verging rasch. Dank der Unterstützung einer Zürcher Gemeinde wurde eine Wohnung und bald auch eine Arbeitsstelle gefunden. Der Bürgerkrieg zerschlug die Hoffnung auf eine baldige Rückkehr, dann musste Thaka zur Schule, und langsam dämmerte es den Eltern, dass sie sich wohl auf einen längeren Aufenthalt einrichten mussten.

Doch nach 20 Jahren fühlen sich nur die drei Kinder in der Schweiz wirklich zu Hause. Sie sprachen schnell Schweizerdeutsch, gingen gerne zur Schule und fanden, dass es ihnen nicht besser gehen könnte. Der Vater ist anderer Meinung. Zwar ist er der Schweiz dankbar, doch die Arbeit in einer Grossbäckerei machte dem ehemaligen Geschäftsmann zu schaffen: «Immer nur Nachtschicht war hart. Jeden Abend fühlte ich mich krank, und morgens kam ich zerschlagen nach Hause.»

Vereinzelt gab es bereits in den 70er Jahren Asylanträge von Personen aus Sri Lanka, aber erst in den frühen 80er Jahren begannen sich deren Gesuche zu häufen. 1981, als in der Schweiz erstmals ein Asylgesetz in Kraft trat, baten vier Personen aus Sri Lanka um Asyl, 1982 waren es schon 109. Im März 1983 sprach der damalige Stadtberner Polizeichef von einer «eigentlichen Flut» von Flüchtlingen aus Sri Lanka. Damals warteten gerade 179 tamilische Asylbewerber auf ihren Entscheid.

Grundlos waren ihre Asylgesuche nicht. In Sri Lanka wurden Tamilen schon diskriminiert, bevor im Juli 1983 in einem schrecklichen Pogrom Hunderte von Tamilen getötet und Zehntausende obdachlos wurden. Als in den folgenden Monaten immer mehr Tamilen in die Schweiz kamen, hielt das damals für Asylbewerber zuständige Bundesamt für Polizeiwesen (BAP) verharmlosend fest: «Von unserer Botschaft in Colombo, die gute Kontakte zu tamilischen Oppositionspolitikern unterhält, wissen wir, dass 90 Prozent der Tamilen hier gewöhnliche Einwanderer sind, fast ausschliesslich Männer zwischen 18 und 28, die arbeiten können und wollen.» Dass genau diese Gruppe am meisten bedroht war in ihrer Heimat, wurde verschwiegen, und um mögliche Asylbewerber abzuschrecken, versandte das BAP vorerst nur die negativen Bescheide.

Am 1. Juni 1984 wurde das Asylgesetz vor allem wegen der zunehmenden Anzahl von Asylbewerbern aus Sri Lanka bereits revidiert. Gleichzeitig wollten die Behörden durch eine beschränkte Anzahl von Rückschaffungen nach Sri Lanka ein Signal setzen. Im August 1984 reisten zwei Beamte des BAP deswegen nach Sri Lanka. Obwohl sie in ihrem Bericht festhielten, dass für junge Tamilen jederzeit das Risiko bestehe, verhaftet zu werden, entschied der Bundesrat im Oktober 1984, die Heimschaffung von Tamilen sei möglich. Erst nach Protesten von Hilfswerken und Amnesty International nahm er diesen Entscheid zurück.

Tamilische Traditionen konnten nicht mehr gepflegt werden. Sarong und Sari wurden gegen Hosen und Rock getauscht. Es gab keine Hindu-Tempel, tamilische Filme oder Zeitungen, und Gewürze in srilankischen Mengen waren unerschwinglich. Schlimmer war, dass die meisten Angehörige zurückgelassen hatten, über die sie wenig oder nichts wussten.

Pushpa kam im März 1984 in die Schweiz. Er hatte zuvor als Lehrer für eine Kooperative gearbeitet. Die Polizei verdächtigte ihn, Schüler für die Guerilla zu rekrutieren. Als ihm sogar ein befreundeter Polizist zur Flucht riet, organisierte er so rasch als möglich seine Ausreise. In der Schweiz fungierte er dank guten Englischkenntnissen rasch als Dolmetscher. So kam er in Kontakt mit Hilfswerken. Als der Christliche Friedensdienst 1985 in Bern eine Beratungsstelle für Tamilen einrichtete, war nur logisch, dass Pushpa beigezogen wurde. Sechs Jahre lang erteilte er Ratschläge zum Asylrecht, zur Arbeitssuche oder einem möglichen Familienzusammenschluss. Dass sich sein eigenes Verfahren hinzog und er selber ungeduldig auf eine Entscheidung wartete, merkten wohl die wenigsten der Ratsuchenden.

Noch schlimmer war, dass Pushpa seine Frau und sieben Kinder hatte zurücklassen müssen. Erst fünfeinhalb Jahre nach seiner Einreise wurde ihm endlich Asyl gewährt, so dass auch seine Familie einreisen durfte. Als der Bund wenig später die Subventionen einstellte und die Beratungsstelle geschlossen wurde, stand Pushpa vor dem Nichts. Zwei Jahre lang lebte er von der Arbeitslosenunterstützung, bevor er mit Geld, das ihm Freunde geliehen hatten, ein tamilisches Geschäft eröffnete. Dem Unternehmen war wenig Erfolg beschieden. Der Sozialarbeiter, der unzähligen Tamilen mit Rat und Tat beigestanden war, fand sich nicht mehr zurecht in seiner neuen Heimat.

1985 verschlechterte sich die Lage in Sri Lanka drastisch. Fast 3000 Tamilen stellten ein Asylgesuch in der Schweiz, was über ein Viertel aller Asylgesuche ausmachte. Dank der Ernennung von Peter Arbenz zum Delegierten für das Flüchtlingswesen im März 1986 sollte endlich eine langfristig planende Flüchtlingspolitik mit Perspektiven und neuen Ansätzen möglich werden. Doch die Politik blieb widersprüchlich. So wurden Ausschaffungen von Tamilen eine Woche nach dem Amtsantritt von Arbenz erneut für möglich erklärt. Bereits am Tag nach der Aufhebung des Ausschaffungsstopps gelangte ein geheimer Bericht von zwei Juristen des Bundes an die Presse, der von grossen Risiken für Tamilen insbesondere im Norden und Osten Sri Lankas sprach. In der Folge hielten einige Kantone, die in der Schweiz für den Vollzug der Ausschaffungen zuständig sind, die Sicherheit in Sri Lanka als nicht gewährleistet, und auch Hilfswerke waren mit den Rückschaffungen nicht einverstanden. Das Hin und Her hatte Folgen. Bei vielen Schweizern entstand der Eindruck, Tamilen würden einzig wegen Protesten nicht augeschafft. Im «Blick» war von «Drogen-Tamilen» die Rede, in einer Falschmeldung wurde die Behauptung aufgestellt, Asylbewerber erhielten monatlich bis zu 6000 Franken Unterstützung. Die «Schweizer Illustrierte» schrieb im Dezember 1986 unter dem Titel «Wie uns die Tamilen hereinlegen»: «Fazit: Kaum einer ist politisch verfolgt.» Im Januar 1987 doppelte sie nach: «Tamilen überschwemmen Europa mit hochprozentigem Rauschgift.»

Dadurch verstärkte sich der Druck auf die Behörden. Obwohl der Schweizer Botschafter in Colombo erklärte, die Lage habe sich verschärft, kündigte Peter Arbenz im Juli 1987 die rasche Rückschaffung von 1000 Tamilen an. Einen Monat später sprach er sogar von 1450 Tamilen, relativierte nun allerdings, in den nächsten Monaten seien die Rückschaffungen nicht zu erwarten. Damit verhärtete sich die paradoxe Haltung gegenüber tamilischen Asylbewerbern. Das Ziel war klar: Mit dem Damoklesschwert einer ständig drohenden Rückschaffung sollte die Schweiz als Asylland unattraktiv gemacht werden.

Moorthy kam 1985 in die Schweiz. Seine Familiengeschichte zeigt, wie eng viele Biografien mit dem ethnischen Konflikt in Sri Lanka verknüpft sind. Wenige Jahre nach Erlangung der Unabhängigkeit geboren, wuchs Moorthy zusammen mit zehn Geschwistern auf der

Halbinsel Mannar auf. Nach dem so genannten Black July im Jahr 1983 kämpften drei seiner Brüder in verschiedenen tamilischen Gruppierungen für einen tamilischen Staat im Norden und Osten Sri Lankas, alle sind tot. Ein weiterer Bruder wurde verhaftet und ist seit Jahren verschwunden. Sein Vater starb, als Moorthy bereits in die Schweiz geflüchtet war. Indische Soldaten hatten ihn in seinem Geschäft nach den Tamil Tigers gefragt, und als er sagte, er wisse nichts über sie, schlugen sie ihn, bis er tot war.

Moorthy ist Computerfachmann bei einem grossen Basler Pharmaunternehmen. Er ist in der Freiplatzaktion Basel aktiv und gründete 1986 das Projekt Ohm, eine politisch und religiös neutrale Initiative tamilischer Asylbewerber, die tamilische Selbsthilfegruppen in Sri Lanka unterstützt und zu Beginn der 90er Jahre zudem die beiden wichtigen Bücher «Tirukkural» und «Naladiyar» in zweisprachigen, tamilisch-deutschen Fassungen publizierte. «Obwohl wir hier alles haben, leben wir im Herzen noch immer in Sri Lanka», sagt Moorthy. Ob er und seine Frau je wieder nach Sri Lanka zurückkehren, ist immer noch offen. «Früher warteten wir jedes Jahr darauf, dass wir nach Sri Lanka zurückkehren könnten.» Nach Sri Lanka zu reisen wagte Moorthy erst, nachdem er Schweizer Bürger geworden und der Waffenstillstand längere Zeit in Kraft war. Wichtig war ihm, dass seine Kinder Sri Lanka kennen lernten: «Nur die älteste Tochter konnte sich an ihre Heimat erinnern.» Um die Not in der Heimat zu lindern, unterstützt er seine Familienmitglieder und zwei muslimische Familien, Jugendfreunde aus demselben Dorf, die ebenfalls flüchten mussten. «Aber nicht zu hundert Prozent», schränkt er ein, «damit der Wert der Arbeit nicht vergessen wird».

1990 wurde der Delegierte für das Flüchtlingswesen (DFW) in das Bundesamt für Flüchtlinge (BFF) umgewandelt. «Damit übernimmt der Bund die Flüchtlings- und Asylpolitik als Daueraufgabe», schrieb das BFF in seinem Leitbild. Vermutlich, weil immer mehr Asylsuchende aus anderen Ländern kamen, verschwanden die Tamilen aus den Schlagzeilen. Die Politik änderte sich allerdings nicht. Anfang 1991 wurde der faktisch geltende Ausschaffungsstopp erstmals aufgeweicht. Vollzogen wurden in der Folge Wegweisungen von Tamilen, die rechtskräftig für ein Verbrechen oder Vergehen verurteilt worden waren. Trotzdem kamen immer mehr Tamilen in die Schweiz. Allein 1991 baten 7349 sri-lankische Staatsbürger um Asyl. 1993 lebten schätzungsweise 25'000 Tamilen in der Schweiz, die höchste Zahl in Europa, gemessen an der Bevölkerung.

Am 12. Januar 1994 schloss die Schweiz als erster europäischer Staat ein vorerst auf zwei Jahre befristetes Abkommen mit Sri Lanka, das die Rückkehr in «Sicherheit und Würde» garantieren sollte. Da der Notenwechsel Rückführungen nur in beschränktem Umfang vorsah, beschloss der Bundesrat, die rund 6000 Asylsuchenden, die ihr Asylgesuch vor dem 1. Juli 1990 eingereicht hatten, wegen technischer Unmöglichkeit des Vollzugs der Wegweisung vorläufig aufzunehmen.

Für die zu spät Gekommenen waren die Folgen verheerend. Obwohl sich Rückführungen nur in kleiner Zahl bewerkstelligen liessen, setzte das BFF in kurzer Zeit über 5000 Asylbewerbern aus Sri Lanka definitive Ausreisefristen an. Tausende von Tamilen tauchten unter oder reisten illegal ins Ausland. Doch die Behörden hatten ihre Rechnung ohne die Wirte gemacht. Der Wirteverband plädierte beim Bundesrat umgehend für eine liberalere Ausschaffungspraxis «von bereits im Gastgewerbe tätigen Tamilen». Sogar im «Blick» lautete die Schlagzeile: «Wirte klagen: Wir brauchen diese freundlichen Leute.» Mehr bewirkte eine Aussprache mit dem Hochkommissariat der Vereinten Nationen für Flüchtlinge (UNHCR), wo dem BFF unmissverständlich klar gemacht wurde, dass die Schweiz pro Jahr nicht mehr als insgesamt «einige Hundert» Asylsuchende nach Sri Lanka zurückschicken könne. Das BFF versicherte daraufhin, bis Ende Jahr müssten nicht mehr als 300 Tamilen die Schweiz verlassen.

Denista lebte zwei Jahre lang bei den Grosseltern, bis sie zu Vater und Mutter in die Schweiz nachreisen durfte. Obwohl sie in einer Sonderklasse für Ausländer die vierte Klasse wiederholen musste, ging sie gerne zur Schule: «Meine Eltern fragten: ‹Was willst du denn mit dieser Sprache anfangen?› Für sie war das völlig unwichtig, weil sie ja ohnehin zurückwollten.» Während ihrer Schulzeit wechselte sie fünfmal die Klasse, weil ihr Vater eine bessere Arbeitsstelle oder eine billigere Wohnung gefunden hatte: «Ich verlor dann jedes Mal meine Freunde. Doch das interessierte meine Eltern nicht.» Nachdem sie die ersten Jahre in der Schweiz nur Hochdeutsch gesprochen und die andern Schüler in der Pause kaum verstanden hatte, begann sie mit 15 akzentfrei Schweizerdeutsch zu reden: «Plötzlich konnte ich es. Ich wusste dafür nicht mehr, in welcher Sprache ich dachte. Aber wenn ich meiner Mutter etwas erklären wollte, hätte ich auf Deutsch immer die besseren Wörter gefunden.»

Die Tamilin absolvierte die Realschule und begann eine Bürolehre. Doch die Eltern verstanden ihre Tochter immer weniger. Die Probleme wurden akut, als die 18-Jährige nach einem Fest im Jugendhaus erst um ein Uhr heimkehrte: «Nie durfte ich abends weg. Dieses Mal war ich entschlossen, einfach zu bleiben.» Als sie nach Hause kam, schlug sie ihr Vater. Am nächsten Tag lief Denista weg. Sie telefonierte ihrem Lehrer, die regionale Jugend- und Familienberatung wurde eingeschaltet. Der Vater verstand die Welt nicht mehr: «Ich duldete nicht, dass sie abends weggeht. Vor allem war ich dagegen, dass sie im Jugendhaus verkehrt. Dort trinken sie Bier, rauchen, alles. Schrecklich!» Die Familienberaterin hätte ihm gesagt, das sei normal, dass Mädchen in diesem Alter dort hingehen. Als er Denista vorgeworfen habe, sie rauche, hätte ihm die Familienberaterin geantwortet, er selber rauche ja auch! Er wirkt gekränkt, als er das erzählt. Ein Tamile würde verstehen!

Denista suchte eine andere als die tamilische Lebensform: «Ich habe halt etwas ganz anderes mitbekommen. Deswegen finde ich meine Eltern nicht blöd. Sie sind in Sri Lanka aufgewachsen, ich habe meine Jugend hier verbracht. Und eigentlich wollen wir ja alle dasselbe: Nicht verlieren, was wir gelernt haben.»

In den meisten Fällen wurde jenes Familienmitglied nach Europa geschickt, das die besten Chancen hatte, sich eine Existenz aufzubauen. Tatsächlich kamen bis 1990 fast ausschliesslich junge Männer in die Schweiz, und rund die Hälfte von ihnen waren älteste Söhne. Fast alle Flüchtlinge kommen von der Halbinsel Jaffna sowie eine erstaunlich grosse Zahl von der westlich von Jaffna gelegenen Insel Pungudutivu. Studien aus den 90er Jahren zeigen, dass die Mehrheit der tamilischen Asylbewerber Probleme hatte, sich in der Schweiz zu assimilieren. In einer Befragung stellte sich heraus, dass 90% der Interviewten eigentlich in Sri Lanka leben wollten. Für 83% war die Sicherheit in der Schweiz wichtiger als ihre wirtschaftliche Prosperität.

Erst 1991 kamen auch tamilische Frauen in grösserer Anzahl in die Schweiz. 1992 wurden fast die Hälfte, 1995 sogar drei Viertel aller Asylgesuche aus Sri Lanka von Frauen gestellt. Diese Entwicklung ist zu einem wesentlichen Teil die Folge der schweizerischen Asylpraxis. So wurden seit 1990 nachreisende sri-lankische Ehefrauen in den Aufenthaltsstatus ihrer Ehemänner automatisch mit einbezogen, falls diese in der Schweiz über eine vorläufige Aufnahme oder eine fremdenpolizeiliche Aufenthaltsregelung verfügten. Zwar wurden die Asylgesuche von ledigen sri-lankischen Gesuchstellerinnen erstinstanzlich entschieden. Der Vollzug der Wegweisung fand in der Regel jedoch nicht statt, weil es noch vorher zur Heirat mit einem Tamilen kam, der in der Schweiz schon über einen Aufenthaltsstatus verfügte.

Am 1. März 2000 beschloss der Bundesrat im Rahmen der Humanitären Aktion 2000 die vorläufige Aufnahme aller Personen, die vor dem 31. Dezember 1992 in die Schweiz eingereist waren. Das waren letztlich, weil verheirate Frauen und Kinder in das Asylgesuch

des Mannes eingeschlossen werden, erneut rund 7500 Personen aus Sri Lanka. Im Herbst 2000 wurde das Projekt «freiwillige Rückkehr» gestartet mit dem Ziel, dank finanziellen Anreizen die Anzahl der freiwillig Zurückkehrenden zu erhöhen und damit die Zahl der Verschwundenen zu senken. Die Zahl der Rückkehrer blieb bis heute trotz dieser Anstrengungen relativ klein.
Heute leben rund 38'500 sri-lankische Staatsbürger, mehrheitlich Tamilen, in der Schweiz. Alle, die ihr Asylgesuch vor 1993 gestellt haben, sowie deren Ehepartner und Kinder – und somit die grosse Mehrheit der Tamilen – verfügen über eine geregelte Aufenthaltserlaubnis. Einige, vor allem Kinder und Jugendliche, die hier zur Schule gingen, haben inzwischen sogar die Schweizer Staatsbürgerschaft erhalten.

Mit den Familiengründungen und -zusammenschlüssen einher ging ein Ausbau der Infrastruktur. Tamilische Geschäfte wurden eröffnet. Gemüse und Früchte werden erntefrisch aus Sri Lanka importiert, sri-lankische Sonntagszeitungen liegen bereits am Montag in den Läden auf, und sogar importierte Süssgetränke und sri-lankisches Bier werden angeboten. Fast alle Geschäfte leihen auch Videos oder DVDs aus, die dann in tamilischen Stuben über die Mattscheibe flimmern. In einigen Schweizer Städten werden wöchentlich tamilische Filme in Kinos gezeigt, Epen von drei Stunden und mehr.
Seit Beginn der 90er Jahre sind die LTTE (Liberation Tigers of Tamil Eelam) die stärkste politische Kraft innerhalb der tamilischen Gemeinschaft in der Schweiz. Ihre herausragende Stellung ist insbesondere auf den andauernden Bürgerkrieg in Sri Lanka zurückzuführen. Andere politische Gruppierungen sind in der Schweiz ebenfalls vertreten, halten sich jedoch eher im Hintergrund und melden sich allenfalls in kulturellen Fragen zu Wort.
Bereits im Juli 1994 wurde in Bern Bethlehem ein erster Hindutempel eingeweiht, zwei Monate später wurde im zürcherischen Adliswil ein weiterer Tempel eröffnet. Heute gibt es in der ganzen Schweiz zahlreiche Tempel, Tanzschulen, Sportclubs, Cricketmeisterschaften, Frauenorganisationen, Schulen für heimatsprachlichen Unterricht, tamilische Restaurants, und mit Satellitenantennen sind mehrere tamilische Sender zu empfangen. Die tamilische Gemeinschaft in der Schweiz hat sich gut organisiert.

Und dennoch denken viele an eine Rückkehr. Der Theologe Peter Jakomuthu flüchtete 1985 in die Schweiz, 1987 wurde ihm Asyl gewährt. Er arbeitet als Betreuer in einem Zentrum für Asylsuchende und berät bei der Fachstelle für interkulturelle Fragen der Stadt Zürich tamilische Personen. Im Dezember 2002 war er zum ersten Mal nach 17 Jahren wieder in Sri Lanka. Möglich wurde das erst, nachdem er Schweizer geworden war, denn anerkannte Flüchtlinge dürfen ihre Heimat nicht besuchen. «Ich organisierte eine Zusammenkunft der ganzen Familie in Colombo und mietete dafür eine Pension für zwei Wochen.» 38 Familienmitglieder nahmen an diesem Treffen teil: «Ein Bruder, der in Chur lebt, der ältere Bruder mit seiner Familie aus England, ein Bruder aus Australien, zwei Brüder aus Jaffna, eine Schwester aus Sillalai, ein Neffe aus Kanada und einer aus Deutschland.»
Viele tamilische Familien haben heute Familienmitglieder auf mehreren Kontinenten, Familientreffen sind selten. «Wir hatten eine sehr schöne Zeit», sagt Jakomuthu. «Meine Töchter wollten sogar noch länger bleiben. Aber wegen der Schule und den Freunden wollen sie nicht dort leben.» Tatsächlich ist Jakomuthu der einzige in der Familie, der zurück will. «Ich habe mir überlegt, dass man mich vielleicht brauchen kann, zum Beispiel im Sozialbereich.» Aber seine Frau und die beiden Töchter wollen bleiben. Dass da sein Wunsch keine Chance hat, ist ihm klar. «Wir lösen das demokratisch», lacht er. Allerdings denkt auch er, dass es für eine Rückkehr noch zu früh ist: «Ich kenne niemanden, der jetzt schon zurückkehren will. Die meisten sind skeptisch.»

Die kulturelle Identität

bewahren

Damaris Lüthi

Der Saal des Kirchgemeindehauses ist bis auf die Empore mit langen Tischreihen überstellt, um die sich tamilische Familien drängen. Es glänzt und raschelt von farbigen Seidensaris und üppigen Rüschenröckchen, die Frauen tragen ihren schwersten und teuersten Goldschmuck. Die Bühne ist mit Blumengirlanden dekoriert, der Bühnenboden mit einer bunten Kreidezeichnung bemalt. Die zwölfjährige Kumari (alle Namen wurden anonymisiert) feiert an diesem Herbstsonntag das Schlussfest ihrer ersten Menstruation, und mehrere hundert Gäste warten geduldig auf ihren Auftritt. In der Zwischenzeit verpflegen sie sich mit den bereitstehenden Süssgetränken und tamilischen Spezialitäten. Endlich nach zwei Stunden erscheint die Hauptdarstellerin im Kreis ihrer Familie. Sie ist wie eine Braut in einen gelben Seidensari gekleidet, trägt Goldschmuck, und ihr Gesicht ist unter einem weissen Schleier versteckt. In einem kleinen Umzug, bestehend aus Mädchen und Frauen, die Gegenstände mit sich tragen, die ein gutes Omen sowie Fruchtbarkeitssymbolik beinhalten, schreitet Kumari zur Bühne. In den Händen hält sie ein Wassergefäss und eine Kokosnuss. Vor ihr gehen zwölf Mädchen im vorpubertären Alter mit Blumentellern, hinter ihr folgen zwölf in Saris oder Halbsaris gekleidete junge, unverheiratete Frauen mit Öllampen. Zum Schluss stossen noch zwölf *cumaṅgalis* (verheiratete Frauen) dazu. Kumari steht nun steif, aber elegant in der Mitte der Bühne und wird von einer *cumaṅgali* entschleiert. Zwei der Frauen führen für sie eine Zeremonie zum Schutz vor dem «Bösen Blick» durch.

Wie bei tamilischen Anlässen üblich, herrscht im Publikum keine andächtige Stille. Die Gäste verfolgen das Geschehen nur mit halber Aufmerksamkeit und tauschen sich angeregt mit Tischnachbarn und Bekannten aus, während die Kinder spielen. Aus der Küche wird in grossen Schüsseln das Essen gebracht und auf den bereitgestellten Papptellern verteilt: Reis mit verschiedenen Saucen und Gemüsen. Während sich die Gäste verpflegen, schliesst sich der Bühnenvorhang, und meine Tischnachbarin erklärt, dass Kumari nun für den Fototermin umgekleidet werde. Nach mehreren Stunden drängen einige Familien zum Aufbruch bzw. hinter die Bühne, um herauszufinden, wann sie wohl ihre Geschenke in Form eines Briefumschlags mit Banknote übergeben können. Ohne die Übergabe eines Geschenkes, bei der man mit der jungen Frau fotografiert wird, ist es nicht möglich, sich zu verabschieden.

Sie habe heute ein wenig Stress, erklärt meine Sitznachbarin, weil an diesem Tag gleich vier verschiedene tamilische Feste stattfinden: Ausser diesem Pubertätsritual müsse sie noch an zwei Hochzeiten und einem Kulturfest teilnehmen. Sie schickt deshalb schon jetzt ihre zwei Söhne zum nächsten Anlass, während sie und ihre Tochter noch bis zur Geschenkübergabe ausharren. Endlich öffnet sich der Vorhang wieder, und in der Mitte der Bühne steht Kumari mit ihren Eltern und ihrer Schwester bereit zur Entgegennahme der Geschenke. Sofort bilden sich links und rechts der Bühne Warteschlangen, und der Reihe nach übergeben alle ihr Geschenk. Dabei stellt man sich für eine Foto- und Videoaufnahme neben Kumari und ihre Familie. Auch ich übergebe mein Couvert und verlasse wie die andern gleich anschliessend den Saal. Leicht benommen tauche ich aus dieser lebhaften südasiatischen Atmosphäre wieder in die eher bedächtige schweizerische Sonntagnachmittag-Stimmung ein.

Das beschriebene Pubertätsfest bildet für die tamilische Diaspora keine exotische Ausnahme. Es gehört zur der Reihe von Festlichkeiten, die vor allem an den Wochenenden durchgeführt werden. Die Anlässe finden mehr oder weniger von der Öffentlichkeit unbemerkt statt. Zwar sind die Tamilen im schweizerischen Strassenbild recht präsent, doch haben sich die anfänglich skeptischen Einheimischen so sehr an sie gewöhnt, dass sie kaum noch auffallen; die Migrantengruppe gilt heute als «sympathisch» und «integriert». In vielen Lebensbereichen bleibt jedoch die tamilische Diaspora der ersten Generation weitgehend unter sich und orientiert sich an der sri-lankisch-tamilischen Herkunftskultur. Die Tamilen bewegen sich vor allem unter Verwandten und tamilischen Bekannten sowie in eigenen Vereinen, beispielsweise zur Pflege der eigenen Sprach-, Poesie- und Tanzkultur. Sie besuchen ihre eigenen Hindu-Tempel und tamilsprachige christliche Gottesdienste, bevorzugen tamilische Fernsehsender und Kinovorstellungen mit heimatlichen Spielfilmen, nehmen an Fussballturnieren mit tamilischen Mannschaften teil oder reisen an tamilische Geburtstags-, Pubertäts- oder Hochzeitsfeste. Zu manchen Festlichkeiten, wie dem alljährlich stattfindenden *māvīrar* («Tag der Grossen Helden»), an welchem der tamilischen Gefallenen des sri-lankischen Bürgerkriegs gedacht wird, reisen sogar Landsleute aus ganz Europa an. Die Abgrenzung vom Gastland wird auch über die kommenden Generationen noch fortdauern, da die Tamilen fast ausschliesslich unter sich heiraten.

Furcht vor schweizerischen Werten

Die Tamilen der ersten Generation stehen vielen schweizerischen Verhaltensweisen und Werten skeptisch bis ablehnend gegenüber. So haben sie beispielsweise nur wenig Verständnis für die Idee der Egalität zwischen Mann und Frau. Sie orientieren sich an den Auffassungen ihrer Heimat, welche die Frau dem Mann biologisch und sozial unterordnen. Sri-lankische Weiblichkeitsideale behalten ihre Gültigkeit und werden sogar idealisiert. Besonders das in der Sanskrit-Tradition verankerte Ideal der treuen, ihr *śakti* (weibliche Energie) kontrollierenden und sich dem Mann unterordnenden, leidensfähigen und gerade dadurch als moralisch stark geltenden Frau wird in der Schweiz betont. Nur als *cumaṅgali*, als verheiratete Frau ist eine erwachsene Frau zudem gesellschaftlich akzeptiert. «Ein tamilisches Sprichwort sagt: Auch wer kein Geld hat, ist glücklich, wenn er eine richtige Frau hat», erklärt Kamala (48). «Die *cumaṅgali* ist sehr wichtig; sie ist verantwortlich für die Pubertät, die Erziehung, für alles.» Nicht zuletzt dient die Überbetonung dieses Rollenmodells dazu, «unmoralische» Einflüsse der Gastgesellschaft abzuwehren. Die rollenkonforme Frau wird zur Bewahrerin der tamilischen Kultur und Familienehre.

In gewisser Hinsicht hat sich jedoch die Stellung der tamilischen Frau im Exil verbessert. Eine tamilische Familie ist in der Schweiz üblicherweise auf das Einkommen beider Elternteile angewiesen. Das hat zur Folge, dass auch Frauen einer Arbeit nachgehen und Kontakte zur Aussenwelt knüpfen. Die Frauen verfügen somit über mehr ökonomische Unabhängigkeit als in der Heimat, wodurch sich auch ihr Selbstbewusstsein steigert. Dies macht sich auch bei wichtigen familiären Entscheidungen bemerkbar. Dazu kommt, dass die meisten Familien nicht in der Nähe von hilfsbereiten Grosseltern, Onkeln und Tanten wohnen wie in Sri Lanka. Somit sind die tamilischen Männer in der Schweiz gezwungen, vermehrt bei der Kinderbetreuung und Hausarbeit mitzuhelfen, d. h. neue Rollen auszuprobieren. Die grössere Eigenständigkeit der tamilischen Frau im Exil und zugleich ihre Rolle als Bewahrerin der tamilischen Kultur bedeuten eine schwierige Ambivalenz. Sie ist für tamilische Paare eine grosse Belastung, die sich in Rollenkonflikten, Machtkämpfen und Eifersucht ausdrückt.

Als Bedrohung empfinden Tamilen auch die schweizerische Sexualmoral, die voreheliche Beziehungen oder Scheidungen toleriert. Wenn man in Sri Lanka als junger Mensch in jemanden verliebt sei, gehe es nur um Gefühle, nicht um körperliche Nähe, erklärt Vani (36). «Dort ist auch viel mehr Kontrolle da: Immer ist man in der Nähe von den Eltern, Verwandten oder in der Schule. Auf der Strasse hat man keinen Kontakt zum anderen Geschlecht. Das ist so normal, dass es gar niemandem auffällt und auch kaum ein Problem ist. Wenn eine junge Frau vor der Heirat mit einem Mann schläft, dann kann sie nicht mehr heiraten; man findet keinen Bräutigam mehr für sie. Deshalb ist es gut, wenn die Eltern streng sind.» So erachten es tamilische Eltern auch in der Schweiz als wichtig, ihre Töchter stark zu kontrollieren, was von den jungen Frauen nicht immer akzeptiert wird. «Eltern und Töchter haben unterschiedliche

Vorstellungen von Verlobung und Heirat», erläutert Hema (42). «Wenn eine Tochter mit einem Kollegen spricht, denken die Eltern sofort, dass sie zusammen schlafen, dabei braucht das ja noch gar nichts Sexuelles zu bedeuten. Die Eltern aber glauben, dass alle Männer eine Bedrohung für die Mädchen sind, und erlassen Verbote, so dass die junge Frau überhaupt nichts darf. Ausserdem gelten Schweizer Frauen bei vielen Tamilen als Huren.» Um den Familienruf nicht zu gefährden, werden hier Töchter im heiratsfähigen Alter im Durchschnitt sogar früher verheiratet als in der Heimat. «Hier versuchen tamilische Eltern, ihre Mädchen so früh wie möglich zu verheiraten und möglichst bereits nach dem Schulabschluss zu versprechen!», erklärt Jecintha (36). «Sie haben Angst, dass das Mädchen einen Schweizer Freund haben könnte oder plötzlich schwanger wird.» Von der Norm abweichendes Verhalten ist inakzeptabel und wird bestraft. So wurde Sangita (18), die im Konkubinat mit einem jungen tamilischen Mann zusammenlebt, von ihren Eltern und Geschwistern aus der Familie ausgeschlossen: Die Angehörigen brachen jeglichen Kontakt zu ihr ab, und nur ihre Mutter telefoniert ihr manchmal heimlich; zu Festlichkeiten wie der Heirat ihres Bruders oder dem fünfzigsten Geburtstag ihrer Mutter wurde sie nicht eingeladen.

Für Tamilen ebenfalls schwierig ist der in den schweizerischen Alltag integrierte Alkoholkonsum und das Rauchen. Werden die Probleme neu angekommener Migranten kommentiert, wird meist erwähnt, dass diese relativ schnell diesen Lastern verfallen würden. Tatsächlich sind manche tamilische Männer Alkoholiker – was sich vor allem in heimlichen Trinkorgien manifestiert –, während die Frauen zu fast hundert Prozent abstinent sind.

Kritisch betrachtet werden auch bestimmte Umgangsformen in der Schweiz. Tamilische Eltern klagen beispielsweise, dass ihre Kinder den Respekt vor ihnen verloren hätten. «Die Kinder wollen alles so machen wie die Schweizer Kinder», meint Latha (35). «Sie haben kaum Respekt vor ihren Eltern. Ganz anders als in Sri Lanka, wo man Autoritätspersonen gegenüber sehr ehrfürchtig ist, das ganze Leben lang.» Ein pubertärer Ablösungsprozess ist dort nicht vorgesehen. Hier nun ist es plötzlich anders. Die Nachkommen werden über die Schule recht stark integriert, was sich nachteilig auf die Beziehungen in der Familie auswirke.

Respekt drückt sich im tamilischen Umfeld beispielsweise in der Anredeform aus. Man spricht sich gegenseitig mit «Sie» (*nīṅkaḷ*) an, sogar innerhalb der Familie. Die «Du»-Form (*nī*) existiert zwar, gilt jedoch als abwertend. «Man sagt stets ‹*nīṅkaḷ*›. Ich sieze meinen Ehemann immer, und auch meinen Vater würde ich nie duzen», erklärt Soundari (30). Sie sei geschockt gewesen, als in der Schweizer Schule die Lehrer verlangt hätten, dass die Schüler sie duzen. Das sei in Sri Lanka undenkbar; «*nī*» sage man nur einem kleinen Kind bzw. einer jüngeren Person. Auch jemanden mit dem Namen anzusprechen gilt als unhöflich und wird mit einer als respektvoll empfundenen Verwandtschafts- oder Berufsbezeichnung wie «älterer Bruder» (*aṇṇā*), «Tante» (*māmi*), «Lehrer» oder «Doktor» ersetzt, gelegentlich kombiniert mit dem Namen. Ausserdem schauen Tamilen einer Respektsperson nicht direkt in die Augen, sondern blicken höflich weg oder zu Boden, was bei der Begegnung mit Schweizern, wo genau das Gegenteil als charakterstark gilt, oft Irritation hervorruft. Eine Psychotherapeutin erzählt, dass es für sie fast nicht möglich sei, mit tamilischen Personen zu arbeiten, weil diese nicht in die Augen blicken; dies sei jedoch die Voraussetzung für eine Therapie. Zu gelegentlichen Missverständnissen führt auch das in Südasien bekannte, wohlwollende ungefähre «Ja», das sich in einem seitlichen Hin- und Herbewegen des Kopfes ausdrückt. Dies werde zum Beispiel in den Schweizer Schulen vom Lehrpersonal häufig als «nein» interpretiert oder könne gar nicht gedeutet werden. «Sie fragen dann: Weisst Du nicht, dass man für ein ‹Ja› mit dem Kopf nickt und für ein ‹Nein› den Kopf schüttelt?», erzählt Retna (26), die im Alter von vierzehn Jahren in die Schweiz kam. Weiter werden aus Respekt vor den

Gottheiten die als unrein geltenden Schuhe ausgezogen, und zwar nicht nur beim Tempeleingang, sondern auch vor dem Raum, in dem sich der Hausschrein befindet. Eine ebenfalls wichtige Anstandsregel ist es, dass man sich mit einer Respektsperson nicht auf derselben Ebene befinden sollte, sondern entweder aufsteht oder sich auf den Boden setzt, falls diese auf einem Stuhl sitzt. Zudem werden männliche Familienmitglieder und Gäste zuerst bewirtet, während die Kinder und Frauen erst später essen. Soundari meint dazu, dass sie es viel angenehmer finde, wenn nicht alle gleichzeitig essen. «Aber die Schweizer haben es nicht gern, wenn man zu viel Respekt vor jemandem zeigt; hier hat man gerne alles gleich», kommentiert Chitra (45).

Viele tamilische Eltern sind überzeugt, dass sich ihre Kinder in der Schweiz schneller von ihrer eigenen Kultur wegentwickeln als in anderen Exilländern wie etwa Kanada oder Grossbritannien. Dem in Südasien kaum bekannten Generationenkonflikt, mit dem sie sich auf Grund der Integration ihrer Kinder zwangsläufig konfrontiert sehen, stehen sie konsterniert und ratlos gegenüber. Die zweite Generation hingegen ist sowohl dem tamilischen als auch dem schweizerischen Wertesystem gegenüber positiv eingestellt und versucht, beide zu kombinieren. Um Konflikte mit den Eltern zu vermeiden, praktizieren junge Tamilinnen und Tamilen bewusste Abweichungen nur im Versteckten.

Viele Tamilen der Elterngeneration würden am liebsten die tamilische «Kultur» auch im Exil konservieren, damit sie dereinst bei einer Rückkehr in den erstrebten eigenen Staat Tamil *Īlam* noch gesellschaftlich akzeptabel sind. So bemüht sich die erste Generation, ihre Kinder für die Anliegen und kulturellen Werte in der Heimat zu sensibilisieren. Dies wird von der politisch dominanten LTTE (Liberation Tigers of Tamil *Īlam*) mit einem grossen Kursangebot tatkräftig unterstützt. Die Kinder werden an freien Nachmittagen und Wochenenden in Kurse für tamilische Sprache, Geschichte und Bharata Natyam (indischer Tanz) geschickt.

Zugleich sind tamilische Eltern bestrebt, ihren Kindern eine qualifizierte Ausbildung zu ermöglichen, damit die Familie aus dem Tiefstlohn-Sektor aufsteigt und gemäss tamilischem Kastendenken nicht mehr «unreine» Arbeit wie Abwaschen, Putzen oder Pflegen verrichten muss. Während es bei den Flüchtlingen ums Überleben ging, soll für die zweite Generation die berufliche Stellung wieder zentraler werden. Es wird jedoch meistens darauf geachtet, dass ein Kind nicht einen Beruf wählt, der gemäss sri-lankischer Wertung als minderwertig gilt. So wird beispielsweise eine junge Tamilin von ihrer in Sri Lanka verbliebenen Tante so lange telefonisch bearbeitet, bis sie ihre Traumberufe Kosmetikerin oder Coiffeuse aufgibt und sich für das KV entscheidet.

Soziale Identität

Zur Aufrechterhaltung der traditionellen Lebensweise gehört auch, dass die ursprüngliche soziale Identität auch im Exil ihre Bedeutung hat. Die Tamilen entstammen einer Gesellschaft, in der die Kastenordnung eine wichtige Rolle spielte, auch wenn diese offiziell als überwunden galt. Auch unter den in der Schweiz lebenden Tamilen sind der Begriff «Kaste» und die Namen der verschiedenen Kasten tabuisiert: Jemanden nach der Kastenzugehörigkeit zu fragen gilt als ausgesprochen unhöflich. Dass das Kastendenken trotzdem noch eine gewisse Bedeutung hat, zeigt sich im Alltag. So wird zwischen «guten» und «schlechten» Kasten unterschieden, als eine Art Verschlüsselung der traditionellen Unterscheidung zwischen höheren («reineren») und tieferen («unreineren») Kasten. Die Mitglieder höherer Kasten pflegen weiterhin eine vegetarische, das heisst nach hergebrachtem Denken «reinere» Ernährungsweise als Tieferkastige: Höchstkastige essen absolut kein Fleisch, auch keinen Fisch und keine Eier, während mittlere Kasten Huhn und Schaffleisch akzeptieren und Tiefkastige sogar Schweinefleisch. Satchi (42) beispielsweise erzählt von den Schwierigkeiten während eines

Firmenessens, als ihm zuerst ein Fleischgericht und dann ein Gericht mit Ei serviert wurde: «Ich habe darum gebeten, dass die Teller ausgewechselt werden, weil ich es rieche, wenn auf einem Teller vorher Fleisch serviert wurde.» Nichtvegetarische tamilische Restaurants mit vegetarischem Angebot besucht er aus demselben Grund lieber nicht mehr.

Auch gewisse Berufe, die traditionell eng mit einer bestimmten Kaste verbunden waren, gelten als unrein. In der Schweiz ist jedoch der Unreinheitsgrad einer Beschäftigung kein Hinweis mehr auf die Kastenzugehörigkeit. Nach traditionellen Kriterien wären praktisch alle Schweizer Tamilen, die im Reinigungs- und Pflegebereich arbeiten, als «tiefkastig» einzuordnen. Dies wird jedoch zwangsläufig ignoriert, und man orientiert sich an der ursprünglichen sozialen Herkunft. Doch die ausgeübte Tätigkeit wird vor Verwandten in der Heimat oft verschwiegen. Julie (28) erklärt, dass sie vor ihrer in Sri Lanka zurückgebliebenen Mutter geheim halte, dass sie als Putzfrau arbeite, weil diese sonst entsetzt wäre. «Dann wäre ich ja gleich wie die *Paḷḷar* und «Schissiputzer»-Paraiyar (zwei sehr tiefe Kasten), die jeweils zu uns ins Haus gekommen sind, um zu putzen», kommentiert sie. Eine junge Tamilin wurde von ihrem zukünftigen Schwager gewarnt, dass sie den Ruf ihrer Familie gefährde, weil sie als Putzfrau in einem Schweizer Spital arbeite.

Dass die dem Kastendenken zu Grunde liegenden Reinheitsvorstellungen im Exil weiter ihre Gültigkeit behalten, zeigt sich auch in der Beibehaltung bestimmter Reinlichkeitsmassnahmen im Zusammenhang mit der Geburt, Menstruation und dem Tod. Aber vor allem zeigt sich die bleibende Bedeutung des Kastendenkens darin, dass auch im Exil die Heiratspartner in derselben Kaste gesucht werden müssen. Die grosse Mehrzahl der befragten Ehepaare heiratete in arrangierter Ehe ein Mitglied derselben Kaste, und sogar bei den meisten «Liebesheiraten» handelt es sich um Heiraten innerhalb derselben Kaste. Die Liebesheirat hat eine negative Bedeutung und gilt eigentlich als Inbegriff einer Interkastenheirat. Sie gilt als unmoralisch, einerseits weil mit dem westlichen Liebes- und Ehe-Konzept sexuelle Freiheit und hohe Scheidungsraten verbunden werden, anderseits weil das Paar seine Verantwortung für den Ruf der Familie nicht wahrnimmt: Eine Interkastenheirat wirkt sich wie eine voreheliche Liebesbeziehung rufschädigend auf die Familien aus und vermindert dadurch die Heiratschancen von Geschwistern. In jeder Familie werden gemäss der Altershierarchie zuerst die Töchter und anschliessend die Söhne verheiratet. Heiratet ein Paar gegen den Willen der Eltern, brechen die Angehörigen meistens für längere Zeit oder sogar endgültig den Kontakt zu diesem ab. Allerdings seien die Konsequenzen in der Schweiz weniger schlimm als in der Heimat, findet ein junger Mann. «Während man in Sri Lanka in einer solchen Situation zum Kastenlosen wird und nirgends in Ruhe leben kann, ist man in der Schweiz viel unabhängiger.»

In anderen Bereichen hat indessen das Kasten- und Unreinheitsdenken an Bedeutung eingebüsst. So ist es beispielsweise für die meisten Schweizer Tamilen unproblematisch, Nahrung zu sich zu nehmen, die von Mitgliedern anderer Kasten zubereitet wurde, «weil ja sowieso alle Leute die Lebensmittel bei Coop oder Migros einkaufen», so Chitra. In der Heimat war dies nicht möglich. Mahinis Mann (43) erklärt, in Sri Lanka würde man an einem Hochzeitsfest von Tieferkastigen weder essen noch trinken, sondern höchstens «cool drink [in Flaschen abgefüllte, alkoholfreie Getränke] oder eine Banane» akzeptieren. «Nicht einmal Wasser würde man annehmen.» Retna erzählt, wie in ihrer Kindheit die Mutter ihr befahl, den von einem tieferkastigen Mädchen in den Tanzkurs mitgebrachten Geburtstagskuchen nicht gleich zu essen, sondern einzupacken und mitzunehmen. Auf dem Nachhauseweg befahl sie ihr dann, das Gebäck wegzuwerfen. «Ich fand es damals so schade um den schönen Kuchen.»

Die andauernde Bedeutung des Kastendenkens im Exil steht selbstverständlich nicht im Einklang mit dem revolutionären Programm der LTTE, welches auch die Abschaffung der Kasten beinhaltet und die kulturelle Eigenständigkeit der Tamilen in den Vordergrund stellt. Allerdings ist es die LTTE selbst, die immer wieder betont, wie wichtig die Bewahrung tamilischer Traditionen für ein Tamil *Īlam* sei, was letztlich auch das Kastensystem beinhaltet. Klassenkriterien wie Bildung, Beschäftigung, Einkommen und Besitz haben im Übrigen traditionellerweise ebenfalls einen Einfluss auf den gesellschaftlichen Status und sind auch im Exil wirksam.

Religiosität

Auch die Religiosität der ersten Generation orientiert sich stark an den Konventionen in der Heimat. Die in der Schweiz lebenden Tamilen sind zu 87 Prozent hinduistischen und zu 13 Prozent christlichen (mehrheitlich römisch-katholischen) Glaubens. Es hat zudem einige hundert tamilsprachige Personen muslimischen Glaubens, die sich nicht als Tamilen verstehen. Die zentrale Bedeutung des Glaubens zeigt sich in der Verbreitung von Hindu-Tempeln und tamilsprachigen christlichen Gottesdiensten, im Beibehalten traditioneller Festlichkeiten, im Wunderglauben, in Fastenzyklen oder Lebenszyklusritualen. Von den Hindus werden vor allem Gottheiten des *śivaitischen* Pantheons verehrt sowie verschiedene *Ammans* (lokale Göttinnen). Eine der Gottheiten, die im Zentrum der hiesigen Verehrung stehen, ist der Gott *Murukan*, der unter anderem als Schutzherr für tamilische Sprache, Literatur und Kunst gilt und dem beispielsweise der Tempel in der Stadt Bern gewidmet ist. Bei vielen Frauen besonders beliebt ist die *Mēlmaruvattūr Ātiparācakti*. Diese «moderne» *Amman* toleriert im Tempel auch die als «unrein» geltenden Frauen während der Menstruation, und anders als in traditionellen Hindu-Tempeln dürfen die Frauen eigenständig rituelle Handlungen durchführen. Für die Hindus ist der Freitag der heiligste Tag der Woche und deshalb bevorzugter Tag für einen Tempelbesuch. Sie gehen aber auch in Kirchen, vor allem um die Muttergottes, genannt *Mātā*, zu verehren. Viele machen Pilgerfahrten zur «Schwarzen Madonna» in Einsiedeln und zur Kirche Mariastein bei Basel.

Feiertage des hinduistischen Kalenders wie *Tai Poṅkaḷ* Mitte Januar, das tamilische Neujahr Mitte April oder das Lichterfest *Tīpāvaḷi* sind oft Gelegenheiten für grosse Feste. Eindrücklich ist beispielsweise das alljährlich stattfindende Tempelfest, an dem eine Plastik der Hauptgottheit des jeweiligen Tempels auf einem *Tēr* (Wagen) rund um das Dorf oder Quartier prozessiert wird. Die Männer lassen sich bei dieser Gelegenheit zur Selbstkasteiung Silberspiesse durch Wangen, Mund und Rücken treiben, die Frauen tragen in Tongefässen Kampfer und Niemblätter auf dem Kopf. Durch die erlittenen Schmerzen wollen sie die Gottheit um Unterstützung bitten oder ein früher abgelegtes Gelübde einlösen. «Es geht darum, dass man leidet, und dann gibt die Gottheit ihren Segen», erklärt Renuha (41). Die meisten Hindus verehren die Gottheiten auch zu Hause vor dem Hausschrein. Sie beten jeweils frühmorgens und abends vor den Bildern und Plastiken der Gottheiten sowie den Fotos verstorbener Eltern. Besonders Frauen fasten (viratam) zudem regelmässig, beispielsweise am heiligsten Wochentag, dem Freitag. Angesichts der Bedeutung der Religiosität erstaunt es nicht, dass auch in der politischen Rhetorik der tamilischen Befreiungsbewegung religiöse Elemente vorkommen. Zum Beispiel am alljährlich um den 27. November stattfindenden Tag der «Grossen Helden» (*māvīrar*) und Nationaltag *Tamil Īlams*, an dem auch der Geburtstag des LTTE-Führers Prabhakaran gefeiert wird: Sarg-Attrappen werden prozessiert, und die verstorbenen Krieger werden als «Grosse Helden» in einer Galerie mit Fotos und Schreinen sowie der Installation eines künstlichen Friedhofs mit Grabsteinen geehrt.

Lebenszyklus-Rituale

Wichtig sind im Schweizer Exil auch die Rituale und Festlichkeiten, die im Zusammenhang mit bedeutenden Lebensstationen durchgeführt werden. Sie dienen einerseits der Feier der zentralen Person und anderseits der Bewältigung von damit verbundenen Unreinheiten. Dies gilt insbesondere für die Hindus, in reduziertem Mass jedoch auch für die Christen.

Geburt

Die Geburt und die Zeit danach gelten als unreiner Zustand für die werdende Mutter sowie auch für das Neugeborene und die Verwandten. Tempelbesuche und die Teilnahme an Ritualen sind für sie während rund eines Monats ausgeschlossen, da die Gottheiten durch ihre Präsenz verunreinigt würden und aus Zorn Unglück über die Familie bringen würden. Um sich nicht zu beschmutzen, nehmen Gäste in der Wohnung einer Wöchnerin keine Nahrung zu sich und duschen meist sofort, sobald sie nach Hause kommen. Ende Monat wird alles entsorgt, was durch den Geburtsprozess verunreinigt wurde. Die Wöchnerin nimmt ein abschliessendes, reinigendes Bad, und auch die Kleider werden gründlich gewaschen. Ein Brahmanenpriester besprengt die ganze Wohnung mit reinigendem *pañcagavyam* (Skt.; Mischung aus den fünf [*pañca*] Produkten der Kuh [*gavyam*]: Milch, Joghurt, geklärte Butter, Urin und Dung). In der Heimat erhält das Kind an diesem Tag seinen Namen, in der Schweiz hat es ihn bereits kurz nach der Geburt erhalten. «Wegen des Ultraschalls weiss man ja bereits vor der Geburt, ob es ein Mädchen oder ein Knabe ist», erklärt Sridevi (37). Die Verwandten kommen zu Besuch, im Speziellen die Onkel mütterlicher- und Tanten väterlicherseits, deren Kinder traditionellerweise bevorzugte Heiratspartner für die Kinder sind (Kreuzcousinenheirat). Sie beschenken das Kind mit Geld oder Goldschmuck. Manchen Neugeborenen werden an diesem Tag die Kopfhaare rasiert, bei anderen Kindern, besonders bei denjenigen, die im Winter zur Welt kommen, wartet man ein Jahr. Der Säugling wird gebadet und neu eingekleidet, und den Mädchen werden erstmals Ringe in die Ohren gesteckt. Der Mutterbruder legt das Kind zum ersten Mal ins Kinderbettchen, und die Gäste werden mit einer Reismahlzeit verköstigt.

Pubertät

Eine weitere wichtige Lebensstation ist für die Mädchen der Beginn ihrer Pubertät, während dieser Phase bei den Knaben keine besondere Aufmerksamkeit geschenkt wird. Einerseits sind es wiederum Unreinheiten, die mit dem Beginn der Menstruation von einer Frau die Einhaltung bestimmter Regeln erfordern. Anderseits wird die Geschlechtsreife des Mädchens gefeiert, ist sie doch nun heiratsfähig. «Das Mädchen war vorher eine Knospe», erklärt Kamala, «und wenn das Mädchen die erste Periode hat, geht die Knospe auf und wird zur Blüte; dann riecht die Blume am besten.» Die erste Menstruation gilt als verunreinigender als alle weiteren, weshalb stärkere Restriktionen zum Zug kommen. Ausser der jungen Frau sind auch die Verwandten verunreinigt und müssen bis zum abschliessenden Bad des Mädchens, das von einem Priester begleitet wird, auf Tempelbesuche verzichten. Nur der *Ātiparācakti*-Tempel und die Kirche dürfen auch während dieser Zeit besucht werden, da die betreffenden Gottheiten dies ausdrücklich erlauben. Bereits am ersten Menstruationstag wird das Mädchen in Anwesenheit wichtiger Verwandter im Badezimmer gebadet. Das Mädchen trägt bei dieser Gelegenheit einen traditionellen Hosenrock, und die Anwesenden giessen aus einem kleinen Krug Wasser über ihren Kopf. Während der folgenden Tage erhält das Mädchen eine speziell nahrhafte und nur wenig gewürzte Kost, «da sie ja wachsen soll zur Frau», so Kala (43). Eine Woche lang darf das Mädchen nicht aus dem Haus, und es wird deshalb in der Schule krank gemeldet. Als Abschluss wird das Bad wiederholt, und ein Priester besprengt anschliessend zur rituellen Reinigung alles mit Wasser, dem Gelbwurz oder Milch beigefügt wurde. «In Sri Lanka ist es immer Wasser mit Gelbwurz», erklärt Renuha. «Hier in der Schweiz muss man meistens darauf verzichten, weil sonst alle weissen Wände der Mietwohnungen gelb gefleckt wären.» Manche Frauen besprengen jedoch wenigstens die Gottheiten des Hausschreins mit Gelbwurzwasser. Nach Vollendung des Rituals darf das Mädchen wieder aus dem Haus. Ab nun darf es jedoch nicht mehr unbegleitet überall hin, damit es seine Unberührtheit und den Familienruf nicht gefährdet. «Bei den Mädchen hat man nach dem Pubertätsritual Angst. Hier haben sie ja schon mit zwölf oder dreizehn Geschlechtsverkehr», kritisiert Devi (34). «In Sri Lanka wusste man ein Leben lang nie alles über Sex, hier in der Schweiz wissen bereits die Kinder alles. Die Frauen müssen aber Jungfrau sein, wenn sie heiraten.» Die meisten Familien feiern den Beginn der fruchtbaren Lebensphase mit einem grossen Fest. Dazu reisen die wichtigen Onkel und Tanten aus der ganzen Welt an. Kamala begab sich für das Pubertätsritual ihrer Nichte nach Kanada, Lada (43) nach Texas, und Sita (12) erhielt Besuch aus Holland, England und Paris. Viele in der Schweiz aufwachsende tamilische Töchter sind nicht unbedingt begeistert von der Idee, dass das Eintreten ihrer Menstruation gefeiert werden soll. Sie schämen sich vor ihren Schweizer Kolleginnen und finden die endlosen Zeremonien und das viele Umkleiden mühsam. Trotzdem geniessen fast alle Mädchen die vielen Geschenke und die Videoverfilmung, in der sie die Hauptrolle spielen. Noch feiern alle Familien hier in der Schweiz dieses Ritual, betont Kamala, da es sonst bei der Heirat Probleme gebe: Ohne absolvierte Pubertätszeremonie weigere sich der Priester, die Heiratsrituale durchzuführen, und die fehlende Zeremonie müsse in einem solchen Fall unmittelbar vor der Hochzeit nachgeholt werden.

Heirat

Auch das Heiraten findet im Schweizer Exil nach wie vor in traditionellem Stil statt. Neben der richtigen Kastenzugehörigkeit sind zusätzliche Kriterien für eine gute Partie das Geburts- und/oder das Pubertätshoroskop, die Hautfarbe – helle Teints werden bevorzugt –, der Charakter, die Höhe der Mitgift sowie der Ruf der Familie. Die Eltern und Brüder, die die Heirat arrangieren, haben denn auch die anspruchsvolle Aufgabe, über Beziehungen zu Verwandten in der Heimat und im Exil auf diskrete Weise abzuklären, welche Kandidaten passen könnten. Dass es sich um einen tamilischen Partner handeln muss, ist sowieso selbstverständlich: Ehen mit Schweizern gelten als instabil, und so sind denn solche Heiraten sehr selten. Nach wie vor gilt zudem sowohl für die Hindus als auch die Katholiken nicht der zivile Eheschluss als «richtige» Heirat, sondern die religiöse Zeremonie, die von einem Priester durchgeführt wird. Meistens wird zu diesem Zweck ein Saal mit einer Bühne gemietet, auf der zur astrologisch berechneten günstigen Zeit die notwendigen Rituale durchgeführt werden. Der Höhepunkt dabei ist, wenn der Ehemann seiner Braut den *tāli* (Heiratsanhänger) umhängt und die Frau dadurch körperlich von ihrer Geburtsfamilie loslöst und in seine Familie einbindet.

Tod

Verstorbene werden in der Schweiz meistens kremiert, sogar Christen, die in der Heimat die Erdbestattung bevorzugen. Die Asche wird anschliessend während 31 Tagen zu Hause aufbewahrt. Nach wenigen Tagen beten die nahen Angehörigen abends vor einer Fotografie der verstorbenen Person, vor die einige ihrer typischen Utensilien wie ein *vēṣṭi* (Lendentuch) oder eine Brille gelegt werden. Die Anwesenden singen Lieder und platzieren das Lieblingsessen vor dem Bild, damit die *āṉmā* (Seele, Geist, Leben) der verstorbenen Person sich bedienen kann. Anschliessend teilen die Versammelten das Essen unter sich. Am 31. Tag wird die Asche in ein Schweizer Gewässer gestreut oder in die Heimat zurückgebracht, falls dort noch nahe Verwandte leben. Ein Teil der Überreste von

Renuhas Vater beispielsweise, dessen Kinder alle im Exil leben, wurde in die Berner Aare gestreut, der Rest wurde auf dem Friedhof beigesetzt. «Wir wissen ja nicht, ob die Aare heilig genug ist», begründet Renuha.

Da ein toter Körper wiederum als verunreinigend gilt, dürfen Verwandte und Haushaltsmitglieder während rund einem Monat den Tempel und andere Wohnungen nicht besuchen. Zudem nehmen die Angehörigen während dieser Zeit nur vegetarische Nahrung zu sich und verzichten auf schöne und teure Kleidung sowie Make-up. Während Kondolenzbesuchen wird keine Verpflegung angeboten, da sich die Gäste verunreinigen würden, und sogar die Angehörigen selbst sollten während dieser Zeit nicht selbst gekochte Nahrung zu sich nehmen. Gäste nehmen nach einem Besuch sofort eine Dusche und ziehen frische Kleider an, bevor sie die eigene Wohnung und Gottheiten geweihte Räume wieder betreten. «Wenn Vater von einem Besuch im Todeshaus kommt, zieht er gleich beim Eingang alles aus und geht duschen», erzählen Sridevis Töchter (11 und 8). «Es ist wegen den Gottheiten und Geistern…» «Und auch wegen der *kirumis* [Bakterien]», ergänzt ihre Mutter. In Sri Lanka besuche schliesslich ein bestimmter Priester das Todeshaus und führe Rituale zur Besänftigung der Seele der verstorbenen Person durch, damit diese nicht als böser Geist zurückkehre und die Menschen belästige. Er reinige zudem die Wohnung mit Gelbwurz-Wasser. Da jedoch diese spezielle Priesterkaste in der Schweiz nicht vertreten sei, müsse hier die Reinigung von einer Laienperson durchgeführt werden. Nahe Verwandte einer verstorbenen Person verkörpern während längerer Zeit ein schlechtes Omen, insbesondere eine Witwe. Sie dürfen dann weder den Tempel besuchen noch an Glück verheissenden Ritualen und Festen wie Geburtstagen, Pubertätsritualen oder Hochzeiten teilnehmen, noch selbst solche durchführen. «Während eines Jahres durften wir nur zum Arzt oder in ein Todeshaus gehen oder einen Krankenbesuch machen; die Leute kamen stattdessen zu uns auf Besuch», erklärt Renuha. Kamala befand sich bereits in Kanada, um am Pubertätsritual ihrer Nichte teilzunehmen, als sie frühmorgens vor dem Ritual erfuhr, dass ihr Vater an einem Herzinfarkt verstorben sei. «Ich konnte deshalb nicht persönlich teilnehmen und schickte meine Tochter. Ich wollte jedoch nichts sagen, weil man sonst das ganze Ereignis, auf das sich alle so sehr gefreut hatten und extra diese weite Reise unternommen hatten, hätte absagen müssen; deshalb habe ich behauptet, ich könne wegen der Menstruation nicht teilnehmen.»

«Wir heiraten nicht nur sondern gleich die

Familie

unseren Ehemann, ganze Familie mit.»

30-34	Familie Robinson im Durchgangszentrum Steinbach/SZ. Die christliche Familie verbringt hier siebeneinhalb Monate.
32	Englieen ist sehr religiös: «Ich bete dafür, dass wir hier bleiben dürfen.»
33	Jeden Tag freut sie sich über die Maria-Figur, die sie von einem Pater aus Rapperswil bekommen hat.
34	«Die Zubereitung unseres Essens ist aufwändiger als Spaghetti kochen. Alle fragen sich, was wir so lange in der Küche machen.»
35	Familie Robinson bezieht ihre erste eigene Wohnung in Brunnen/SZ.
	Ein für Asylbelange zuständiger Kantonsmitarbeiter führt sie in die Regeln eines Asylantenlebens in der Schweiz ein.
36/37	Hinduistische Hochzeit: Das Brautpaar Ambi und Rathika wird getrennt zum Festsaal chauffiert.
38	Vor dem Hochzeitssaal.
39	Während der Hochzeitszeremonie sitzt das Brautpaar auf der Bühne vor einer Kulisse.
40	Der Onkel der Braut spielt bei der Zeremonie eine wichtige Rolle.
	Früher mussten Priester aus dem Ausland engagiert werden. Heute leben brahmanische Priester in der Schweiz, die die traditionellen Rituale durchführen können.
41/42	Das Brautpaar hatte noch kaum Gelegenheit, sich kennen zu lernen. Die Heiraten werden überwiegend arrangiert.
43	Die Priestertochter Jenani wird mit ihrem Cousin Murali verheiratet. Bei Priesterfamilien ist die Kreuzcousinenheirat nicht unüblich. Nach der stundenlangen Zeremonie feiern sie ausgelassen in der Runde.
44/45	Der Hochzeitskuchen nach westlichem Geschmack.
46/47	Zum Abschluss jedes Festes wird ausgiebig gegessen.
48	Christliche Hochzeit: Die Braut unterschreibt die Heiratsurkunde.
49	Fertig gefeiert.
50/51	Der vier Tage alte Kaushall wird von Vater und Schwester im Spital besucht.
52-55	Syianee feiert ihren neunten Geburtstag.
56-59	Familie Vimalarajan in ihrer Wohnung in Zürich-Seebach.
60	Familie Jeyakumar: Gemischte Ehen sind sehr selten.
61	Viele Frauen sind berufstätig und müssen ihre Kinder tagsüber abgeben. Karuushan wartet bei seiner tamilischen Tagesmutter.

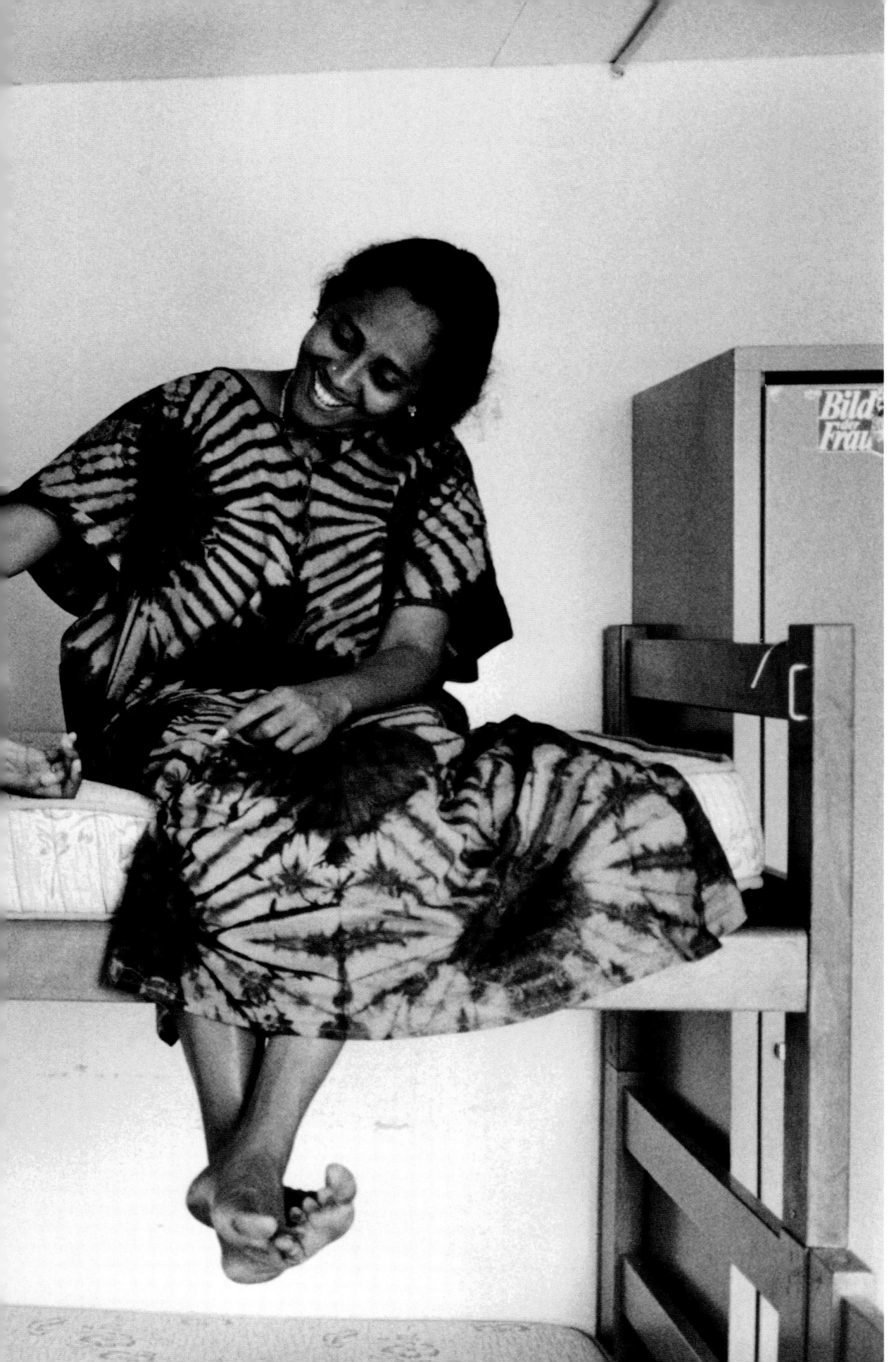

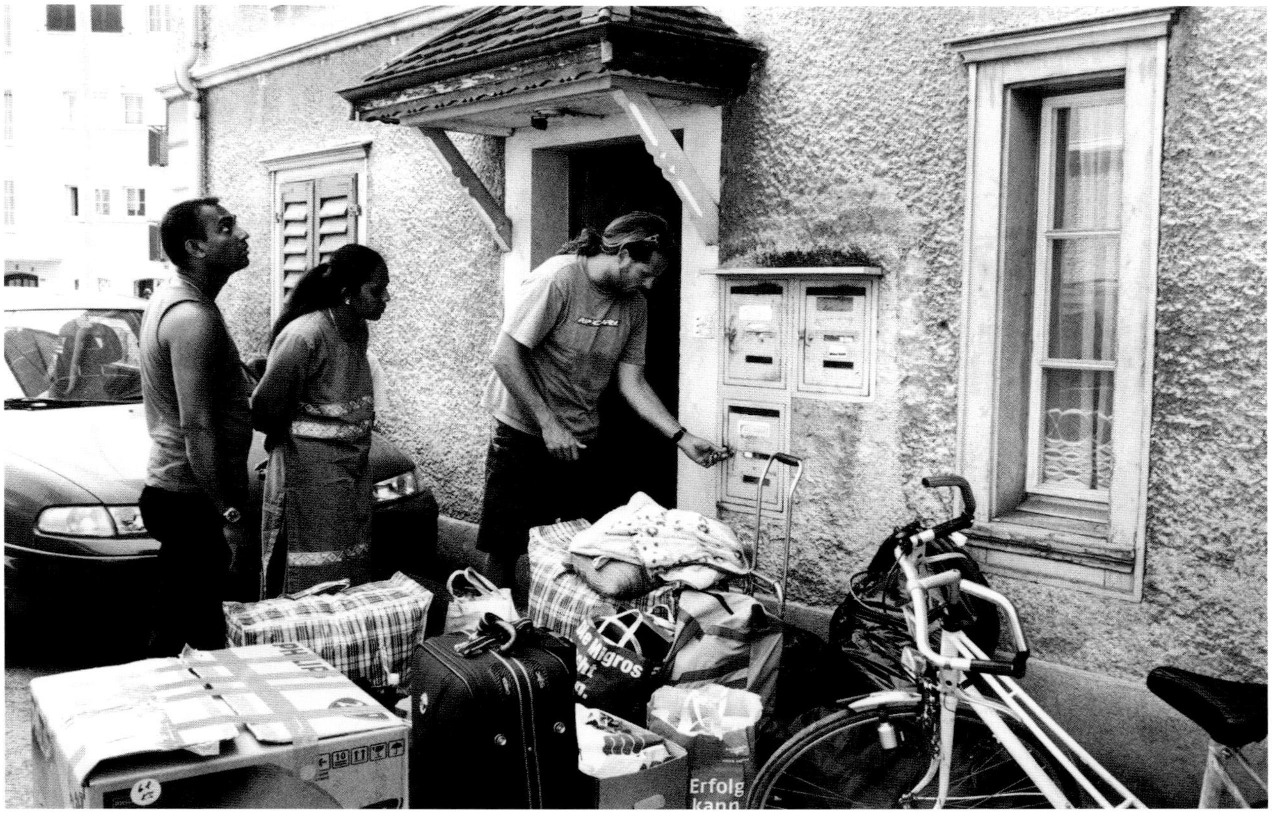
Migros
Erfolg
kann

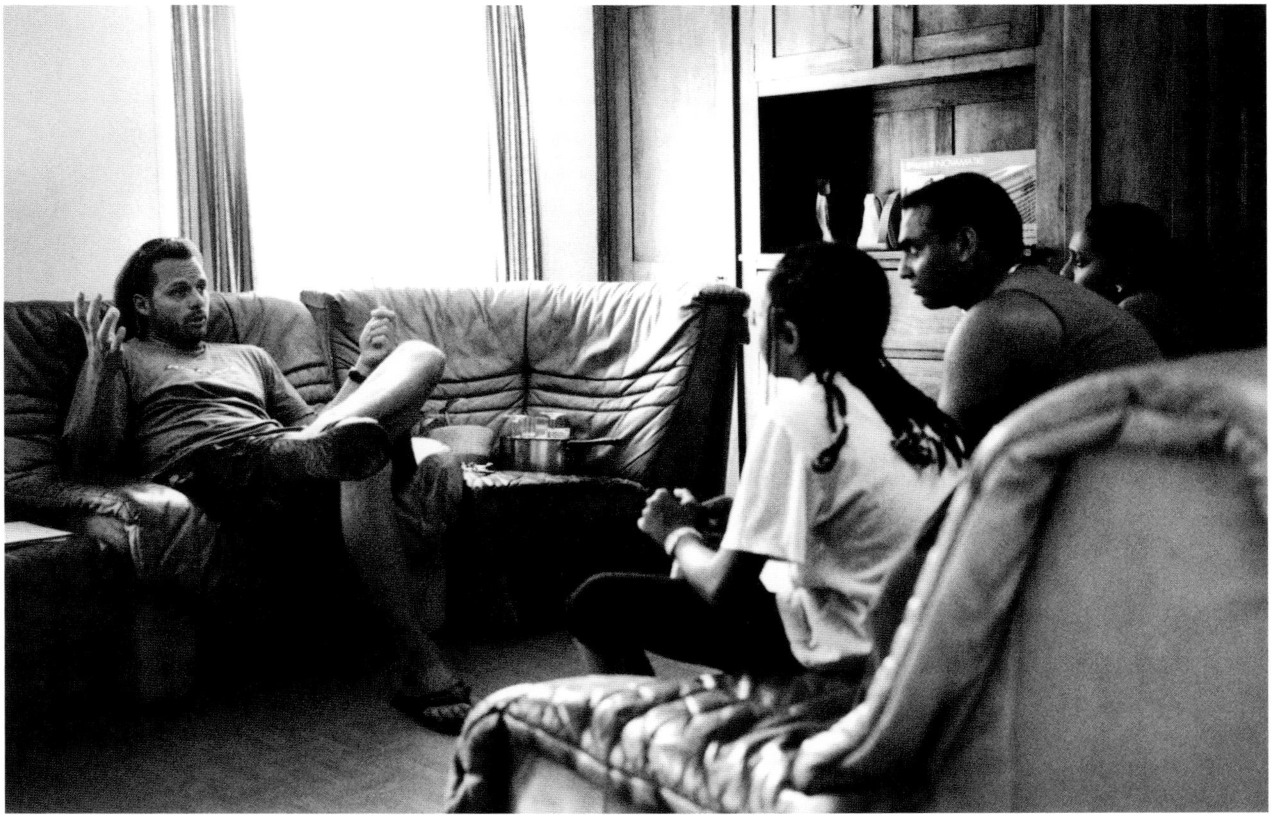

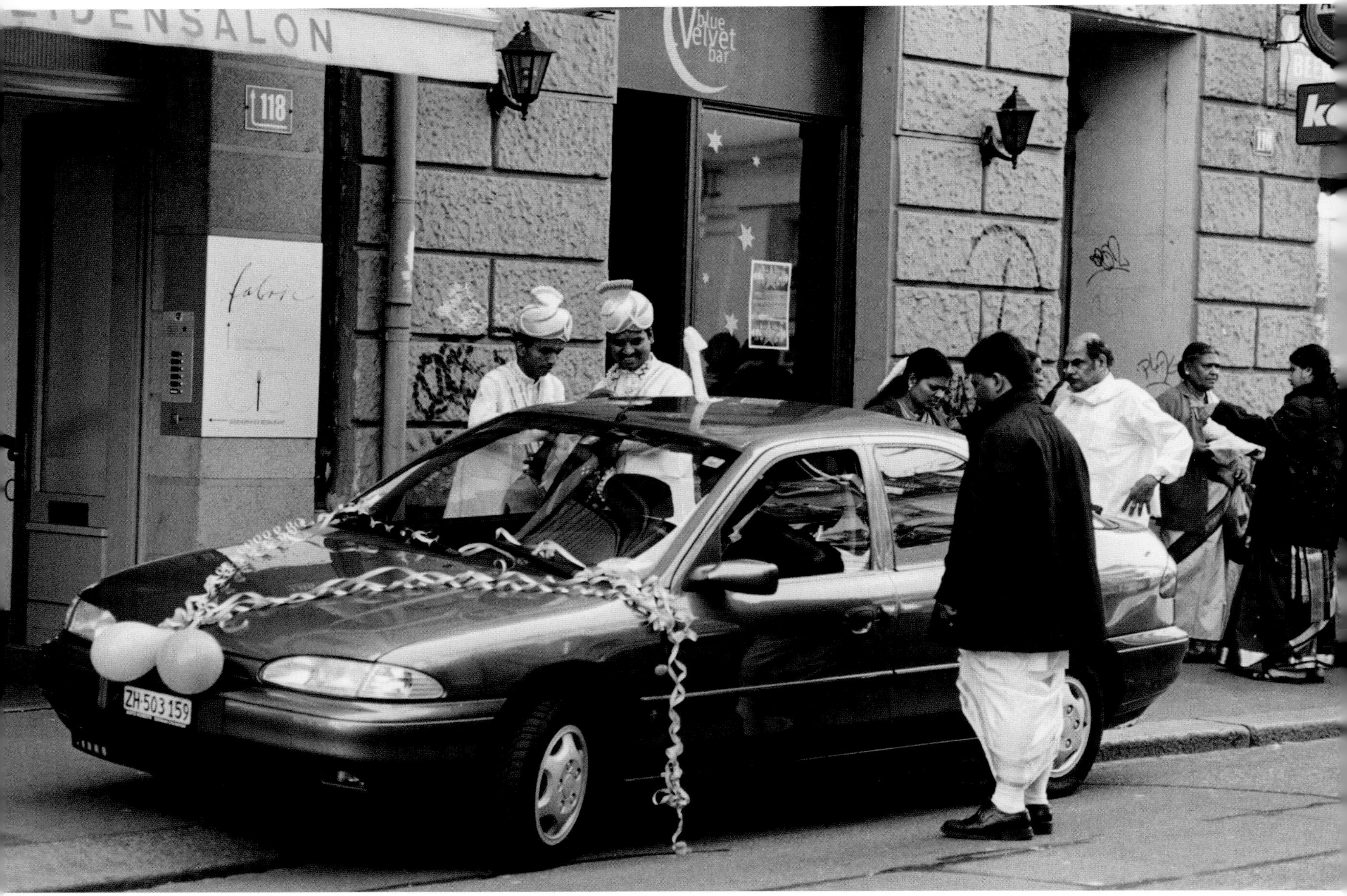
118
blue
Velvet
bar
ZH 503 159

37

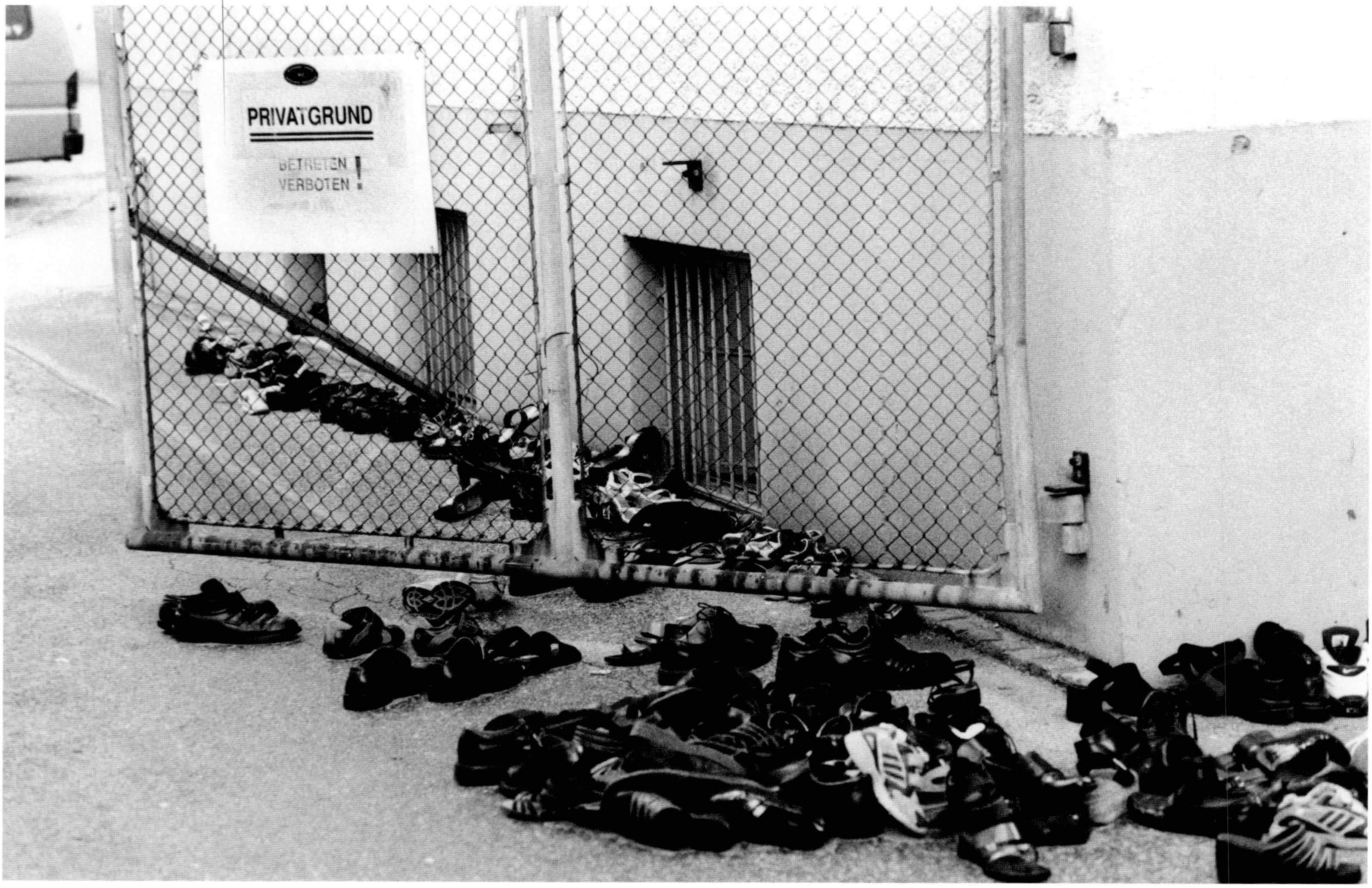
PRIVATGRUND
BETRETEN
VERBOTEN !

39

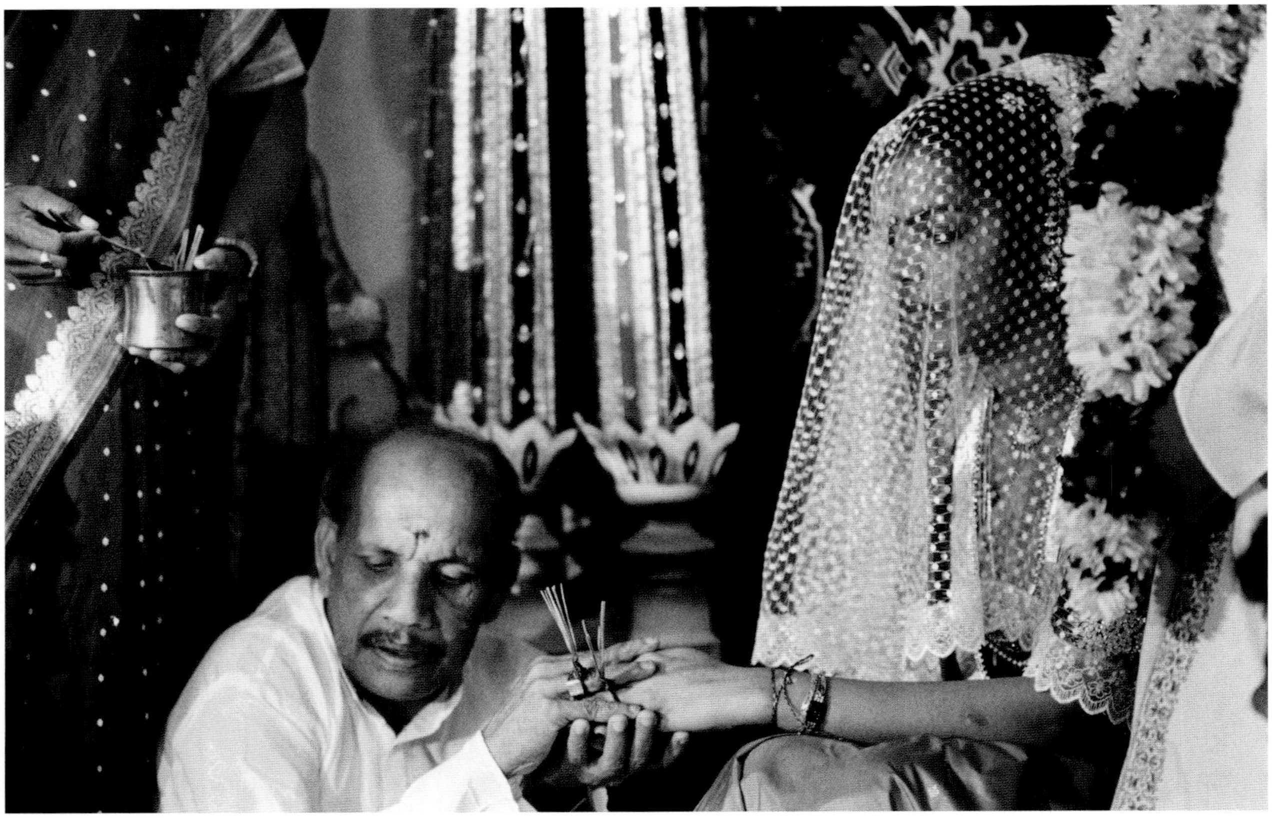

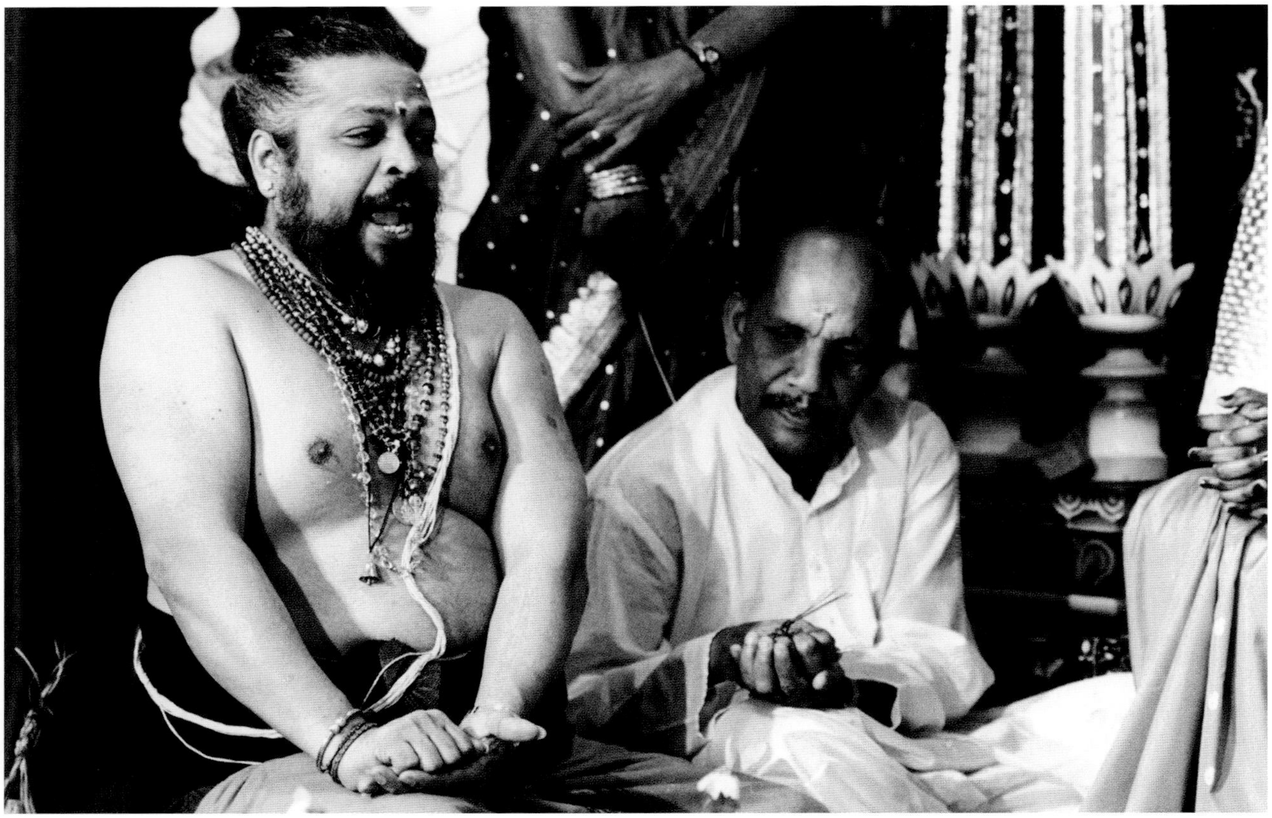

41

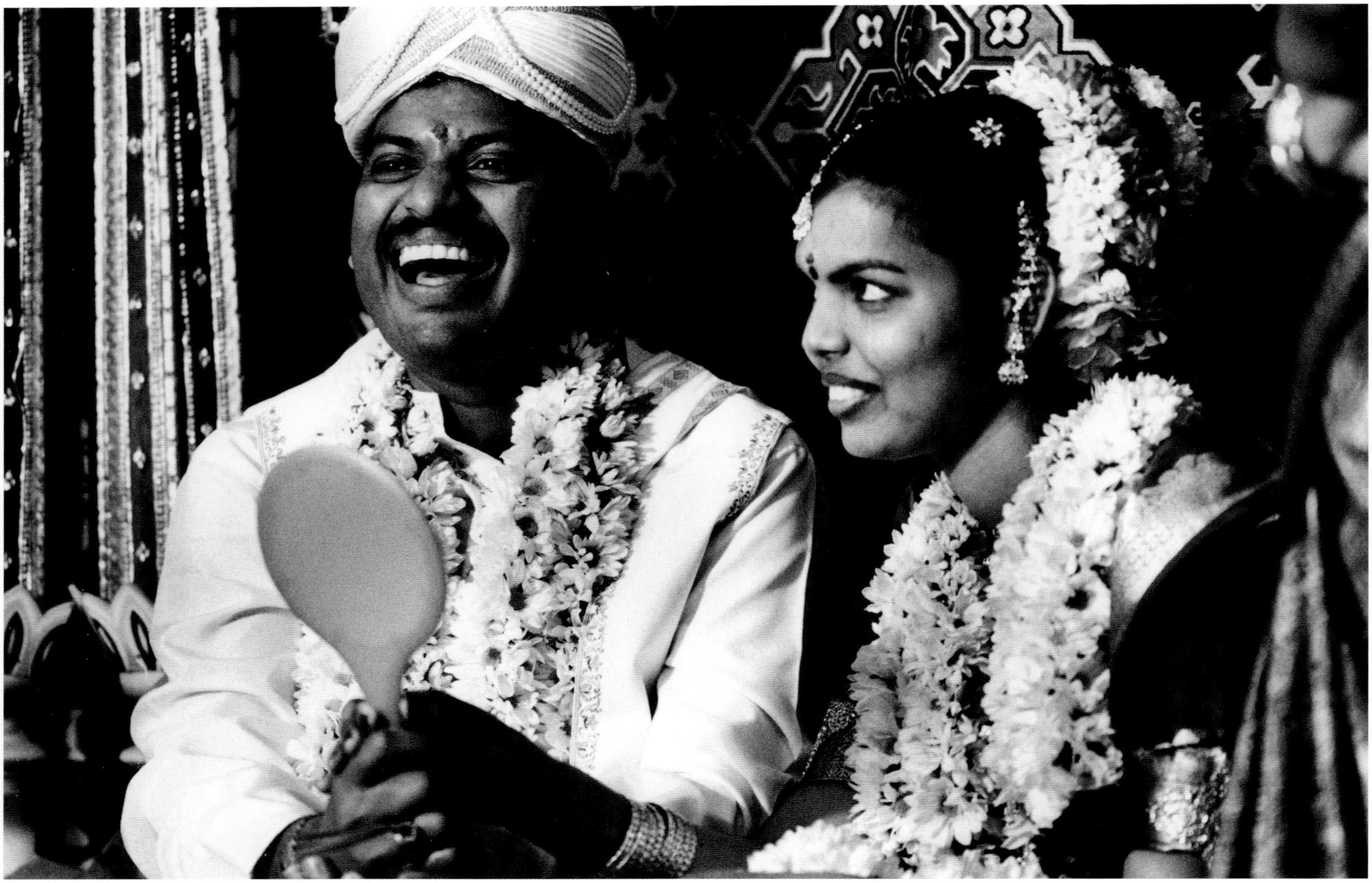

43

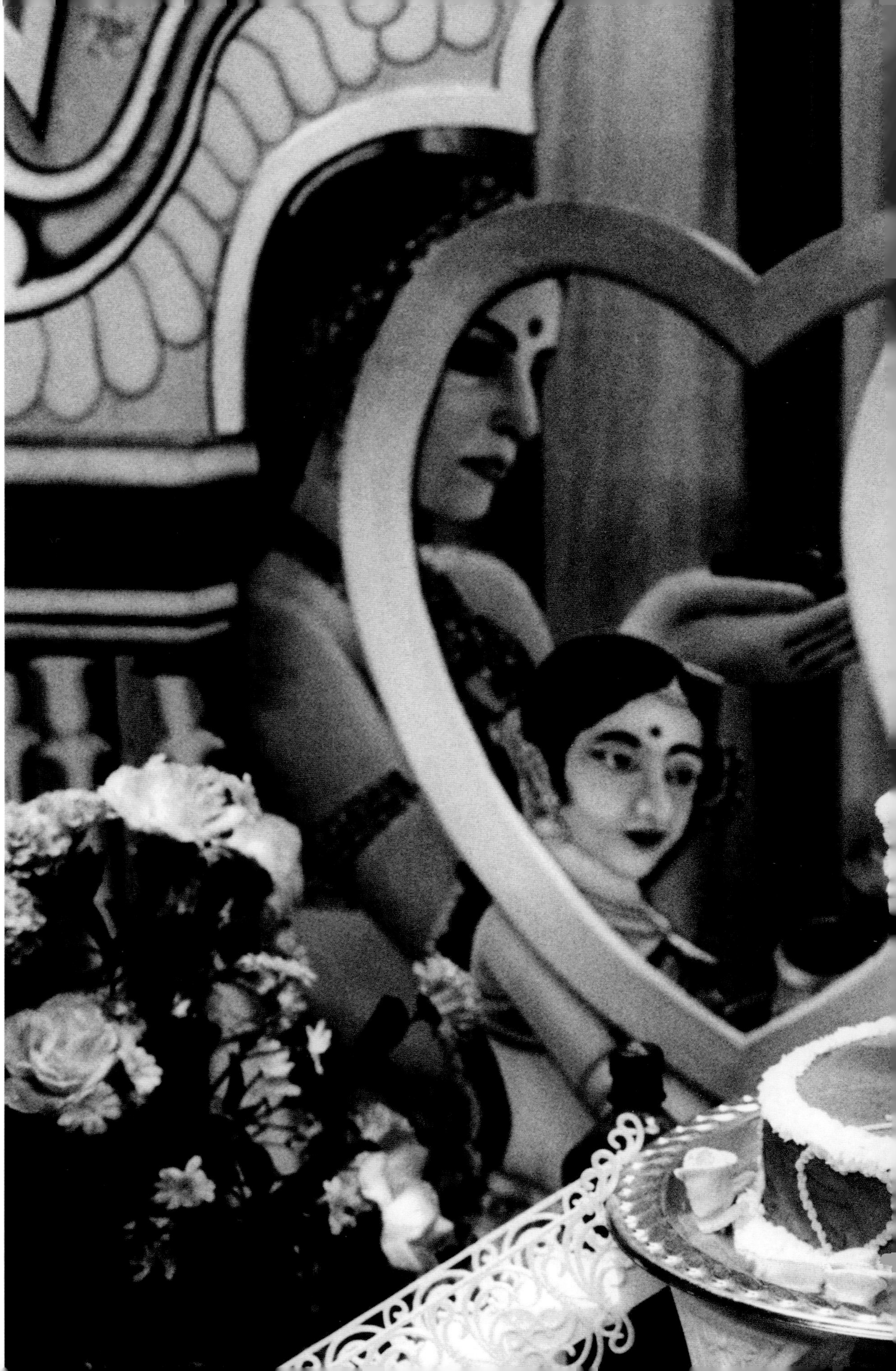

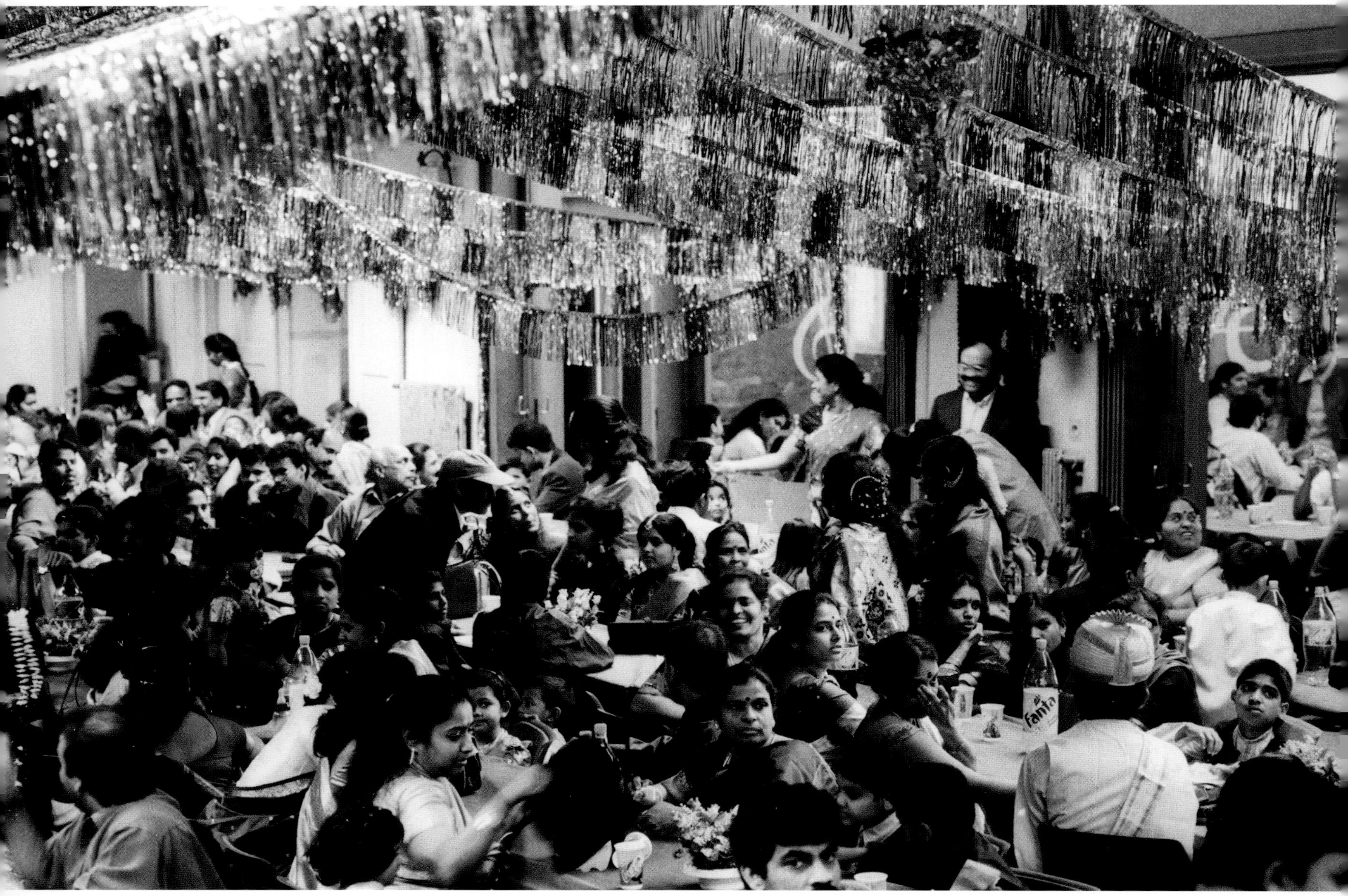
Fanta

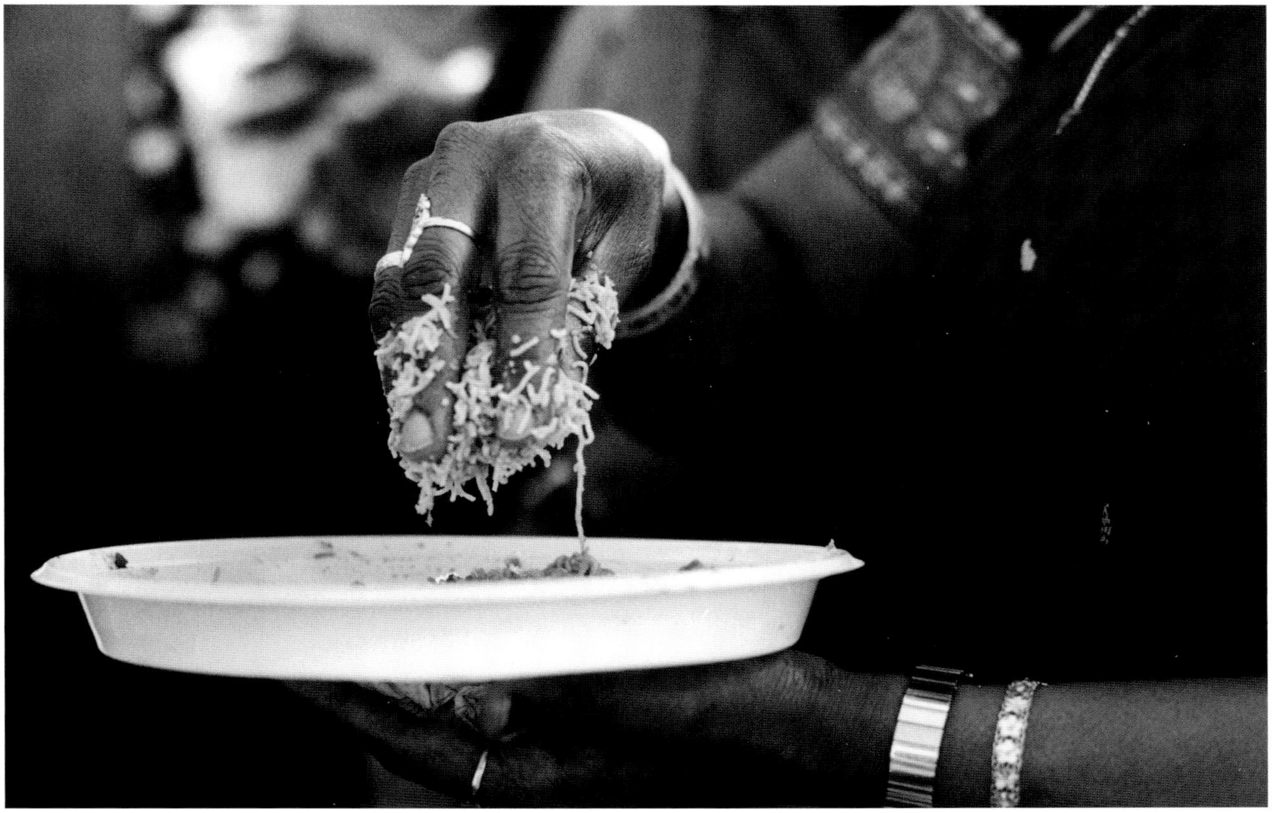

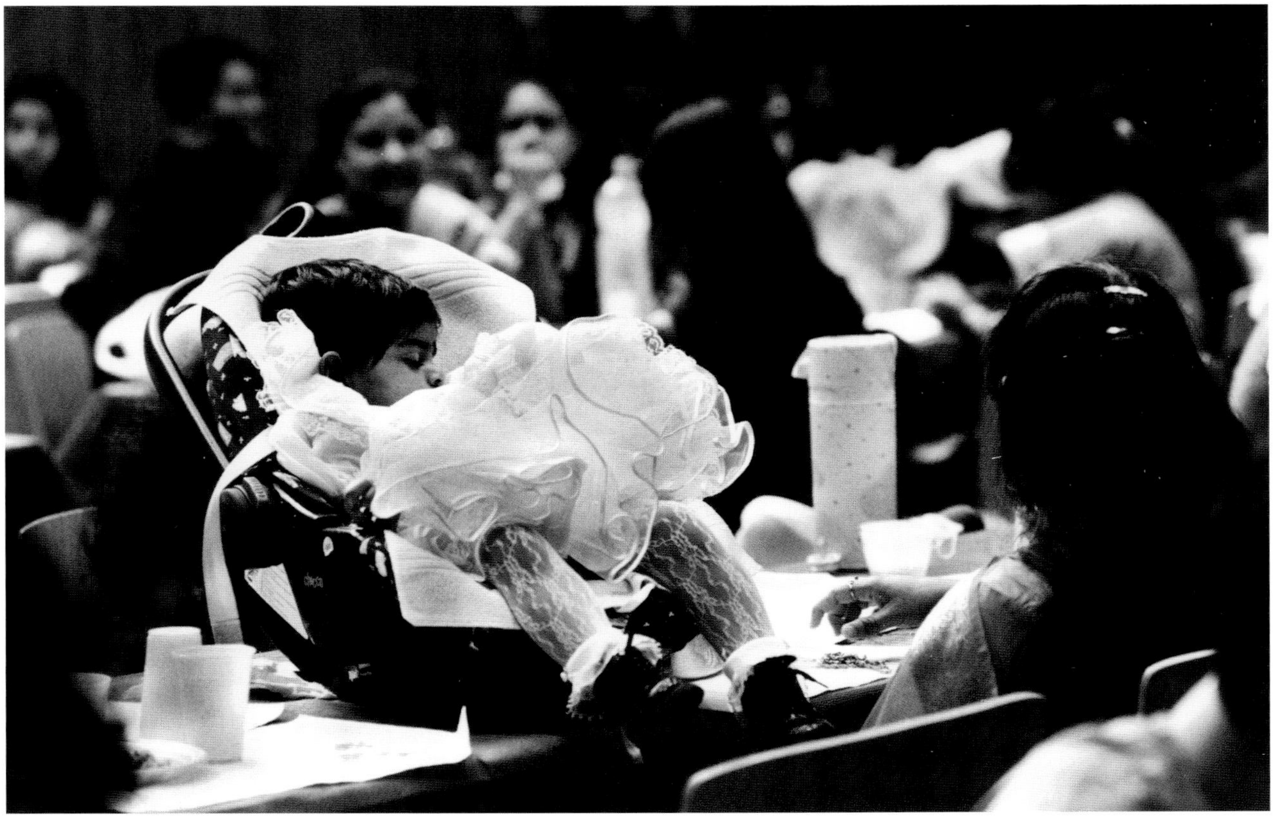

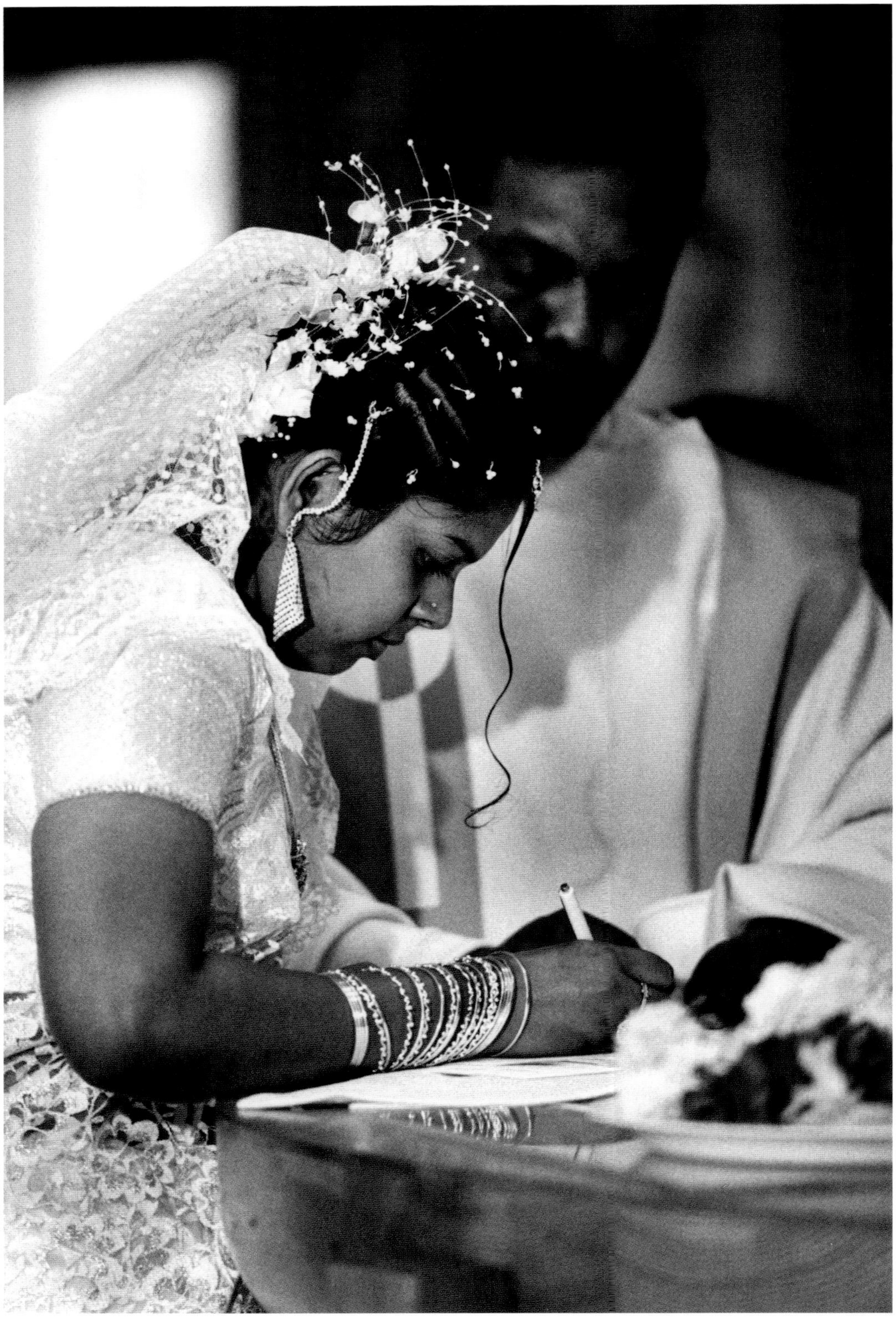

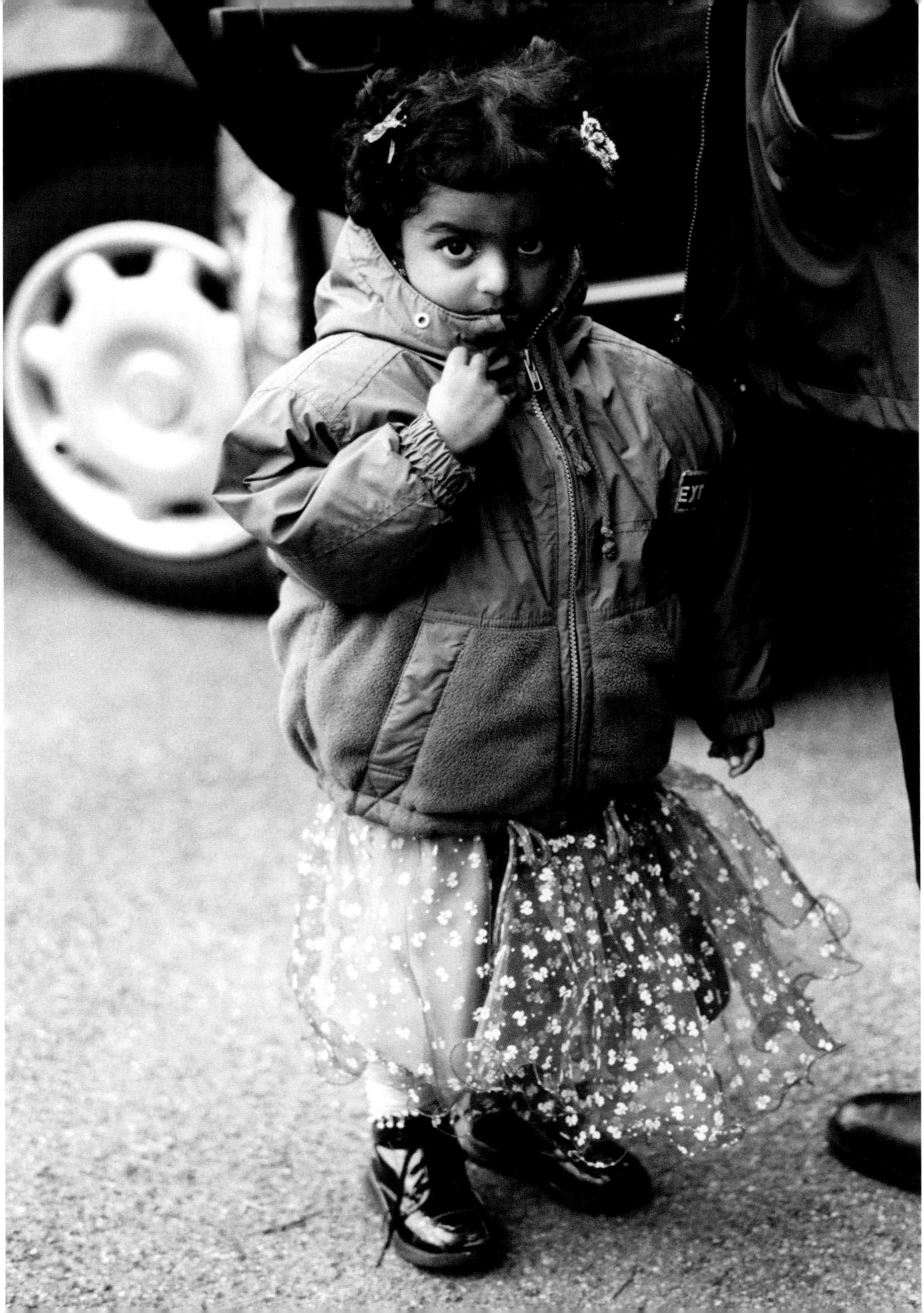
EXT

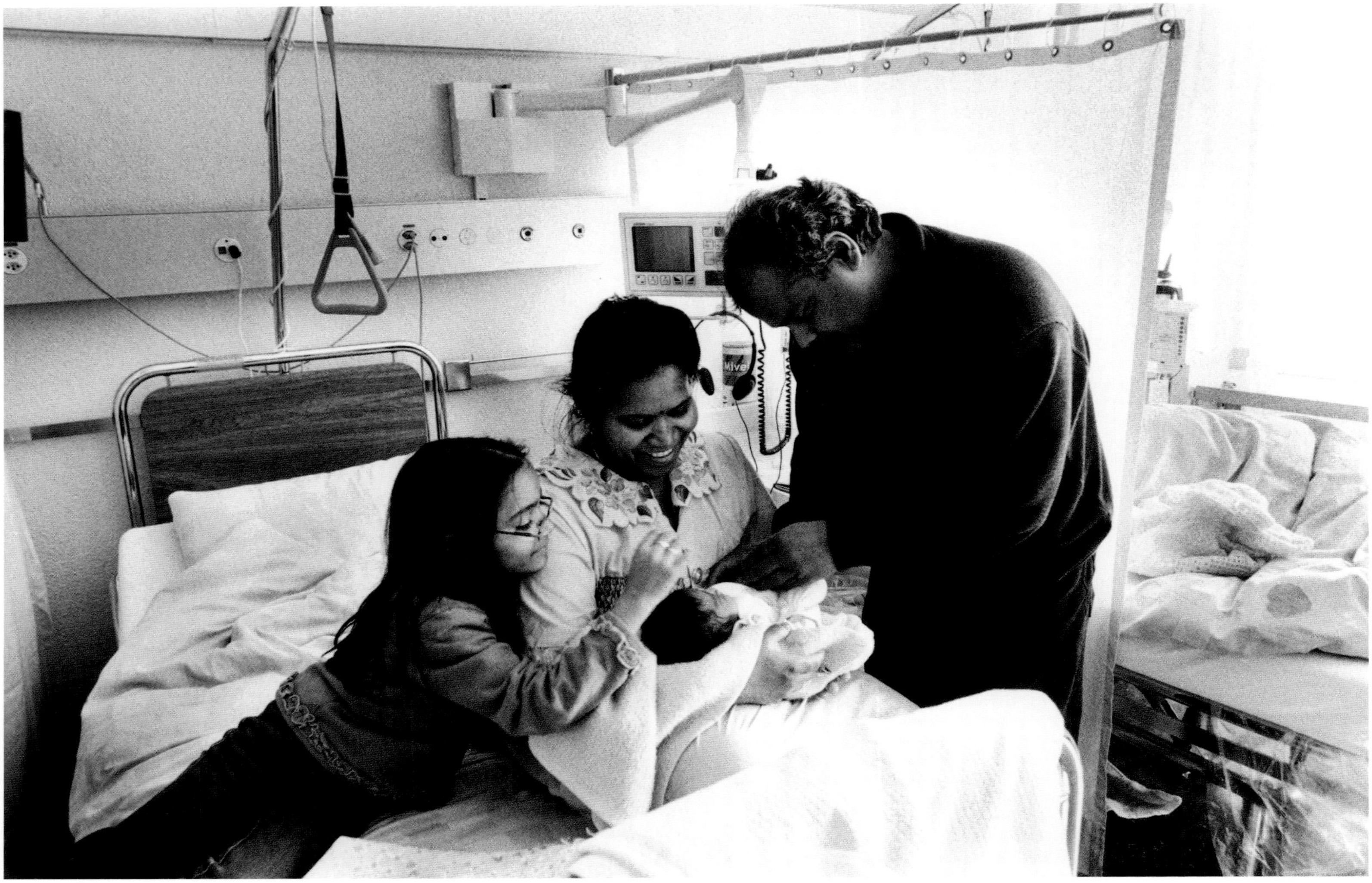

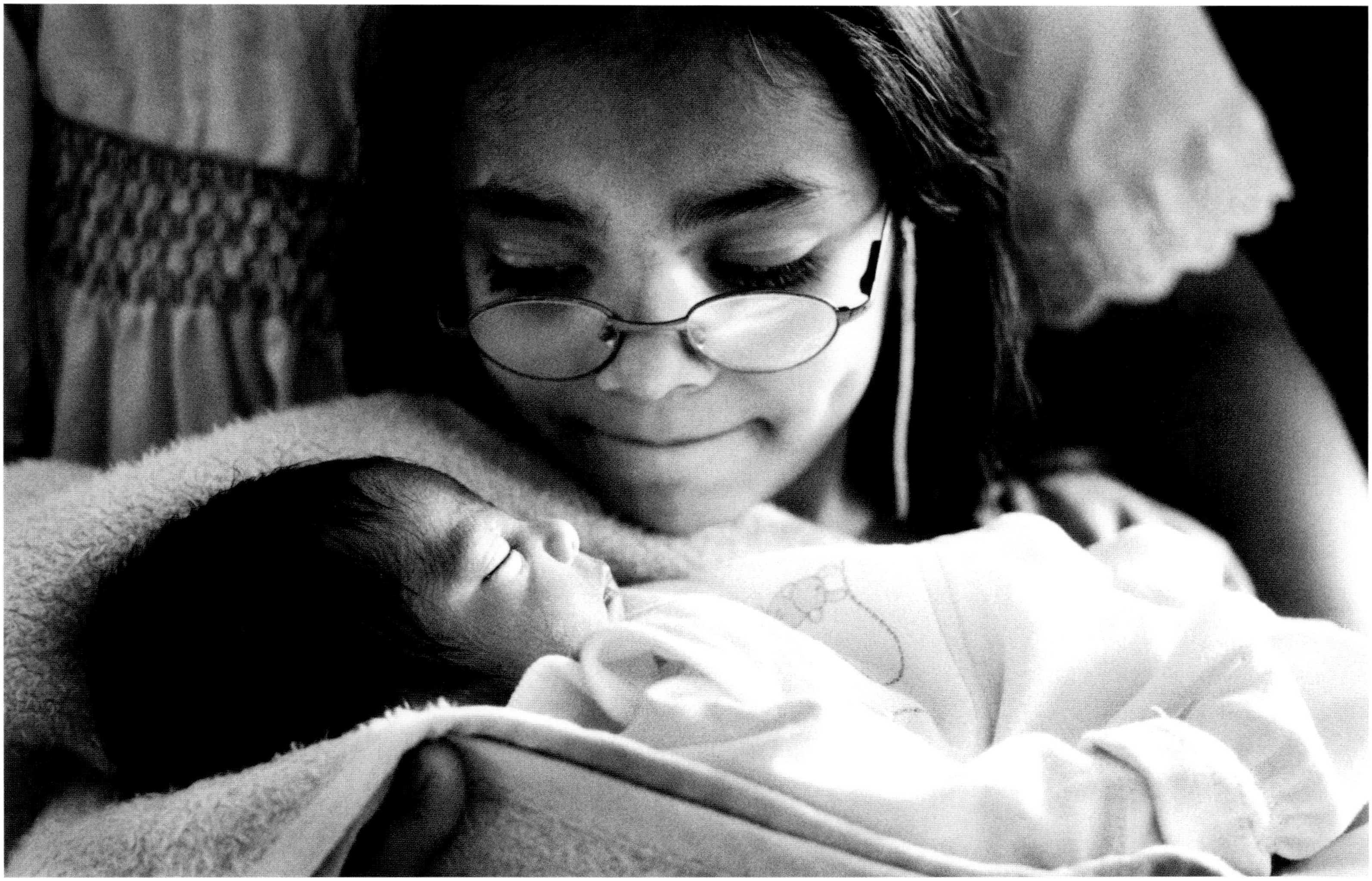

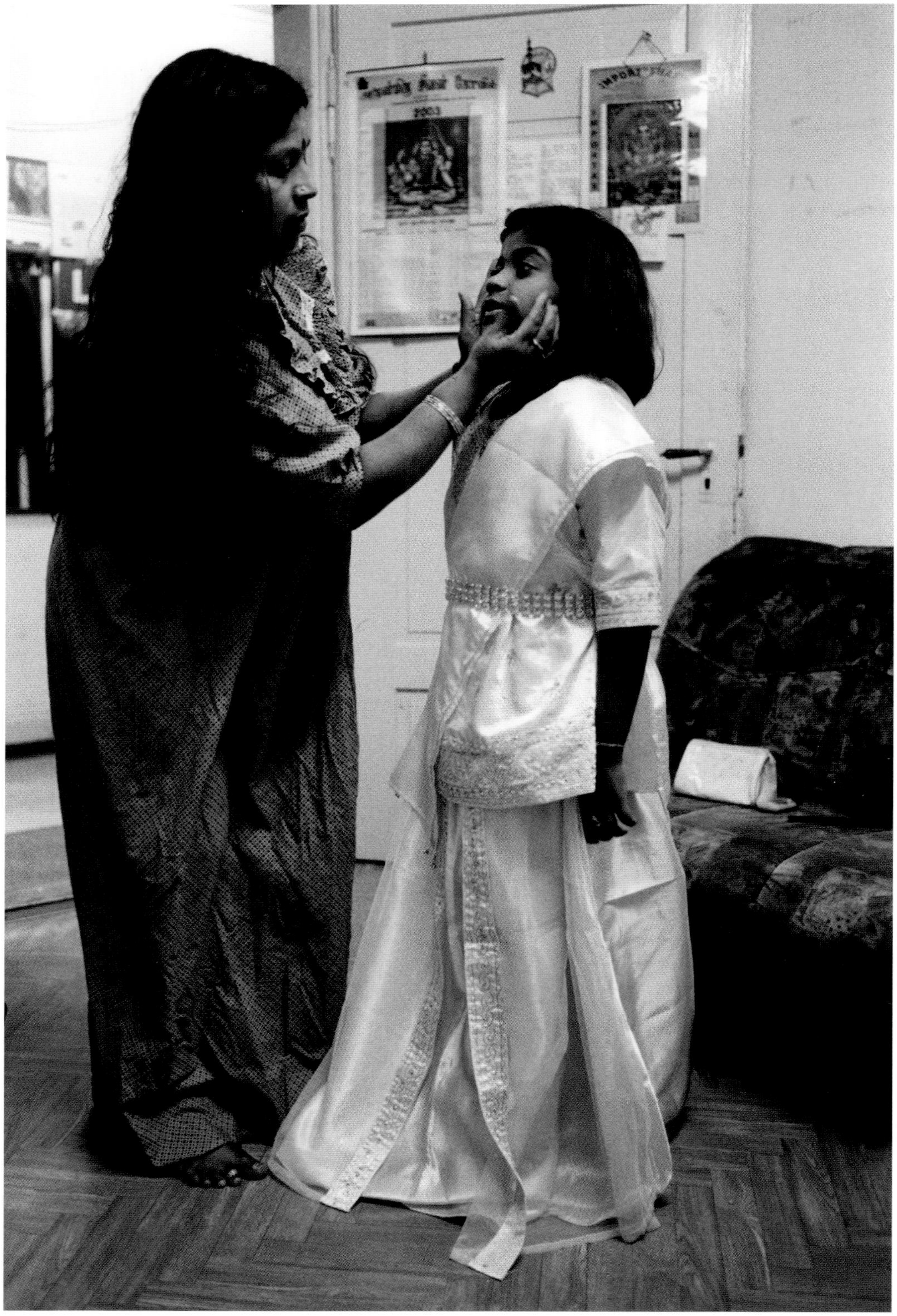

53

54

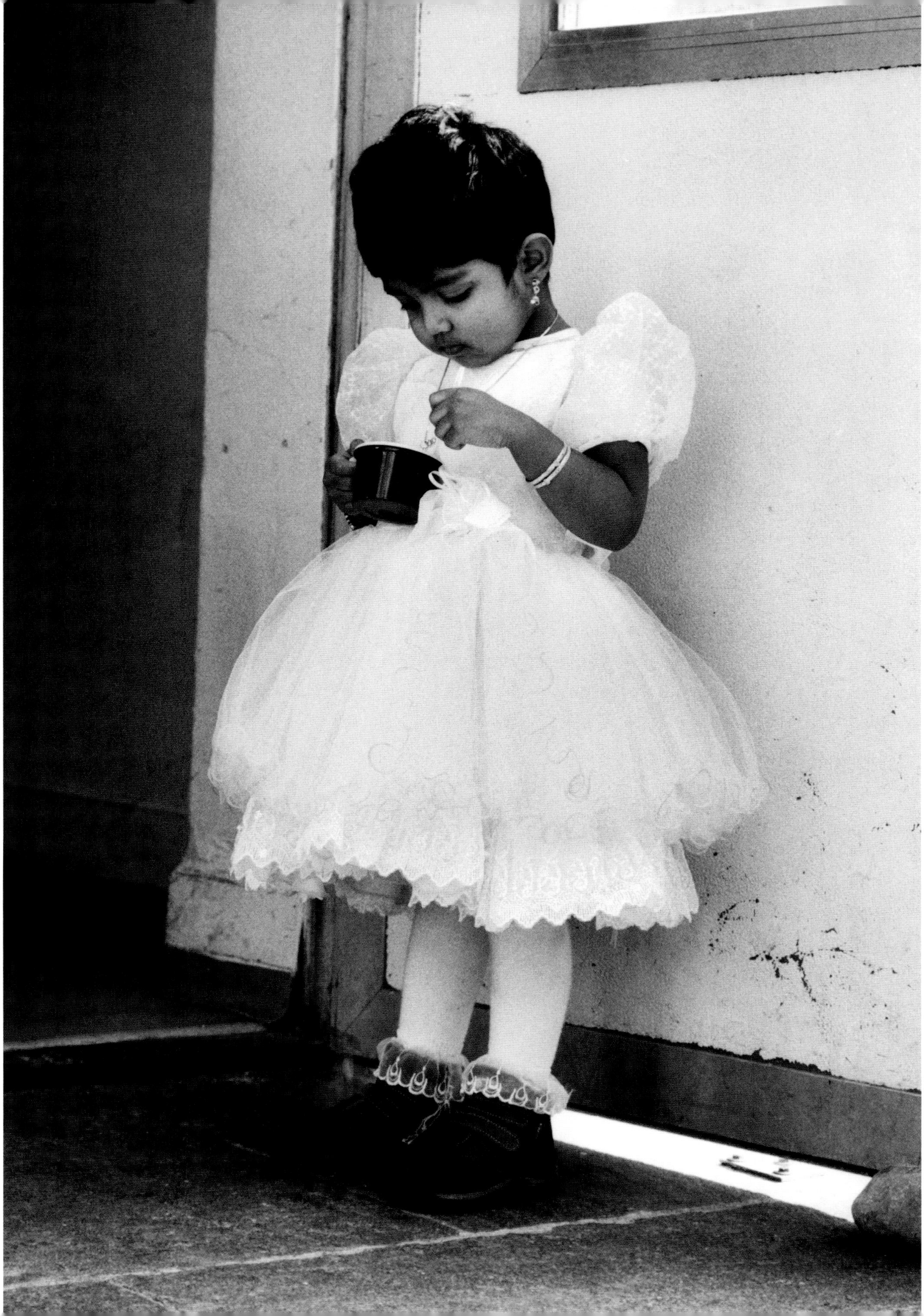

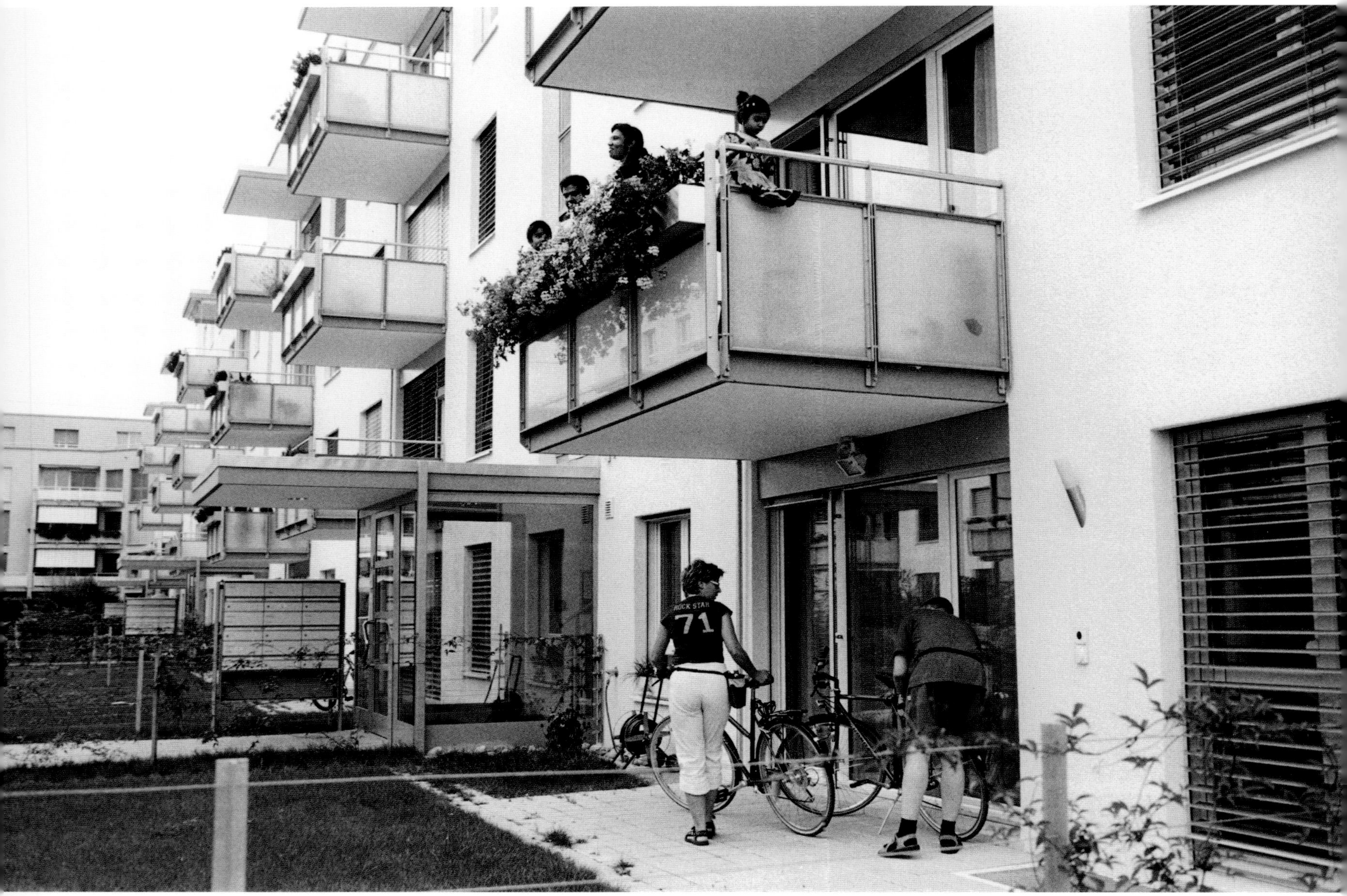
ROCK STAR
71

57

58

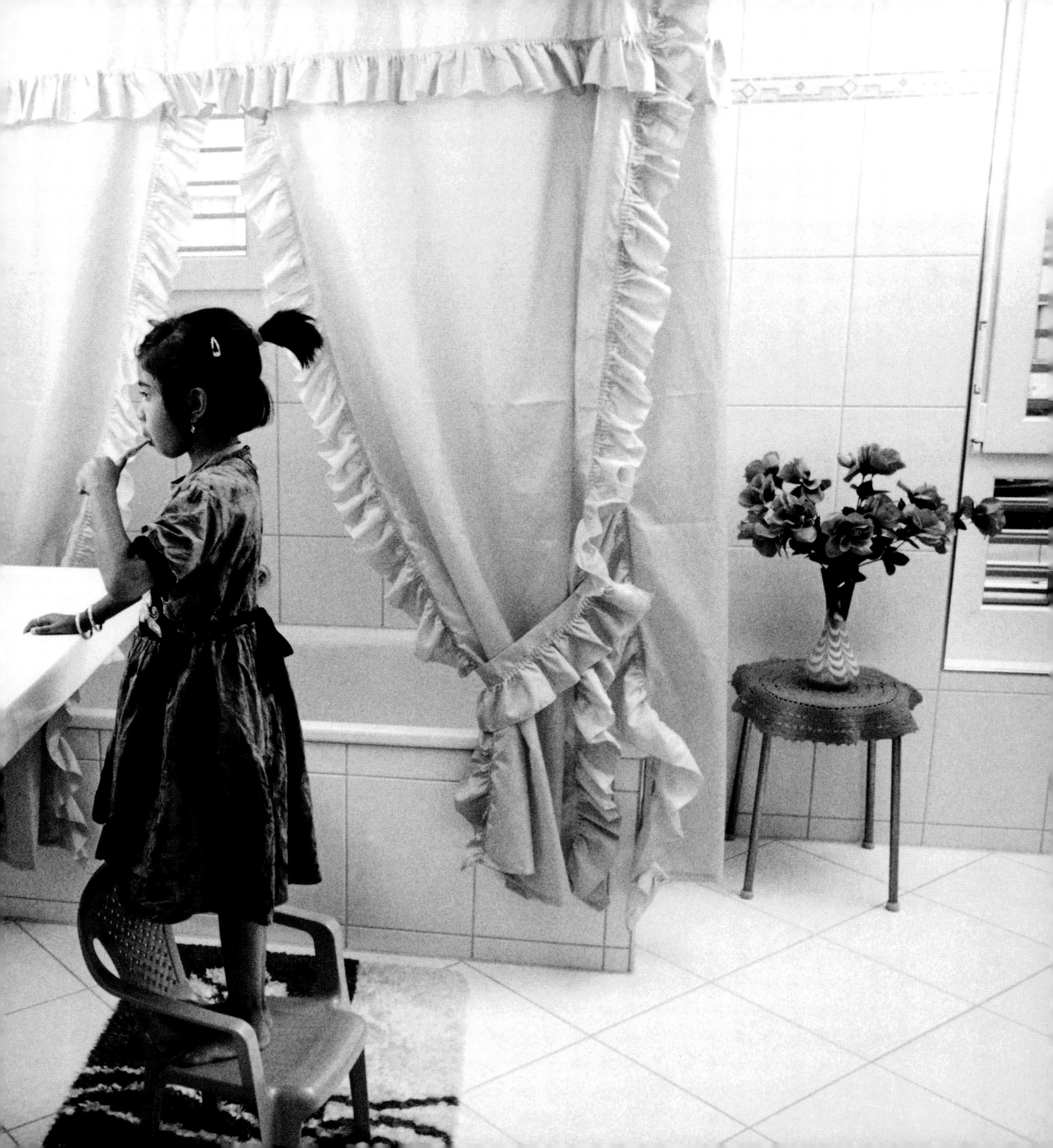

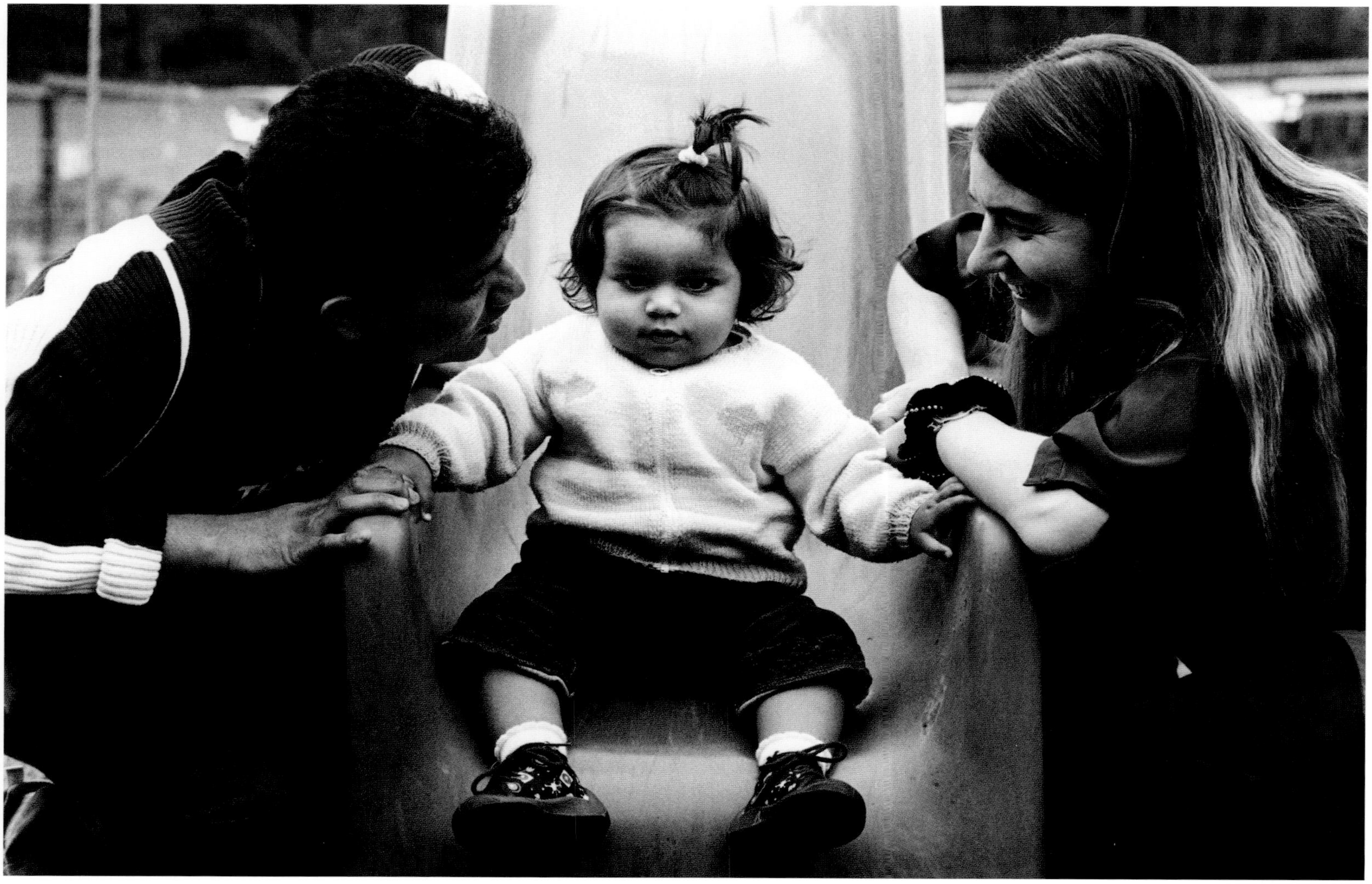

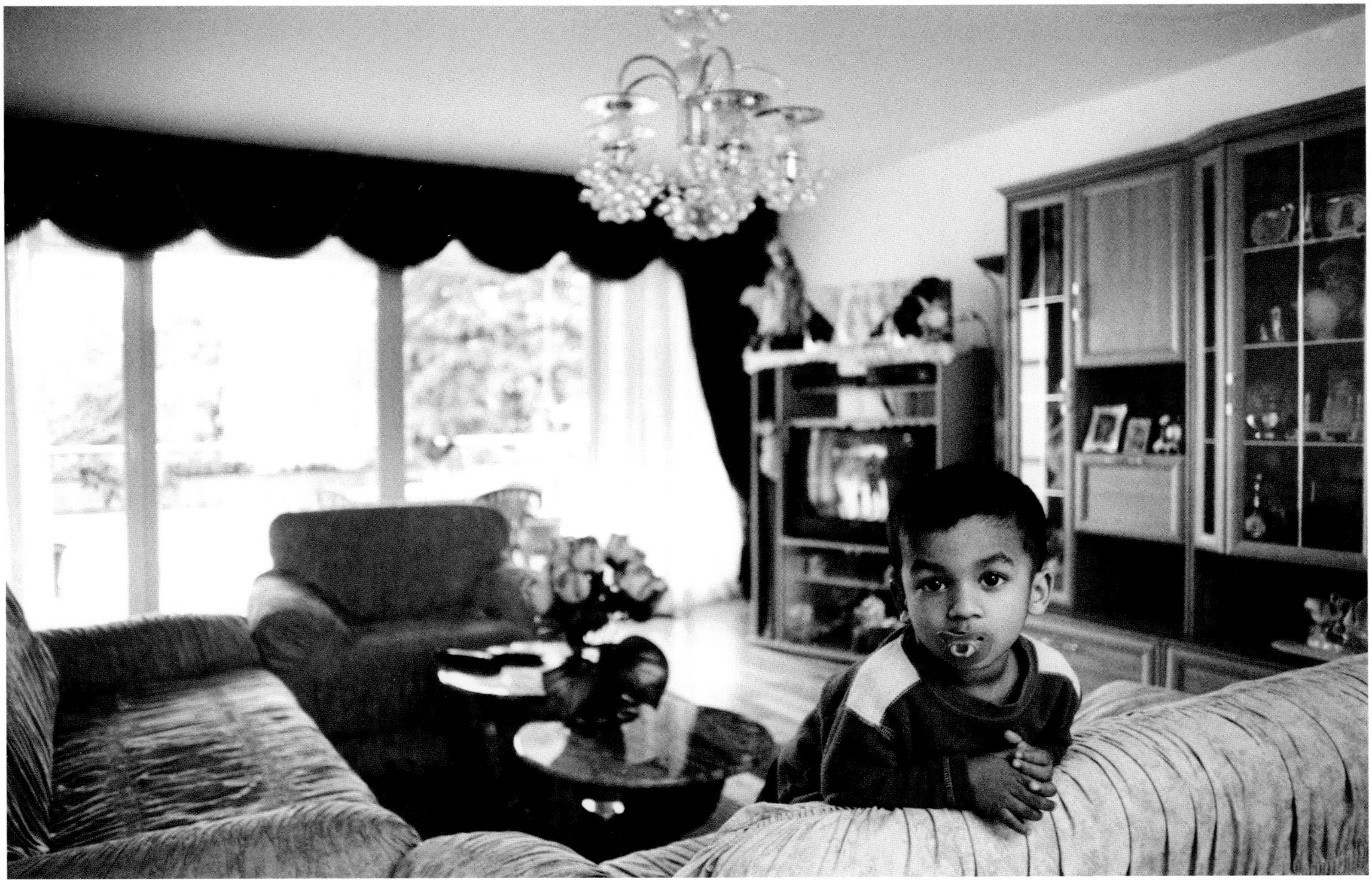

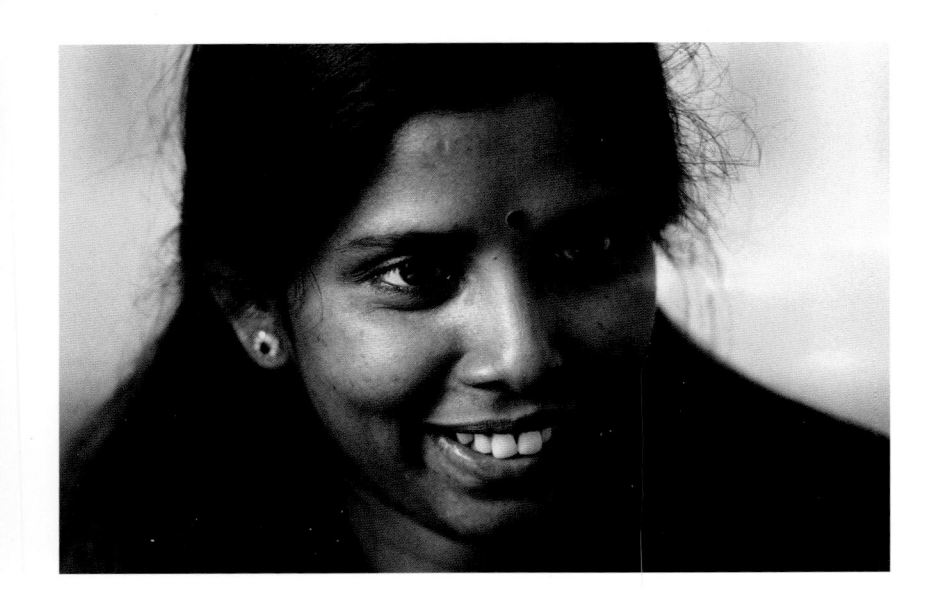

«Welchen Weg sollen wir gehen?»

Vathany Sriranjans Leben ist ein ständiger Spagat zwischen zwei Kulturen. Ihre Tochter kommt bald in die Pubertät. Dann wird alles noch ein bisschen komplizierter.

Paula Lanfranconi

Sie hat etwas Herzliches, man fühlt sich willkommen bei Vathany. Auf ihrer Stirn glänzt rot der Pottu, das Symbol der verheirateten Frau. Vathany trägt sportliche Hosen, dazu eine Hemdbluse. Später wird die 37-Jährige betonen: Wenn ich westliche Kleider trage und offene Haare, bin ich keine schlechte Frau.

Auch im Wohnzimmer zeigt sich der Spagat zwischen Vathanys beiden Welten: An der Wand hängt ein Fussballposter, im Bücherregal tanzen Rama und Sita einen erotischen Tanz. Zwölf Jahre wohnt Vathany nun mit ihrem Mann Sri in diesem Zürcher Mietshaus. Hier sind Tochter Sangavi, 10, und Sohn Atchuthan, 6, zur Welt gekommen. Vorher lebte Vathany 25 Jahre in Jaffna in ihrem Elternhaus. Von Jaffna hatte sie eigentlich nicht weggewollt. Sie war Lehrerin und zufrieden mit ihrem Leben.

Doch ihr Chef, der Schuldirektor, hatte einen Sohn, Sri. Er war bereits 27. Der Schuldirektor sprach mit Vathanys Eltern. Er wünschte, dass Vathany und Sri bald heiraten. Vathanys Eltern sagten: Es ist eine gute Familie, Sri ist ihr einziger Sohn, und das Horoskop ist günstig. Sri war drei Jahre zuvor, 1989, in die Schweiz geflüchtet, ein Land, von dem Vathany nicht viel mehr wusste, als dass es etwa gleich gross sei wie Sri Lanka und dass es dort Käse, Schokolade und die Alpen gebe. Aber Vathany sagte sich: Ich bin die Erstgeborene, ich muss mit dem Heiraten vorwärts machen, sonst können sich auch meine jüngeren Geschwister nicht verheiraten. Das ist die Tradition.

Vathanys erste Zeit in der Schweiz war traurig, die Bäume ohne Blätter. November. Vathany hatte Angst. Sie kannte Sri ja bloss vom Telefonieren. Und plötzlich musste sie geschlossene Schuhe tragen und ungewohnte Kleider, damit sie nicht ständig fror. Im Mai heiratete das Paar, und schon bald kam ihre Tochter zur Welt. Eigentlich zu früh, fand Sri. Vathany hätte sich zuerst ein bisschen einleben sollen und die Sprache lernen. Mit einem Kind war das schwieriger. Doch wie hätten sie verhüten sollen? In Sri Lanka war das kein Thema gewesen.

Aber dann freuten sie sich auf das Kind. Vathany wollte aber auch rasch ein wenig eigenes Geld verdienen, ihre Familie erwartete Unterstützung von ihr. Weil die junge Mutter ihr Kind unbedingt selber betreuen wollte, kamen die üblichen Jobs in einer Küche oder einem Heim nicht in Frage. Sie suchte lange. Dann zeigte ihr eine Freundin ein Inserat. Darin suchte eine allein erziehende Frau eine Betreuerin für ihr Kleinkind. Und das erst noch ganz in der Nähe.

Zuerst war die neue Arbeit ein Schock. Vathany konnte kaum ein Wort Deutsch. Wenn sie um zehn Uhr kam, gab ihr die Chefin einen Zettel in die Hand. Käse sollte sie kaufen und Äpfel. Aber welchen Käse und welche Äpfel? Vathany lernte rasch, auch für ihre eigene Familie. Zum Beispiel, dass man hier zu Lande die Zähne nach dem Essen putzt und nicht, wie in Sri Lanka, vorher. Durch die fremden Kinder lernte sie, mit welchen Puzzles, Bilderbüchern und

Spielzeug Schweizer Kinder aufwachsen. Am fremden Küchenschrank hing auch ein Wochenprogramm. «So lernte ich zu planen», sagt Vathany «etwas, was wir in Sri Lanka überhaupt nicht tun.»

Die Rollenaufteilung, sagt Vathany, sei in ihrer Familie kein Problem. Ihr Mann hatte in seinen ersten Jahren in der Schweiz gelernt, den Haushalt selber zu erledigen. Sri unterstütze sie sehr, und er betreue die Kinder, wenn sie auswärts arbeite, sagt Vathany. Er erledigt auch die Zahlungen für Miete, Steuern, Telefon, die Musik- und Schwimmkurse der Kinder. Von seinem Lohn als Cafeteriamitarbeiter bleibt Ende Monat nichts übrig. Vathany verdient Geld als Kinderhüterin, Übersetzerin und Familienbegleiterin. Damit kaufen sie Essen, finanzieren Geschenke und die Teilnahme an den zahlreichen tamilischen Festen. Am Schluss können sie gar etwas an die Familie zu Hause überweisen.

So gut kommen längst nicht alle tamilischen Familien zurecht, weiss Vathany. «Viele haben einen Kulturschock, das Leben hier ist eine ganz neue Welt für sie.» Auswärts arbeiten zu gehen ist für die meisten Frauen etwas Ungewohntes. Und wenn sie schwanger sind, wird alles noch komplizierter. Weil sie die Sprache noch nicht gut verstehen, wissen die Eltern auch kaum, was in der Schule läuft. Eheprobleme sind in diesem schwierigen Alltag nicht selten. Einige Männer greifen zum Alkohol, schlagen dann Frau und Kinder. Trotzdem bleiben fast alle Paare zusammen.

«Solche Familienprobleme», sagt Vathany, «gibt es auch in Sri Lanka.» Aber dort helfen Grosseltern und Tanten, denn Probleme dürfen nicht an die Öffentlichkeit gelangen, sonst gerät die Familienehre in Gefahr. Durch den Krieg sind jedoch viele Familien auseinander gerissen, sie leben in Indien, Kanada und verstreut in verschiedenen europäischen Ländern. Auch im Exil herrscht eine enge soziale Kontrolle durch die tamilische Gemeinschaft. Bei Familienproblemen Unterstützung von ausserhalb zu holen wäre Verrat an der eigenen Kultur.

Der Spagat zwischen den zwei Kulturen wird sich noch zuspitzen. Viele tamilische Mädchen der zweiten Generation kommen bald in die Pubertät. Sie sehen, wie sich Jungen und Mädchen auf der Strasse küssen. Vathanys Tochter Sangavi ist jetzt zehn und das einzige tamilische Kind in ihrer Klasse. «Wie», fragt Vathany, «erklären wir unseren Kindern, dass es in unserer Kultur nicht erlaubt ist, vor der Heirat mit einem Mann zu schlafen? Ich weiss es auch nicht – unser Kopf ist hier, aber unsere Wurzeln sind in Sri Lanka.»

Vathany ist froh, dass sie ihre Ängste im Verein Kamadenu mit anderen tamilischen Müttern besprechen kann. Vor kurzem hielt dort eine Frauenärztin einen Vortrag über Pubertät und Verhütung, und sie beantwortete die vielen Fragen der Frauen. Dass ihre Tochter ihren Mann einmal selber wählen wird, ist für Vathany diskussionslos klar. Aber sie spürt auch ihre Ohnmacht. Sie könne, sagt Vathany, ihre Tochter nur unterstützen und hoffen, dass alles gut kommt. Dass sie eine gute Ausbildung erhält, selbstständig wird und später einen guten Mann heiratet. Einen tamilischen Mann. Tamilen haben ein schwieriges Leben, ihre Kinder sollen es einmal besser haben. «Die Eltern», findet Vathany, «machen Druck.» Sie schicken ihre Kinder in tamilische Musik- und Tanzstunden, fast jedes Wochenende gibt es Familienfeste – Geburtstage, das Pubertätsfest für Mädchen, Hochzeiten. Eigentlich mag Vathany diese vielen Anlässe nicht. Sie findet, es wäre besser, mehr mit den Kindern zu spielen, ihnen Geschichten zu erzählen, statt jede Woche Feste zu veranstalten, die ja auch Geld kosten. Und die Kinder hätten vor lauter Fest- und Schulstress gar keine Zeit, ihre Kindheit zu geniessen.

Sangavi kommt jetzt in die fünfte Klasse. Die Schule wird anstrengender, der Spagat zwischen den beiden Kulturen auch. In tamilischen Familien ist es üblich, zweimal am Tag zu kochen. Vathany kocht nur noch einmal, sie schaut abends auch weniger tamilische Sendungen am Fernsehen. So hat sie mehr Zeit, Sangavi bei den Aufgaben zu helfen und mit Sri über anstehende Probleme zu sprechen. Durch diese Annäherung an hiesige Gebräuche riskiert das Paar jedoch, von der tamilischen Gemeinschaft als «Schweizer» betrachtet zu werden. «Es ist so schwierig», seufzt Vathany. «Welchen Weg sollen wir gehen? Den traditionellen tamilischen? Oder sollen wir uns mehr der Schweizer Kultur anpassen?»

Bis vor kurzem schickten sie Sangavi nicht in die tamilischen Musikstunden. Aber dann hatte Vathany das Gefühl, ihre Tochter verpasse etwas, weil sie auch sonst wenig Kontakt mit tamilischen Kindern habe. Auch das Pubertätsfest hatte Vathany für ihre Tochter eigentlich nicht vorgesehen. Aber fast alle anderen Familien veranstalten dieses Fest mit den schönen Kleidern, dem vielen Schmuck und den zahlreichen Gästen. Jetzt sind Vathany Zweifel gekommen. Sie sagt: «Das Fest hat ja noch Zeit.»

Trotz allem Hin- und Hergerissen-Sein strahlt Vathany Kraft aus. Und Fröhlichkeit. Sie bereue ihr Weggehen aus Sri Lanka auch heute nicht, sagt sie. Die Familie ist jetzt eingebürgert, muss nicht mehr ständig befürchten, ausgeschafft zu werden. Die Schweiz sei ein Paradies, sagt Vathany. Nicht in allen Sachen, aber pünktlich, sauber. Und viele Leute seien sehr menschlich. Nicht alle, aber fast alle, mit denen sie Kontakt habe. Und das sind viele. Das Haus, in dem die Familie nun schon zwölf Jahre lebt, ist Vathany auch zu einem Stück Heimat geworden.

Etwas hilft Vathany, wenn sie manchmal doch das Gefühl hat, sie habe ihr Land im Stich gelassen: Es sind die Tamilischkurse, die sie den Kindern gibt. Und sie weiss: Sie ist keine schlechte Frau, auch wenn sie westliche Hosen trägt und offene Haare. Denn wenn sie in den Tempel geht, macht sie einen Zopf. Sie sagt: «Ich weiss, wo ich wie leben muss.»

«Sie mögen uns, weil

Alltag

wir fleissig sind.»

66	Zu Beginn des Tages trägt Sena einen Pottu (roter Punkt) auf.
67	Coiffeursalon. Haare schneiden ist traditionell ein niedrigkastiger Beruf, doch ein eigenes Geschäft zu führen geniesst Ansehen.
68-72	Die Schweizer Gastronomie ist auf Tamilen angewiesen.
70/71	Tharani arbeitet als Kassiererin in einem Personalrestaurant. Sie stammt aus einer Priesterfamilie und ist ausgebildete Lehrerin.
73-75	Jeya ist Raumpflegerin in einer Kläranlage: «Das Putzen für andere ist für unsere Kastenzugehörigkeit in Sri Lanka undenkbar. Hier machen wir es, weil wir Flüchtlinge sind, doch es tut oft weh.»
76	Das Anschauen von indischen Filmen in tamilischer Sprache ist eine der beliebtesten Freizeitbeschäftigungen. Breites Angebot in einem Videoladen.
77	Aus Sri Lanka importierte Bücher zum Verkauf.
78/79	Nach der Tätigkeit in einer Bäckerei, bei welcher ihm die Nachtarbeit zusetzte, arbeitet Thiagendran in einem Autoabbruch. «Meine Büroecke kann ich so gestalten, wie ich will. Ich habe einen tollen Chef.»
80	Welches Menü darf es heute sein? Rushani ist Krankenpflegerin in einem Spital.
81	Ravi verabschiedet sich von seinen Kollegen im Inselspital Bern. Er hat soeben seine eigene Praxis eröffnet. Ravi kam mit 21 Jahren in die Schweiz, und es gelang ihm trotz grossen Hindernissen ein Medizinstudium abzuschliessen. Heute hofft er auf tamilische Patienten, welche sich bei einem tamilischen Arzt besser verstanden fühlen.
82	Frauen kaufen importierte Saris in einem tamilischen Kleiderladen.
	Einheimische Lebensmittel sind in den vielen tamilischen Läden erhältlich.
83	Der Gott Shiva im Ausverkauf.
84/85	Thayatharan arbeitet im Flughafen Kloten als Luftverkehrsangestellter.
86	Murugar stellt Uhren her und wirbt mit Schweizer Präzision. Vor sieben Jahren gründete er seine Firma Swisskan in Mendrisio. Seine Uhren, die alle das Schweizerkreuz auf dem Zifferblatt tragen, exportiert er nach Sri Lanka, Singapur, Deutschland und Dubai.
87	Vathany arbeitet als Kinderbetreuerin für Schweizer Familien.
88	Kavi könnte als waschechter Bündner durchgehen, würde nicht sein Äusseres die tamilische Herkunft verraten. Im 228-Seelen-Dorf Peist hat er sich seine eigene Schreinerei aufgebaut, in welcher er u. a. traditionelle Aroser Holzschlitten herstellt. «Ich kam mit fünf Franken in die Schweiz, und jetzt besitze ich meine eigene Schreinerei.»
89	Nach der Arbeit mit seinen Kollegen in der Beiz.
	Kavi ist mit einer Einheimischen verheiratet und hat fünf Kinder. Er schaut mit einem seiner Kinder dem Alpabzug zu.
90/91	Der Traum vom alten Maiensäss hat Kavi sich verwirklicht.
92	Abendessen in der Familie Sriranjan.
93	Zum Abschluss des Tages betet Sena vor ihrem Hausaltar.

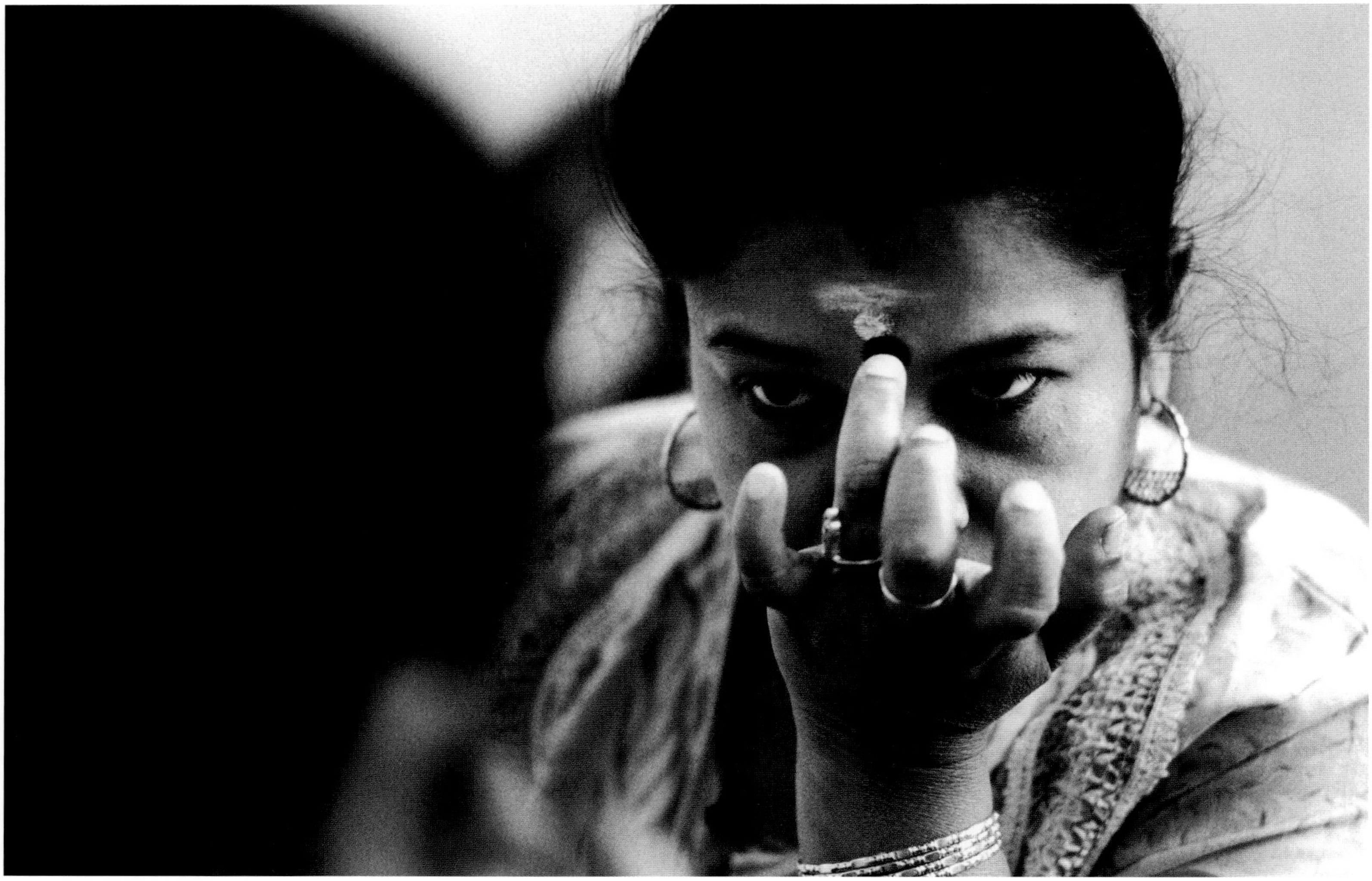

67

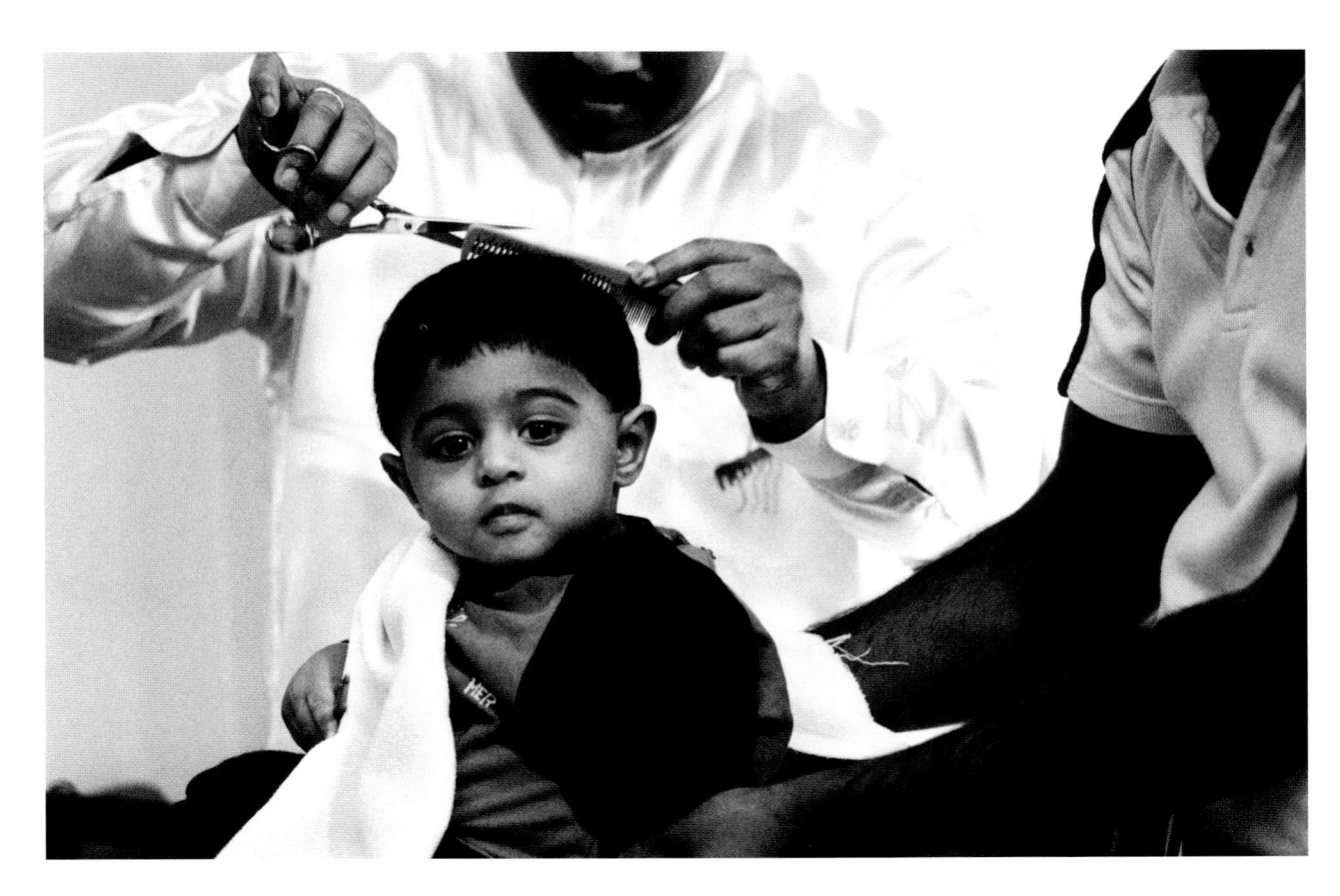

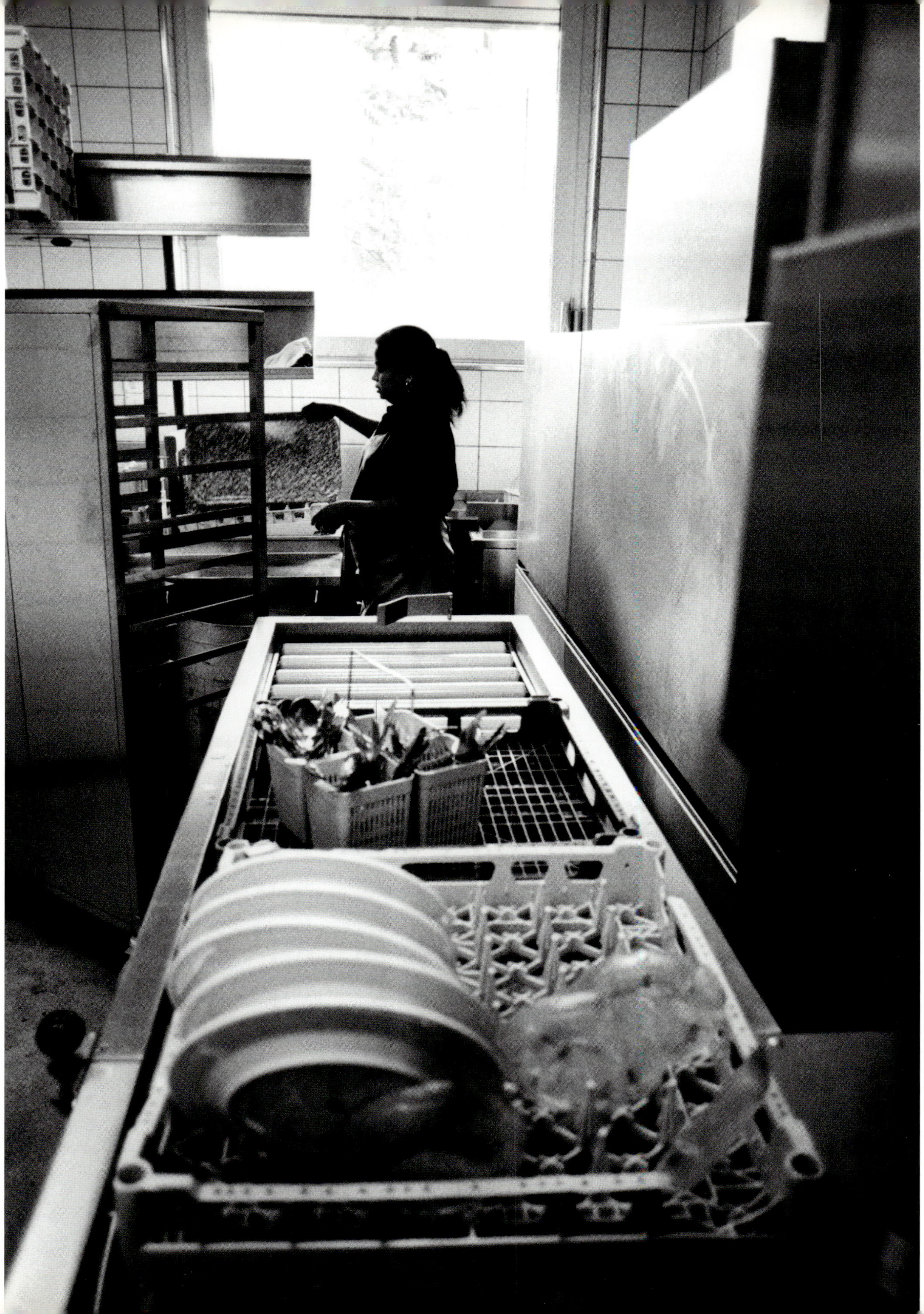

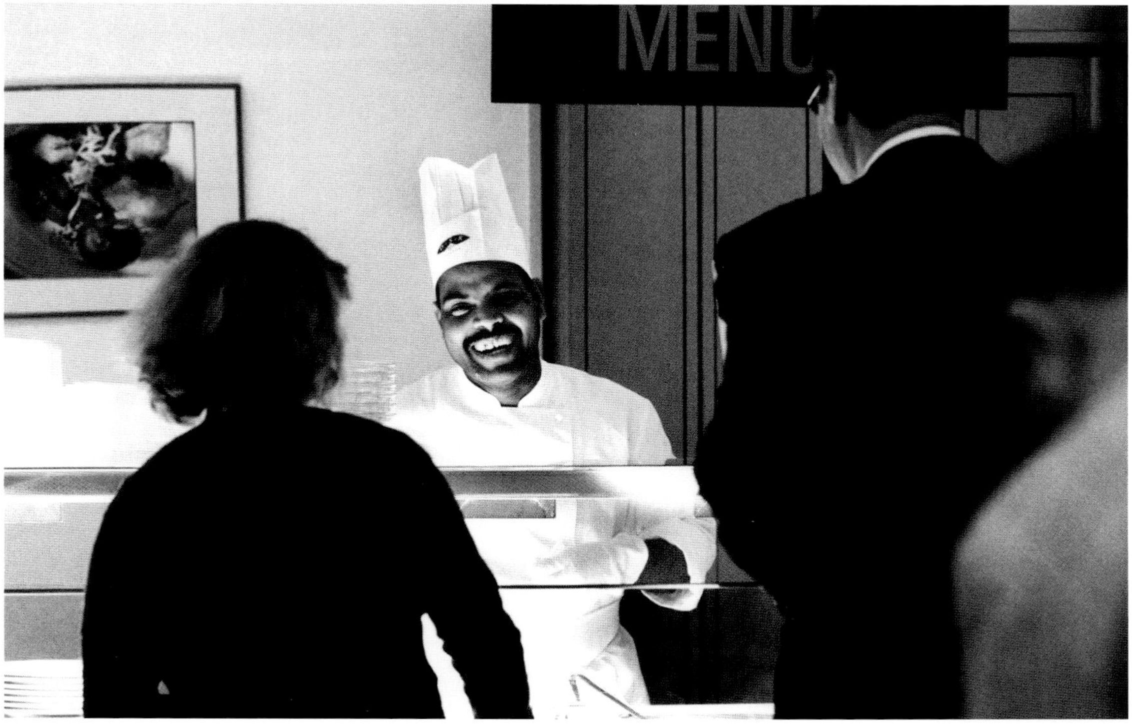
MENU

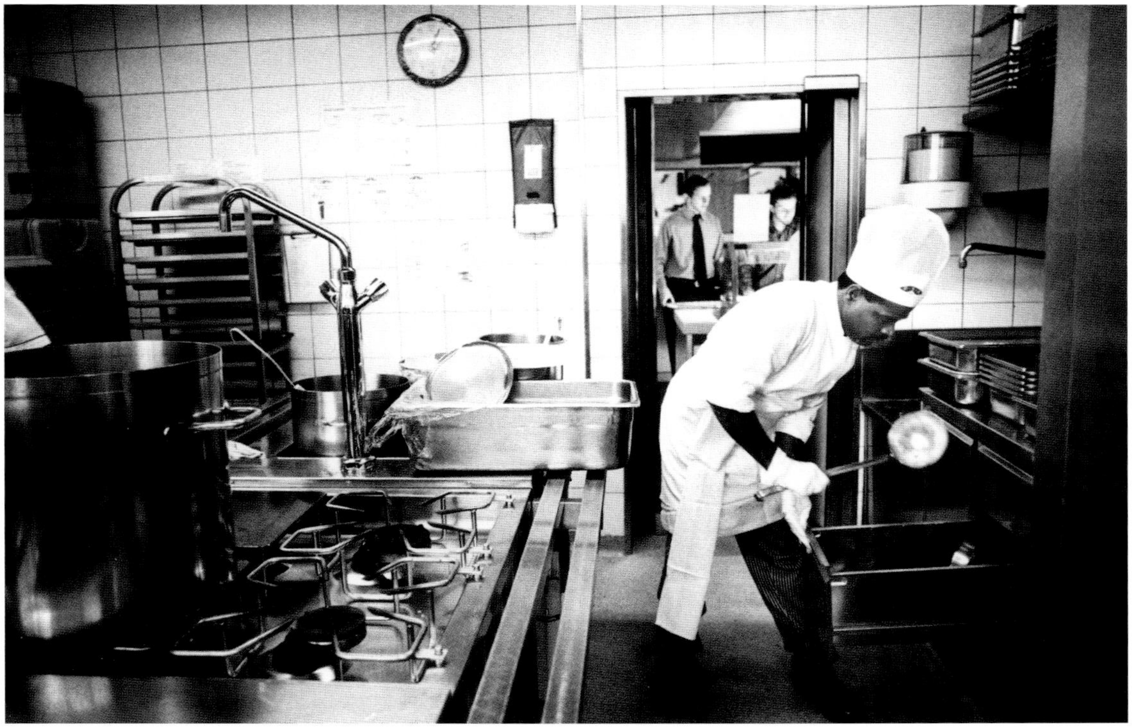

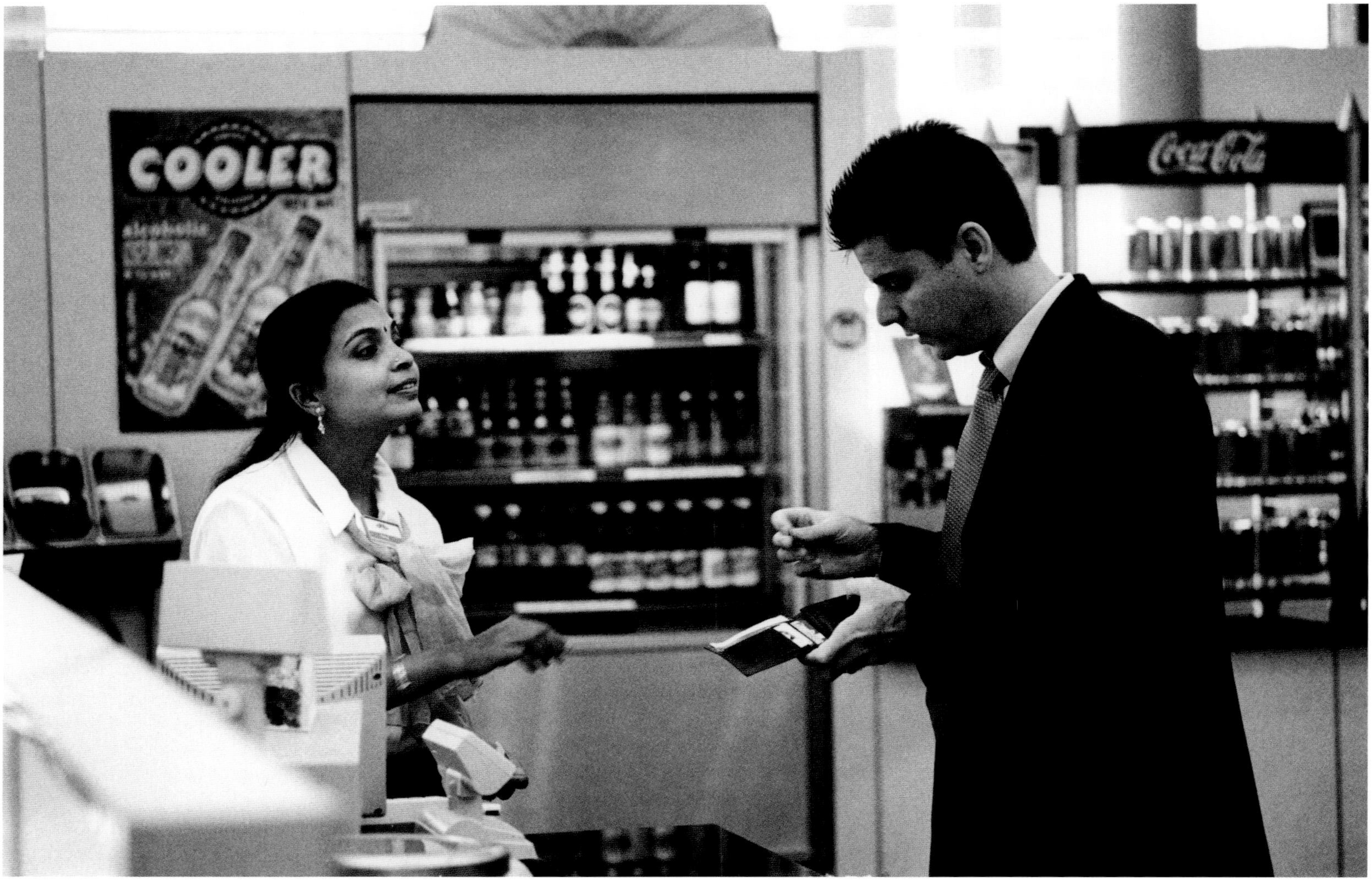
COOLER
Coca-Cola

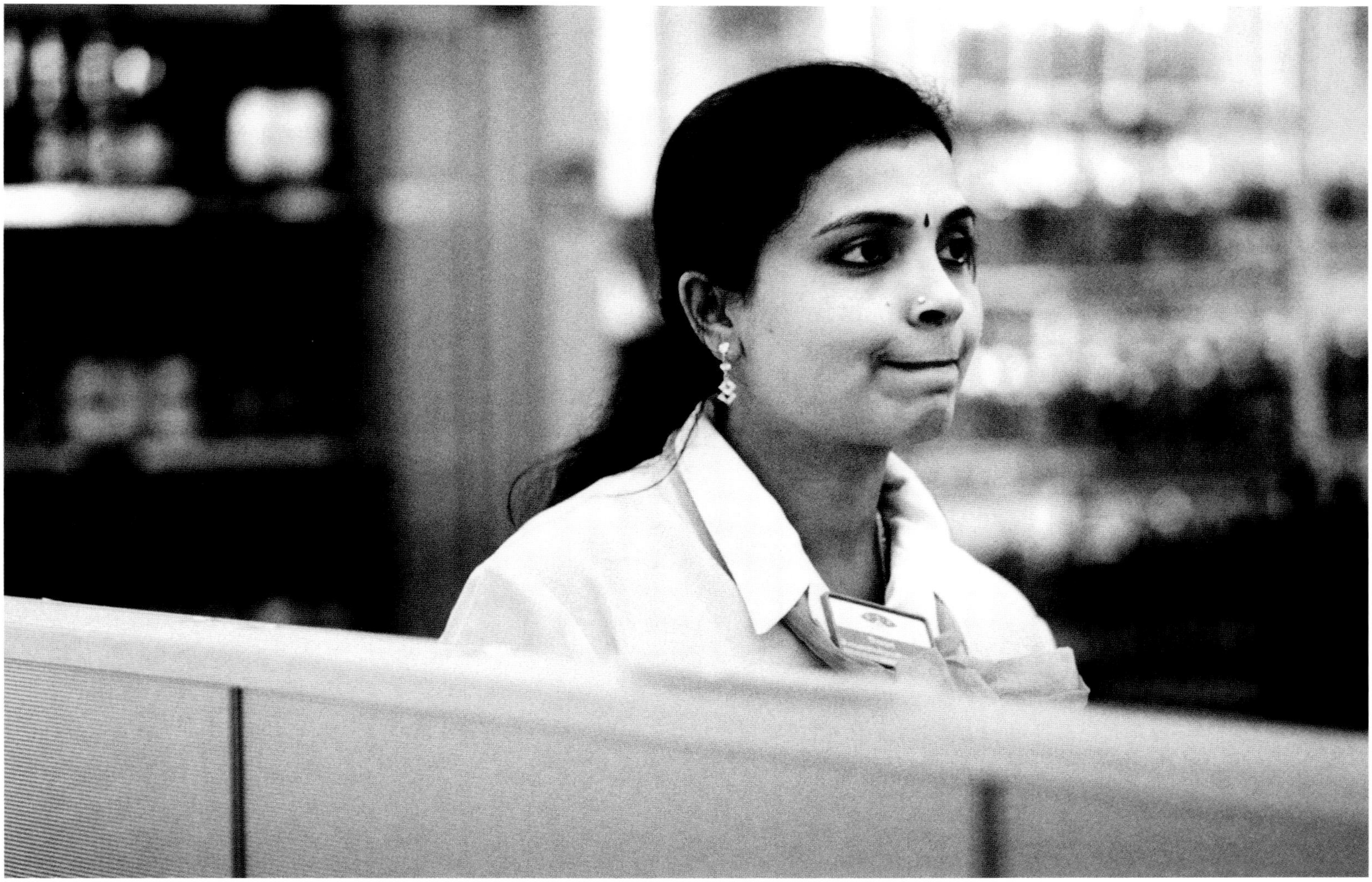

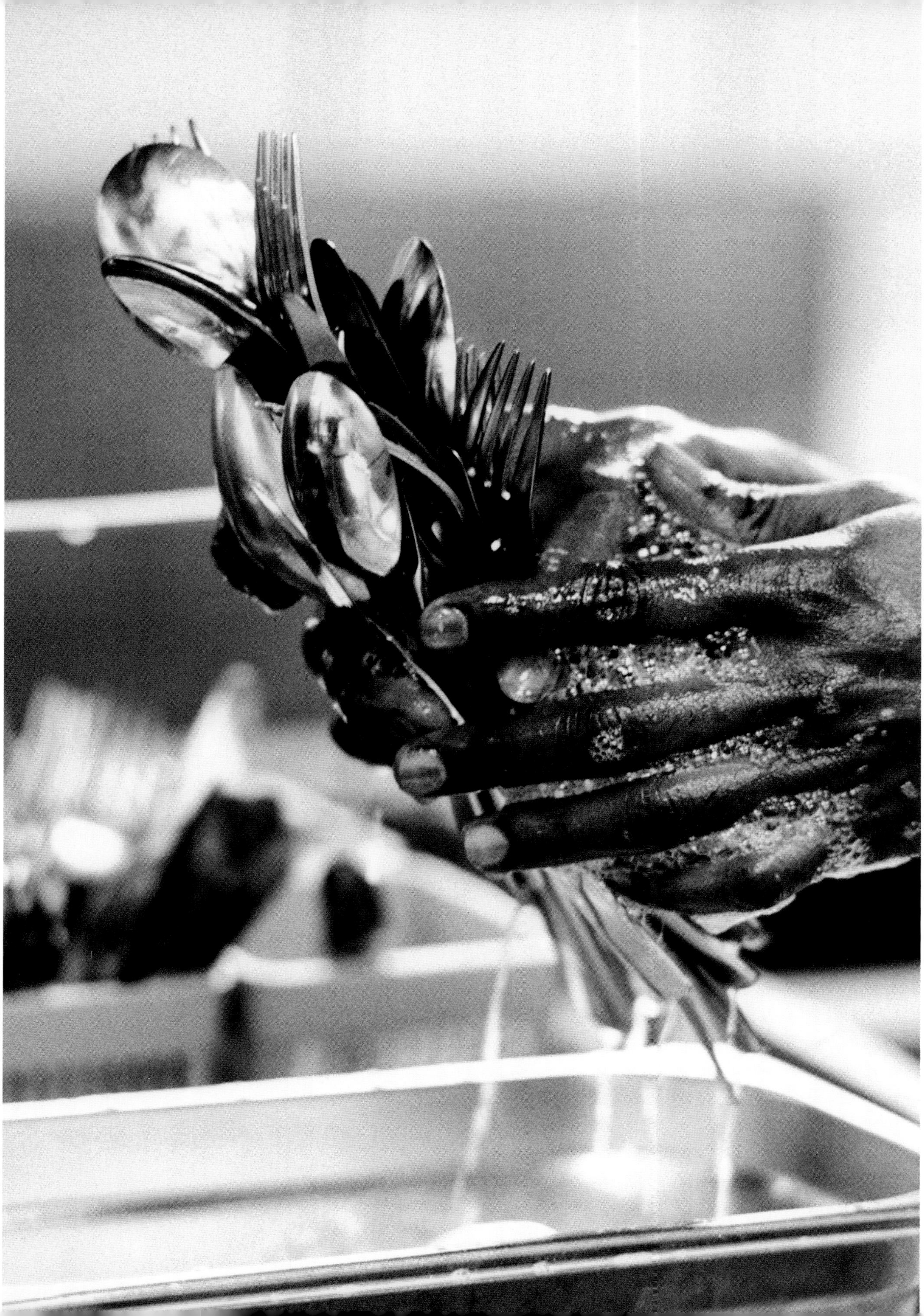

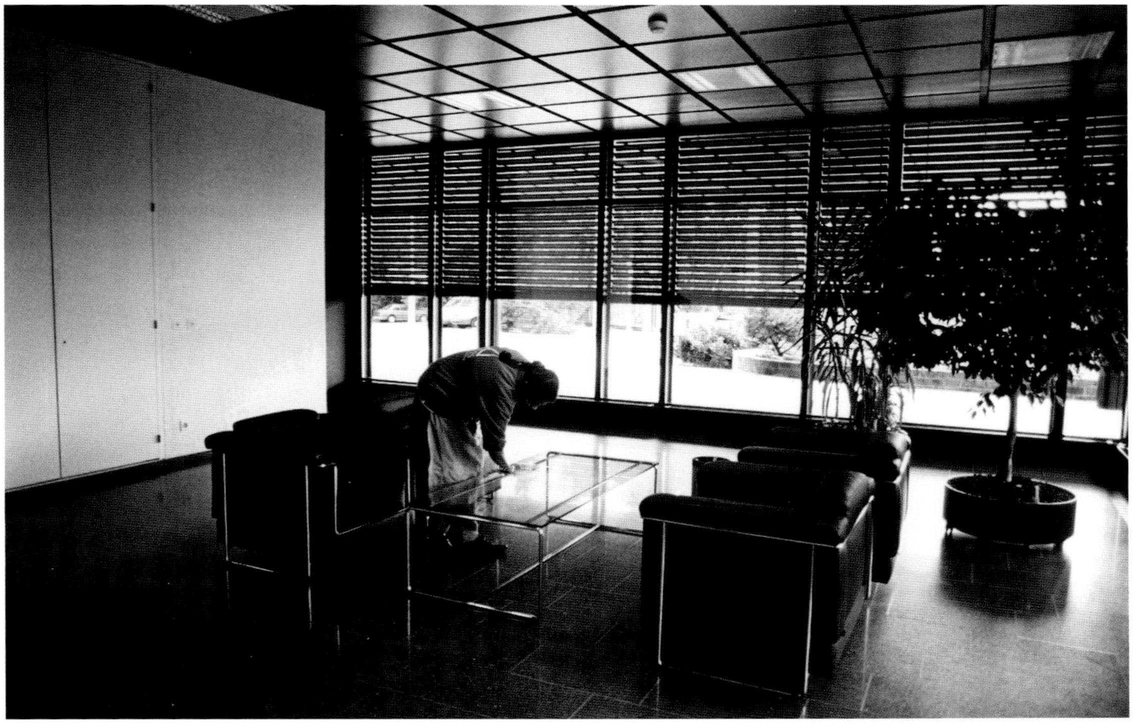

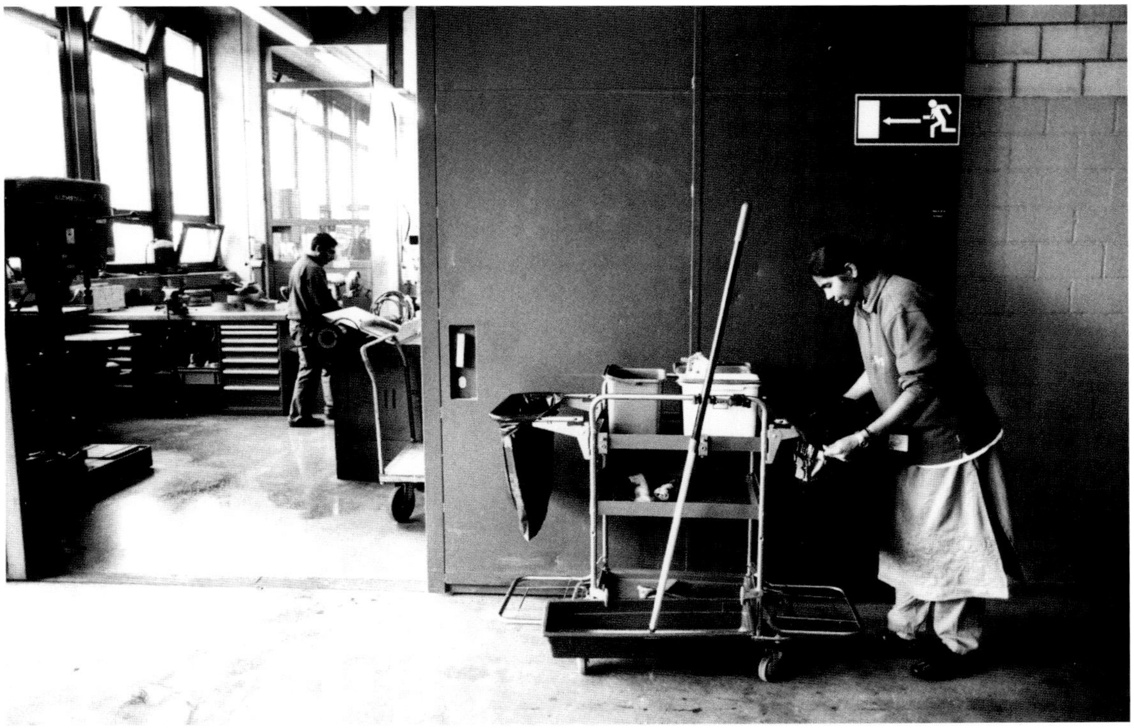

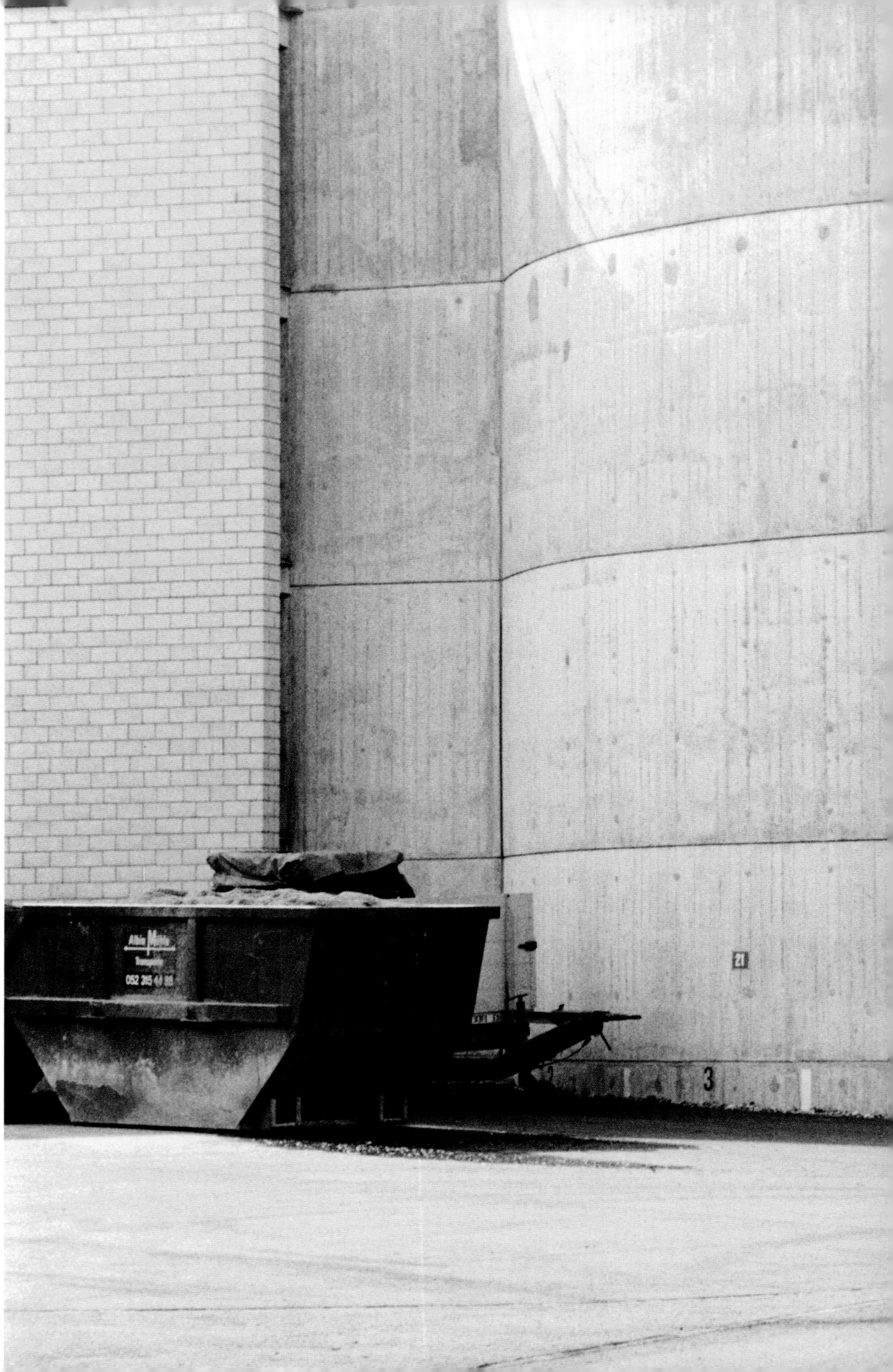
21
3

5

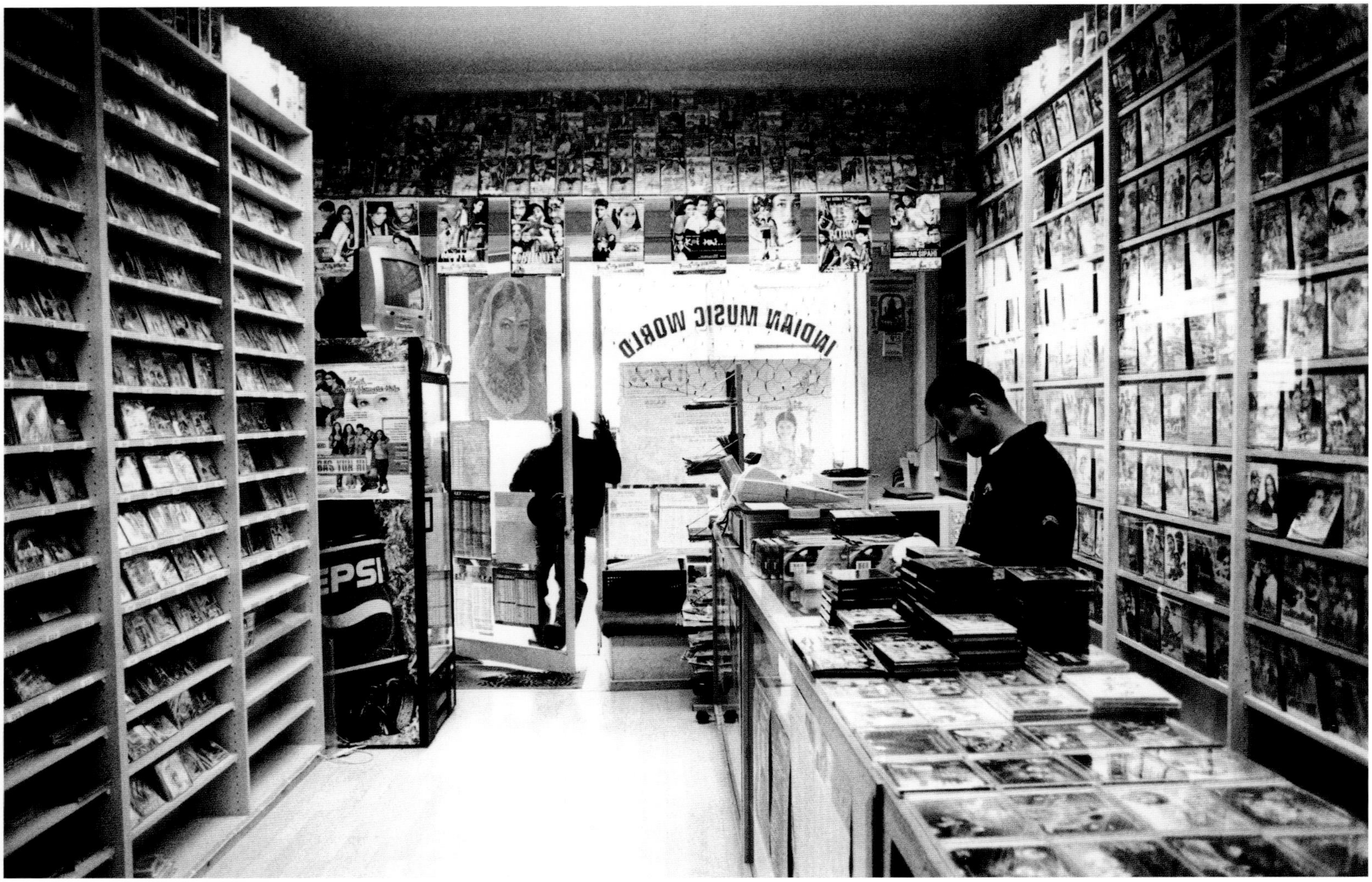
INDIAN MUSIC WORLD
EPSI

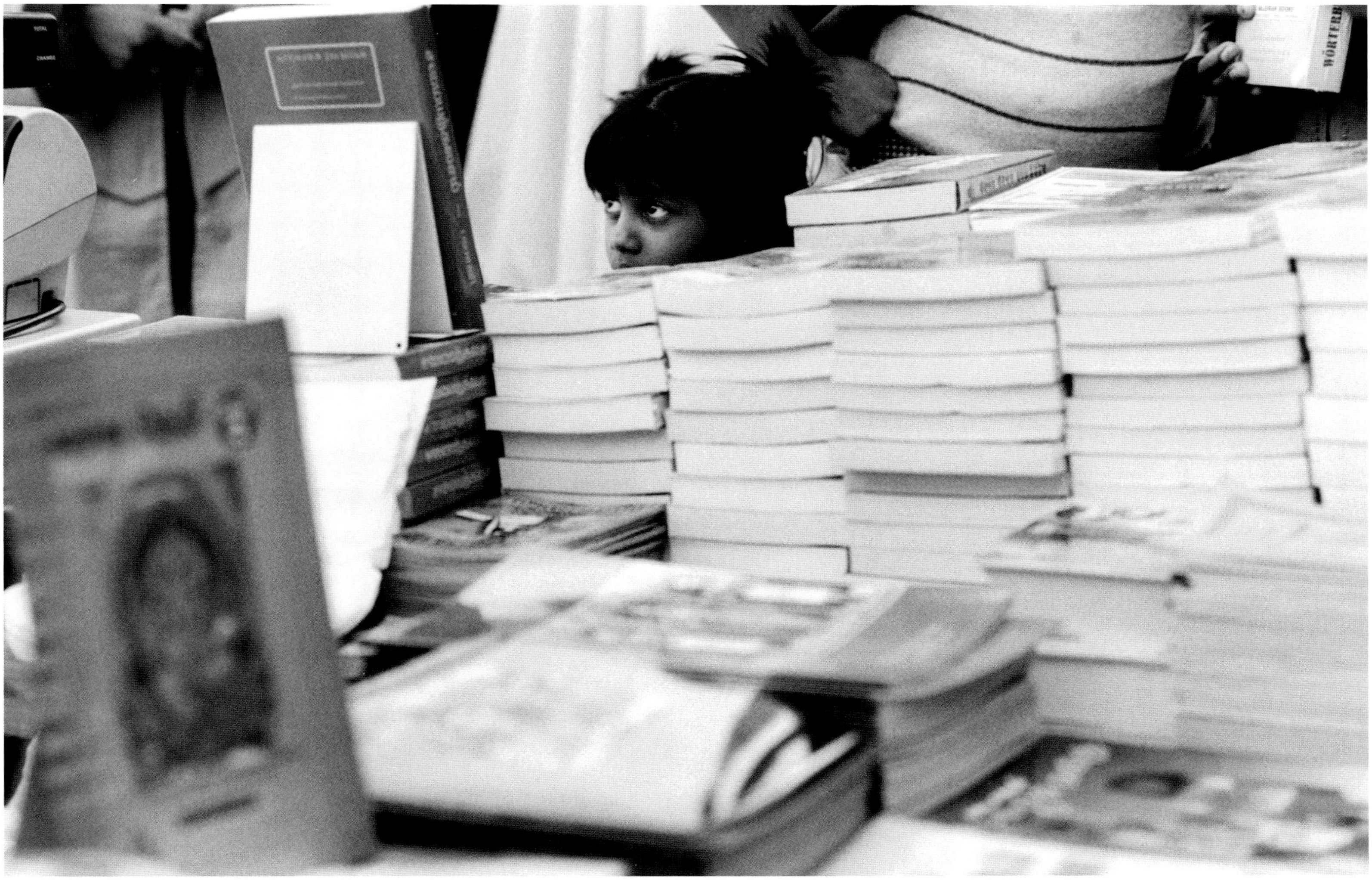
WÖRTERB

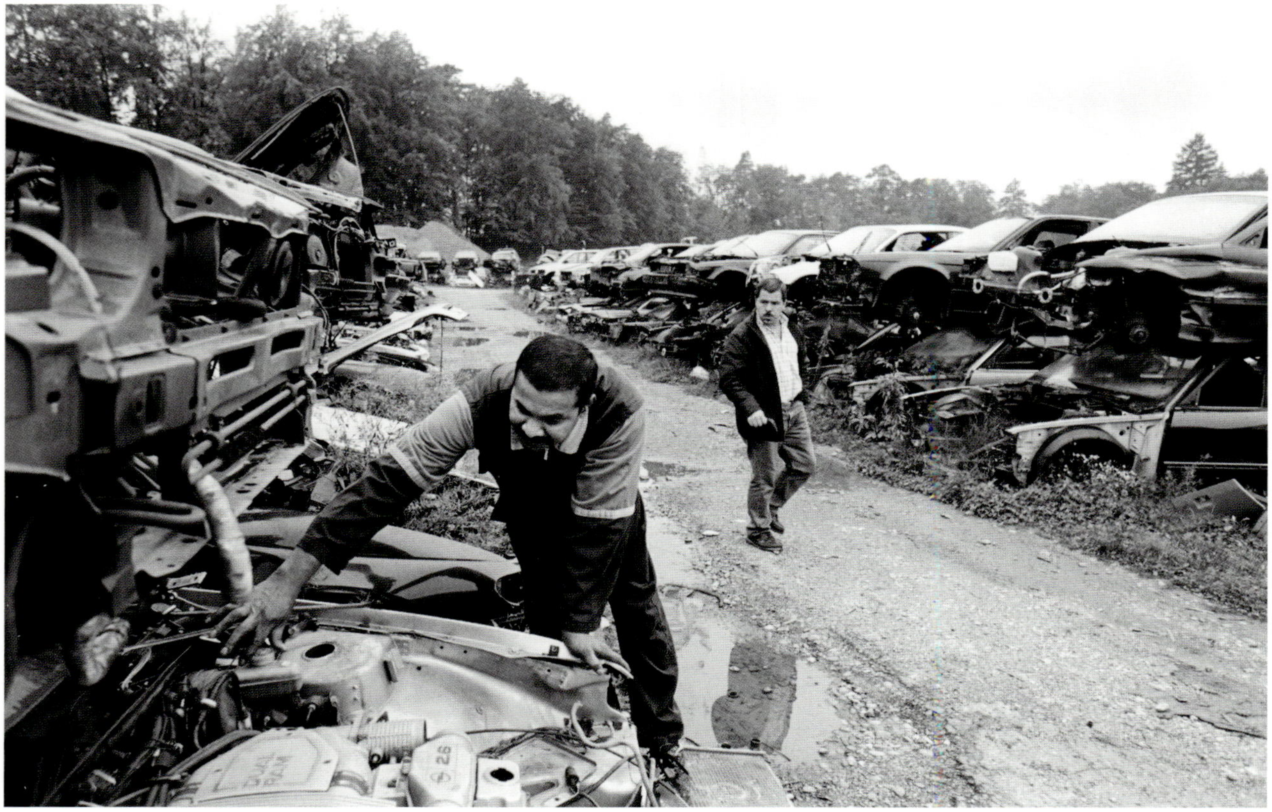

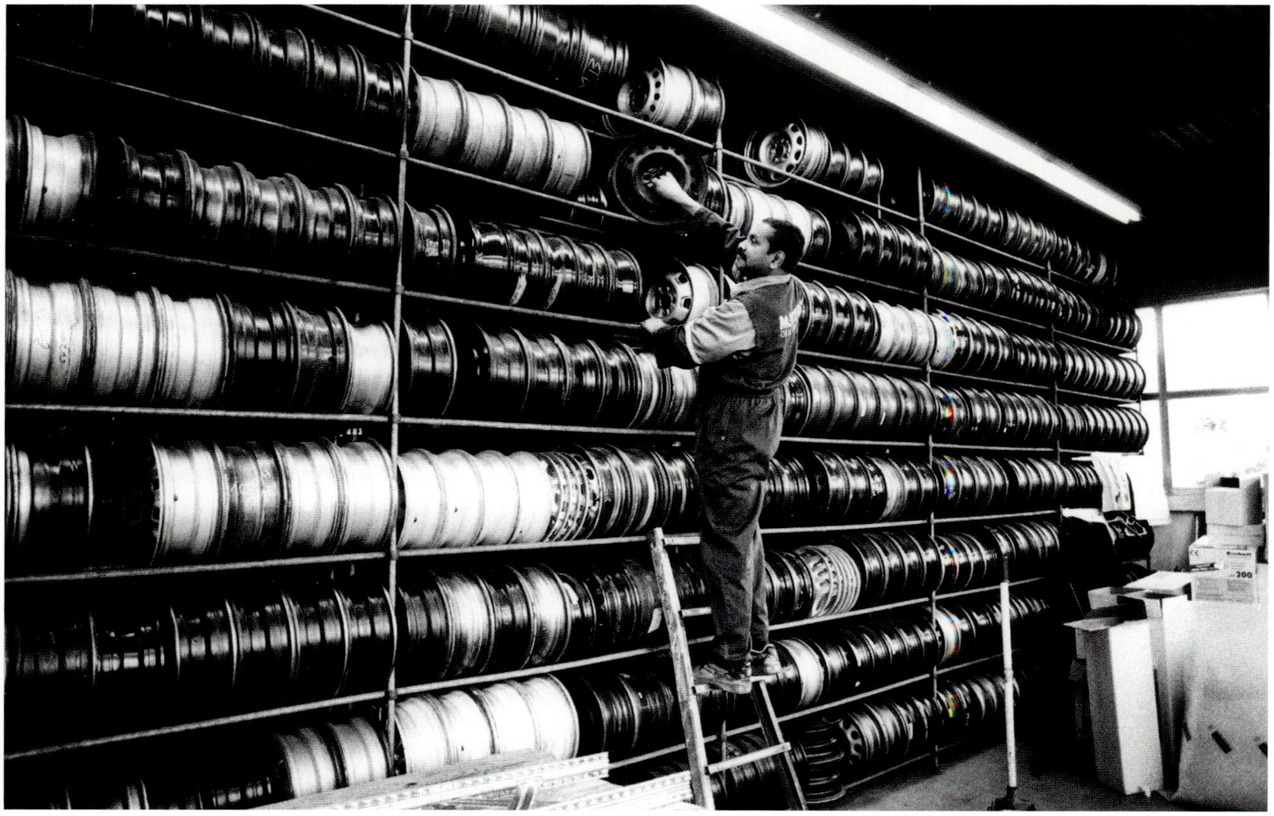

79

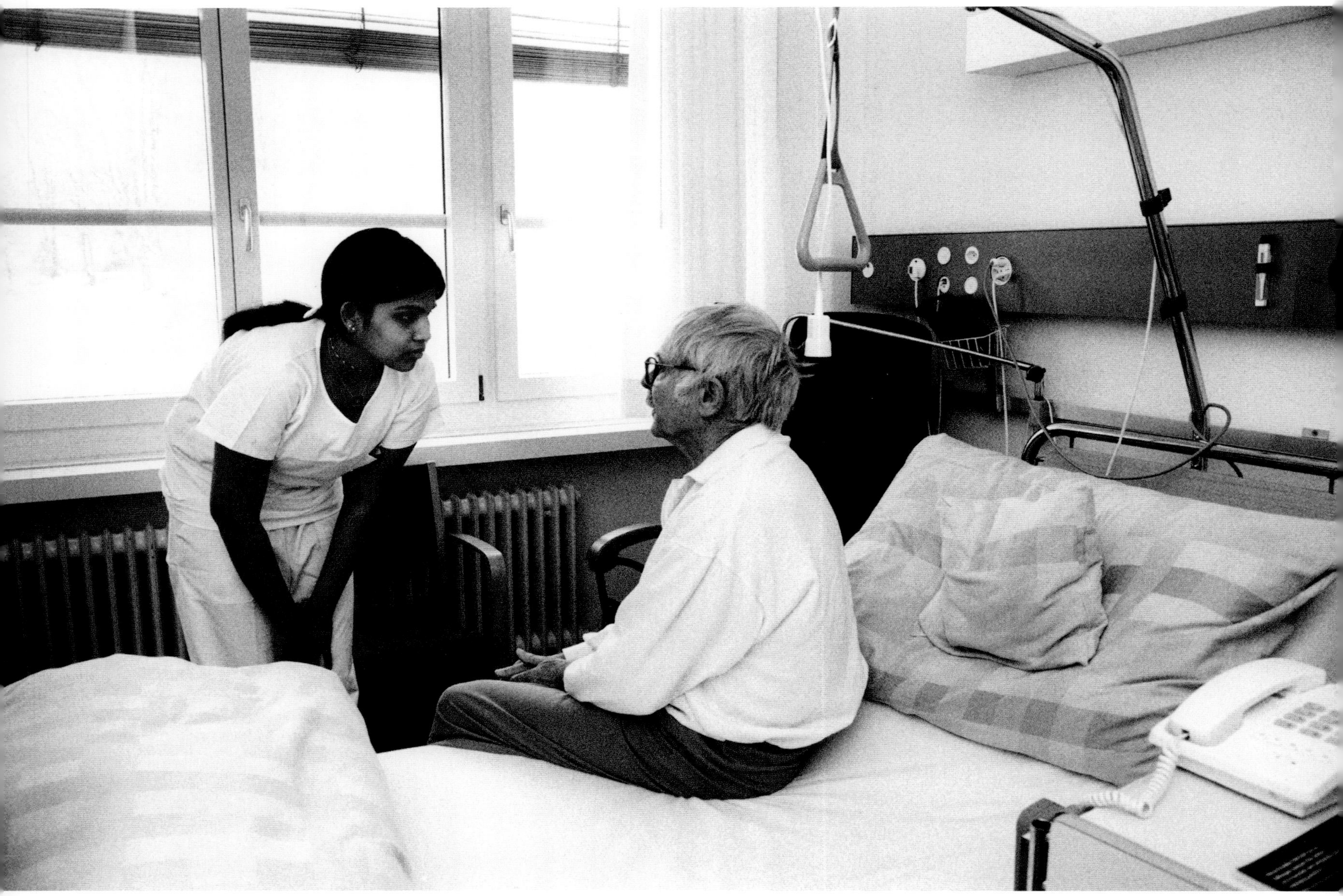

81

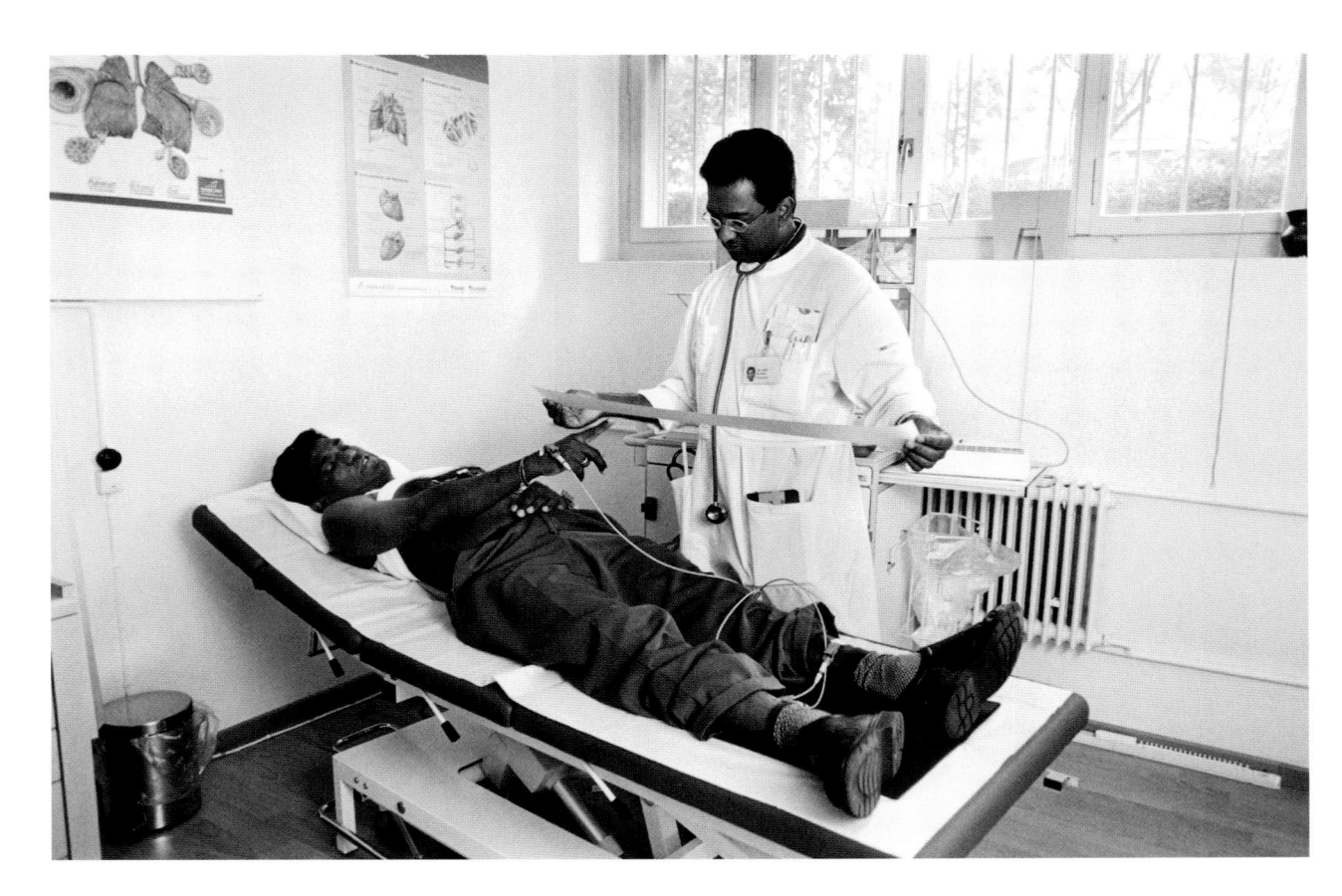

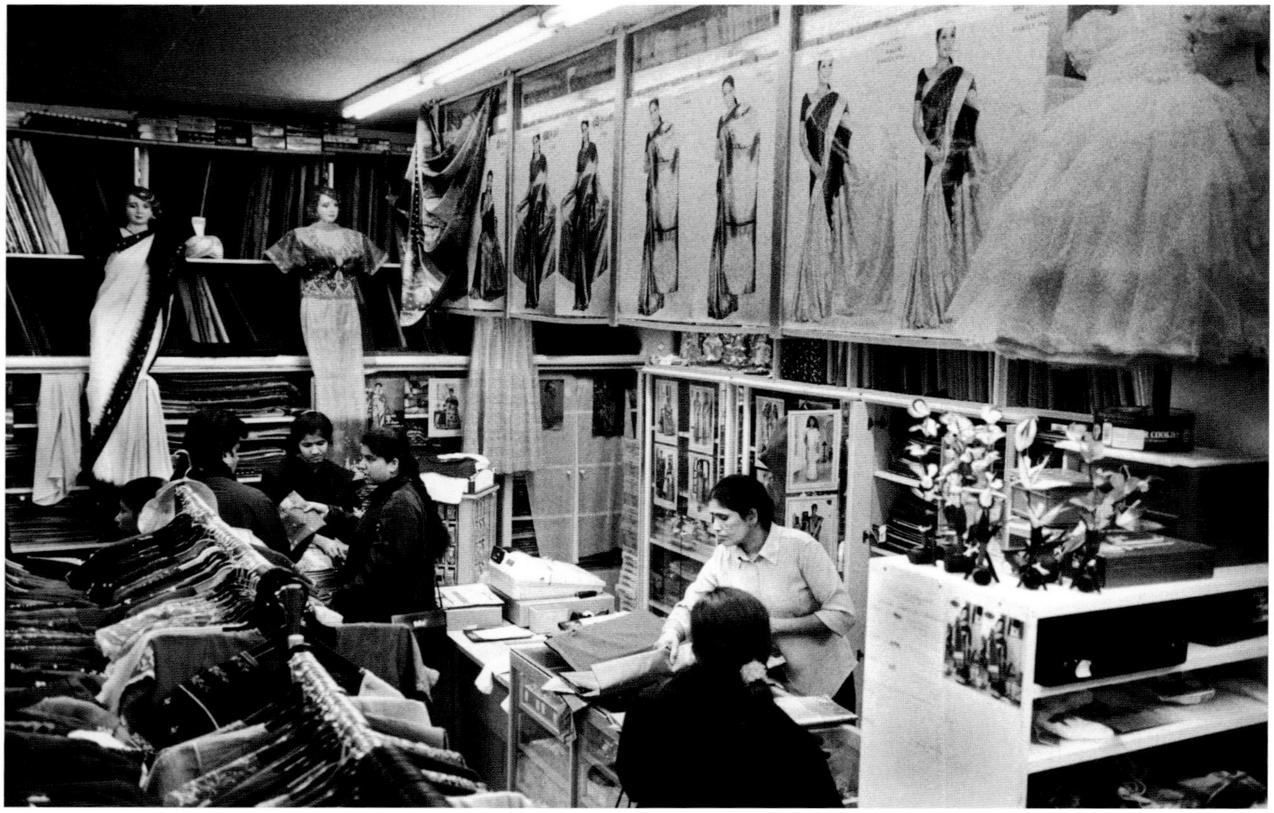

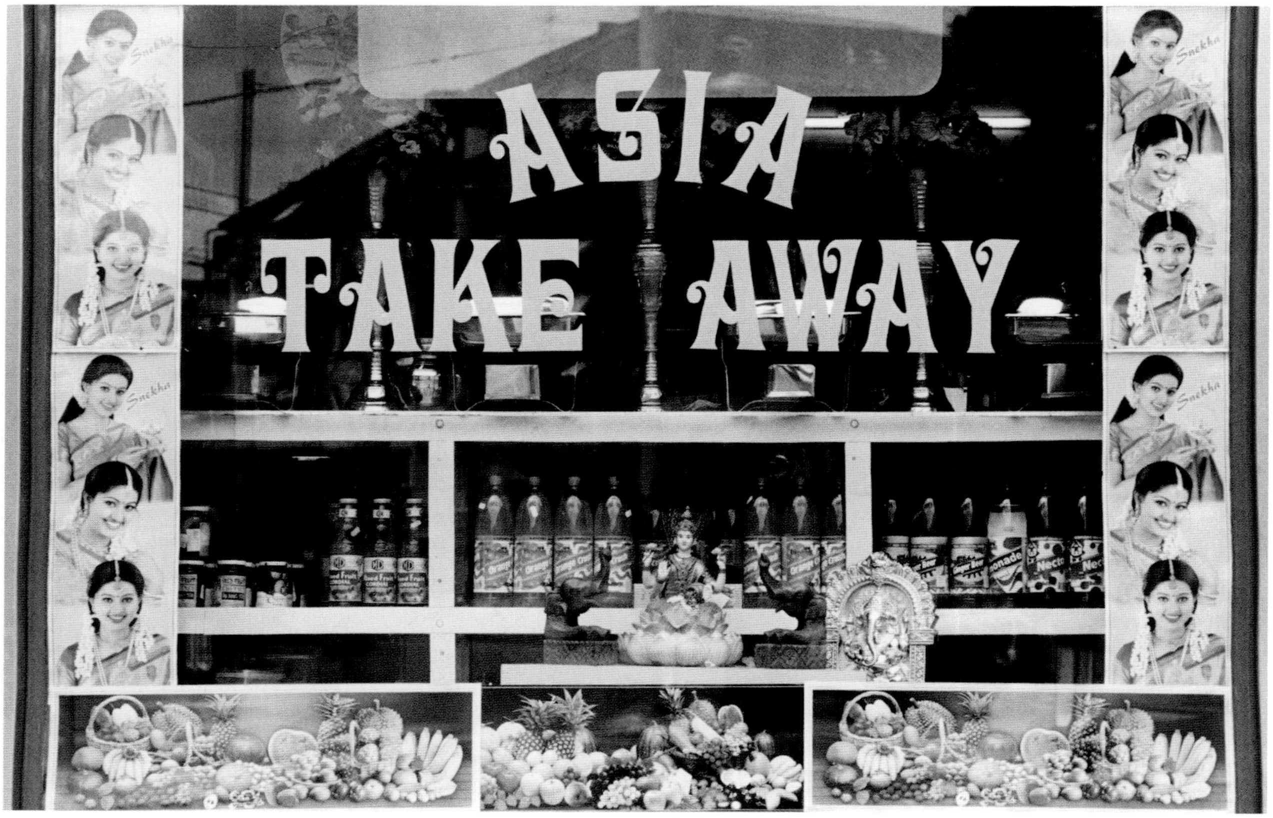
ASIA
TAKE AWAY

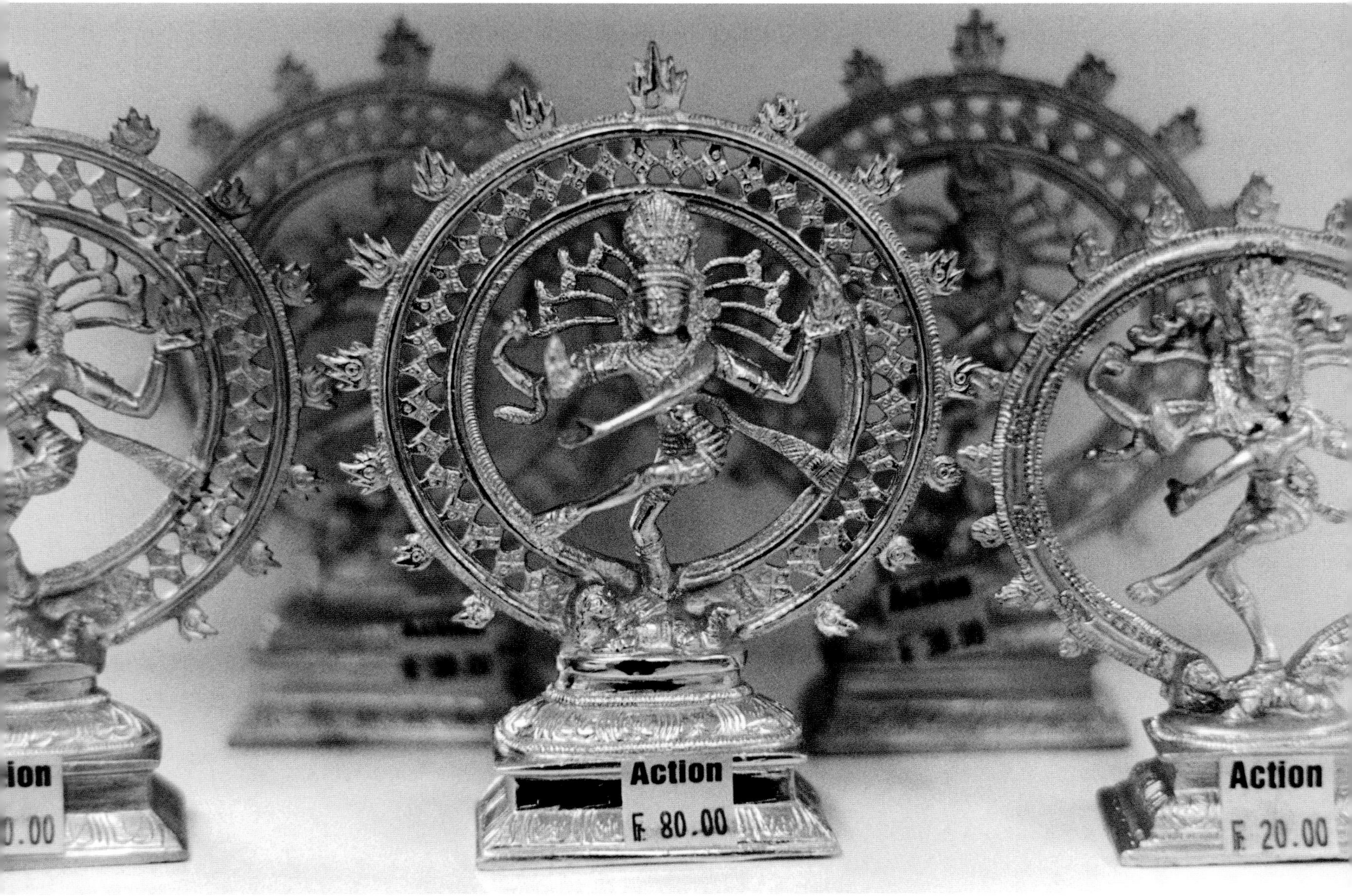
Action
₣ 80.00
Action
₣ 20.00

Jet Aviation

Continental Airlines

85

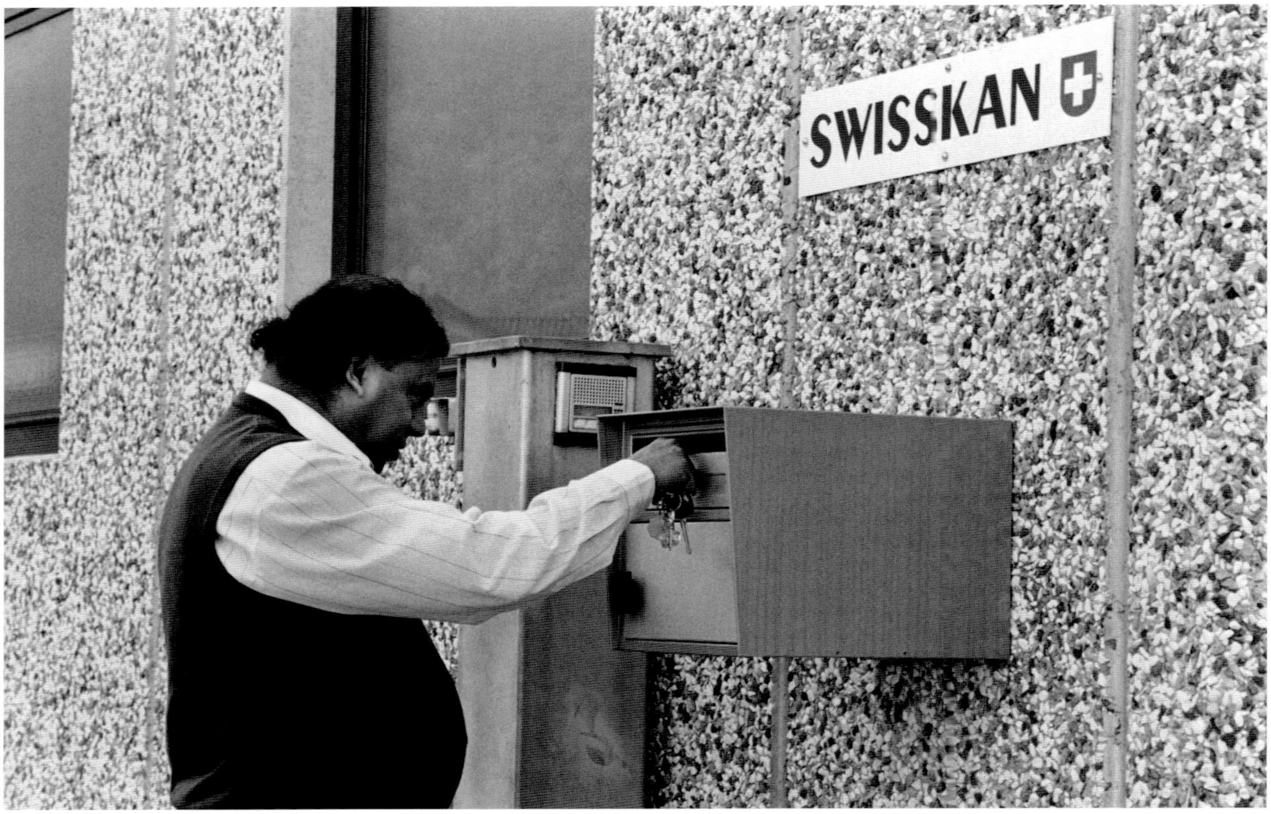
SWISSKAN

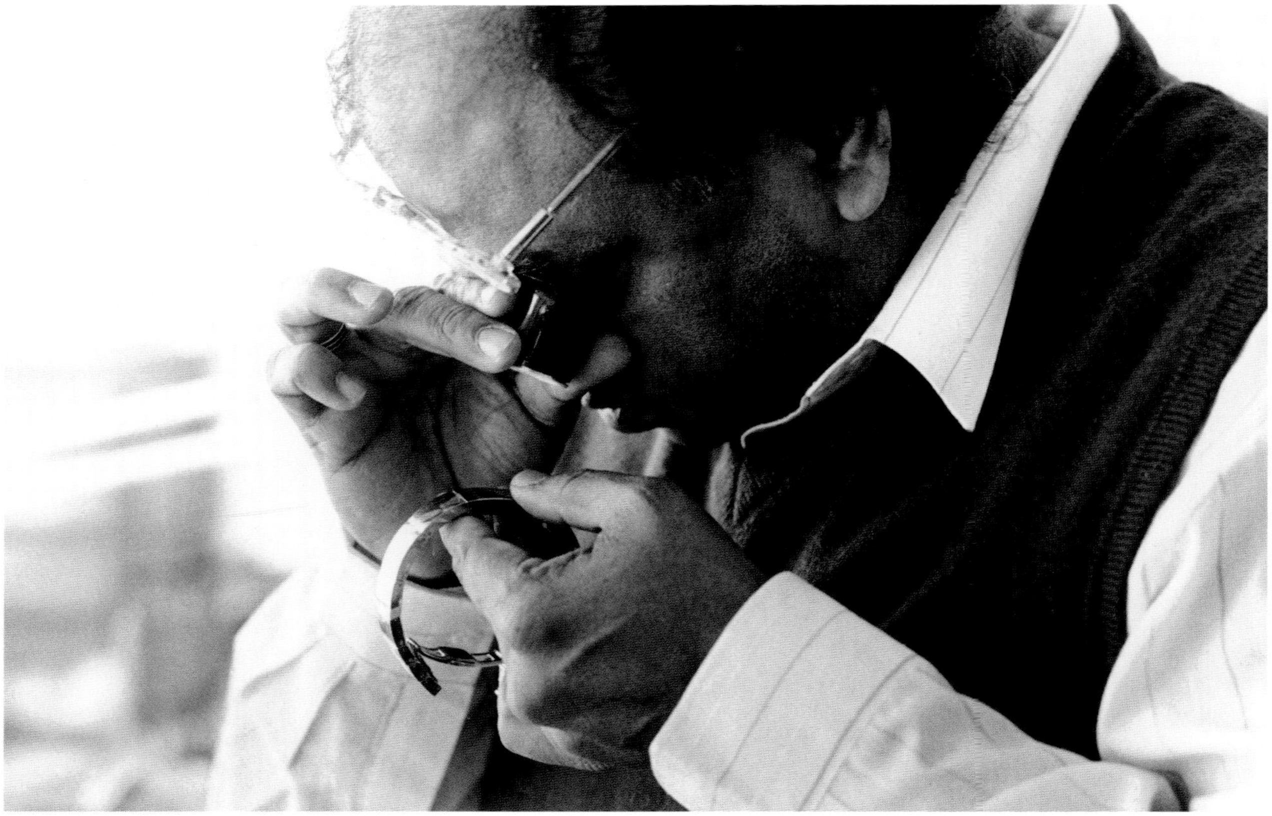

87

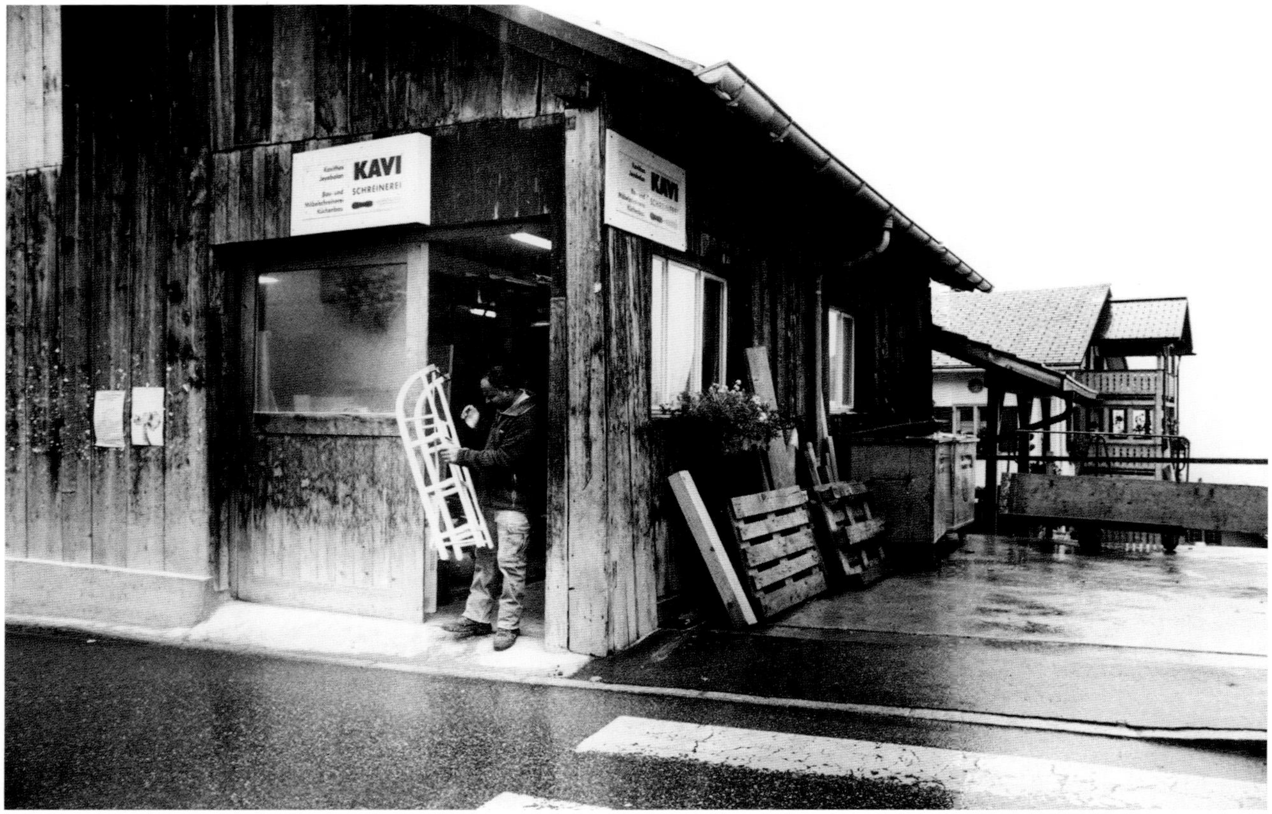
KAVI
SCHREINEREI
KAVI

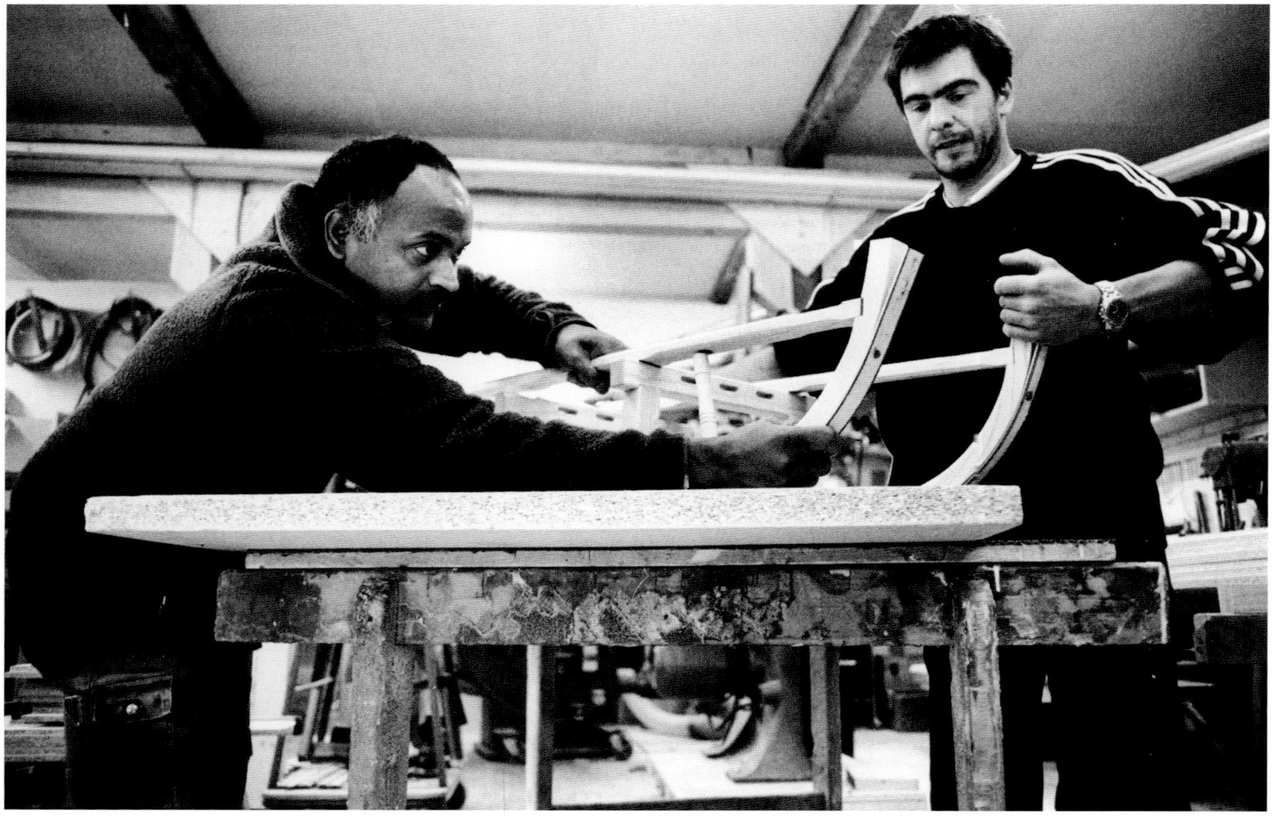

89

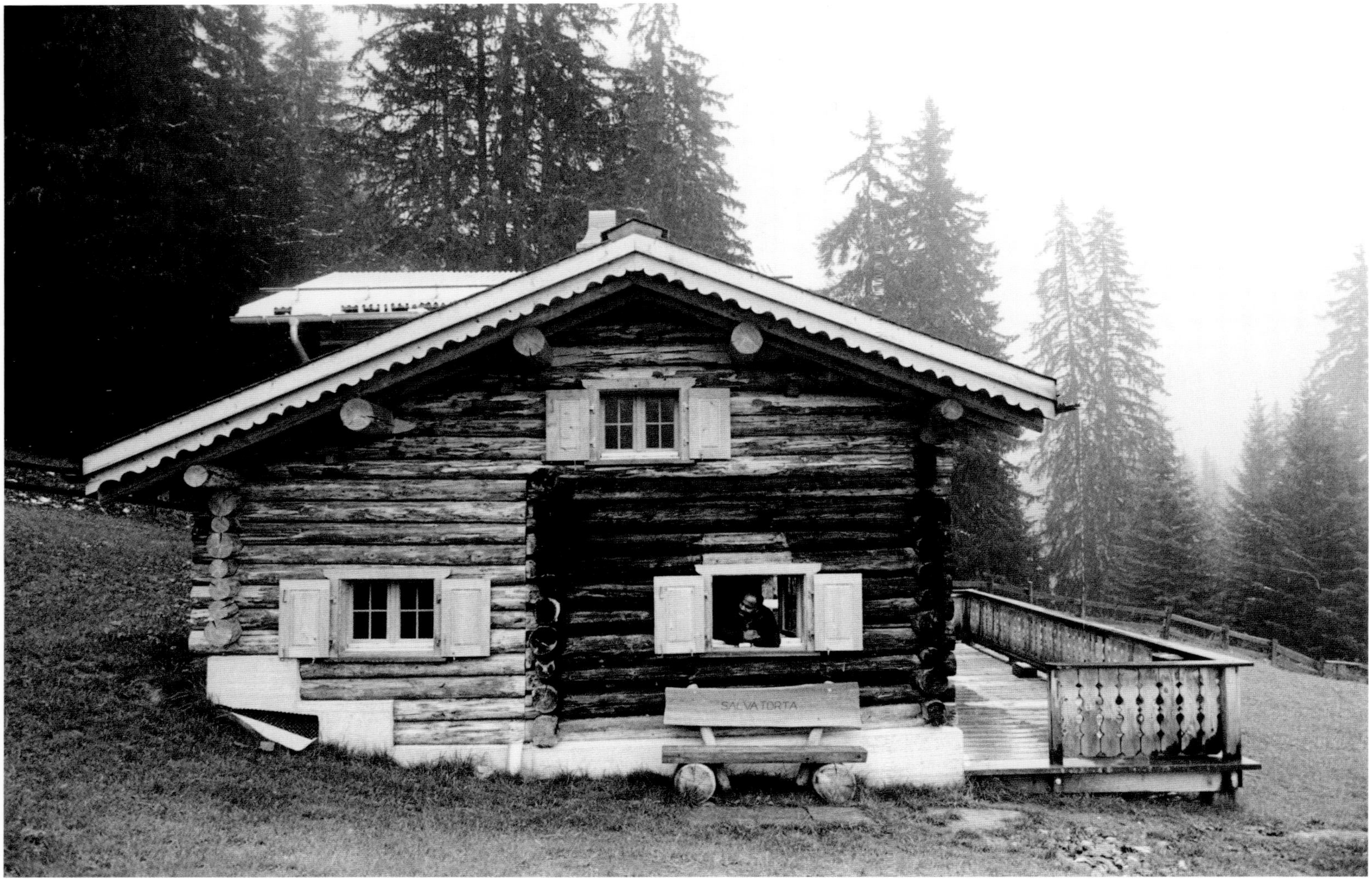
SALVATORTA

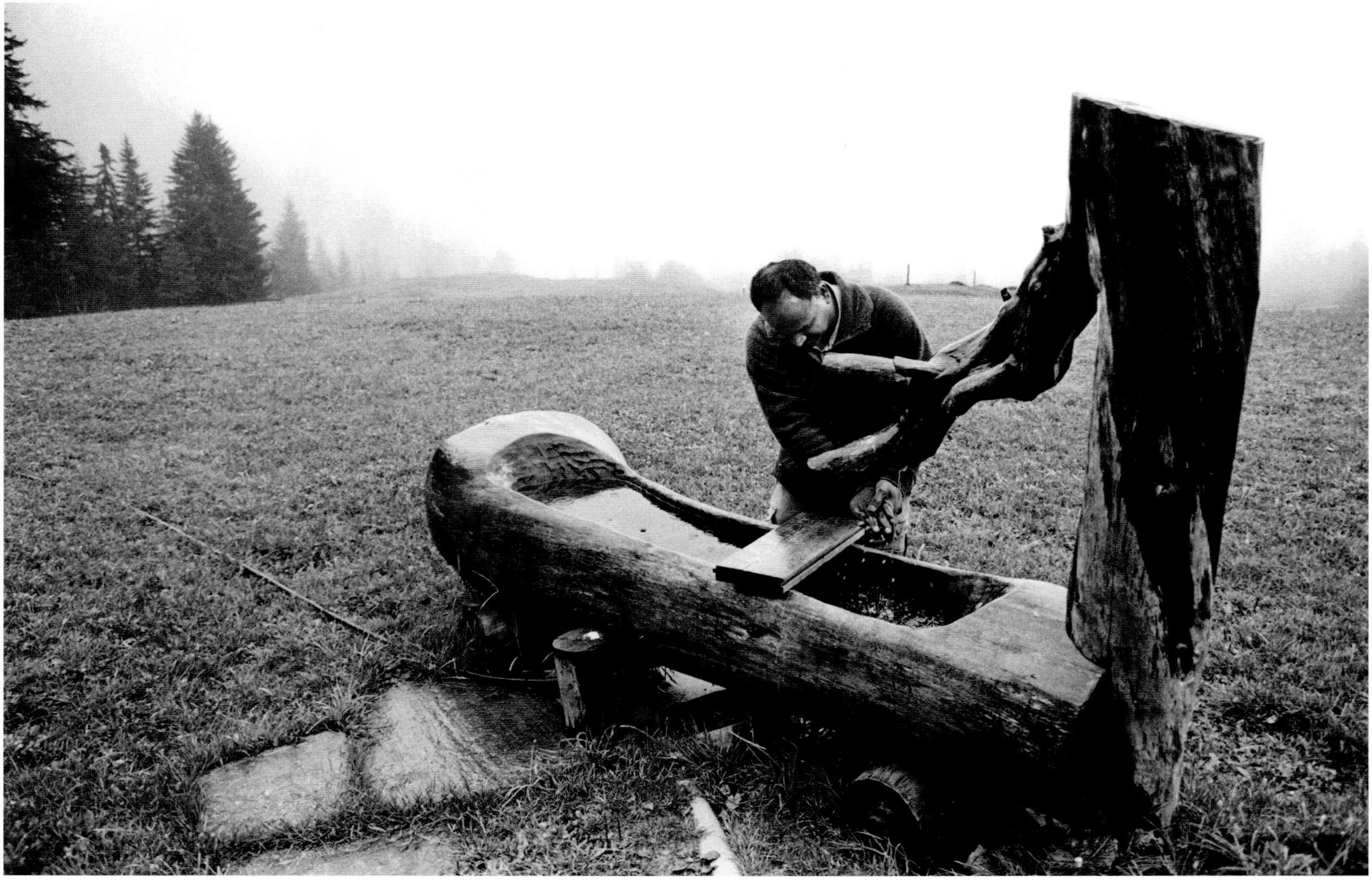

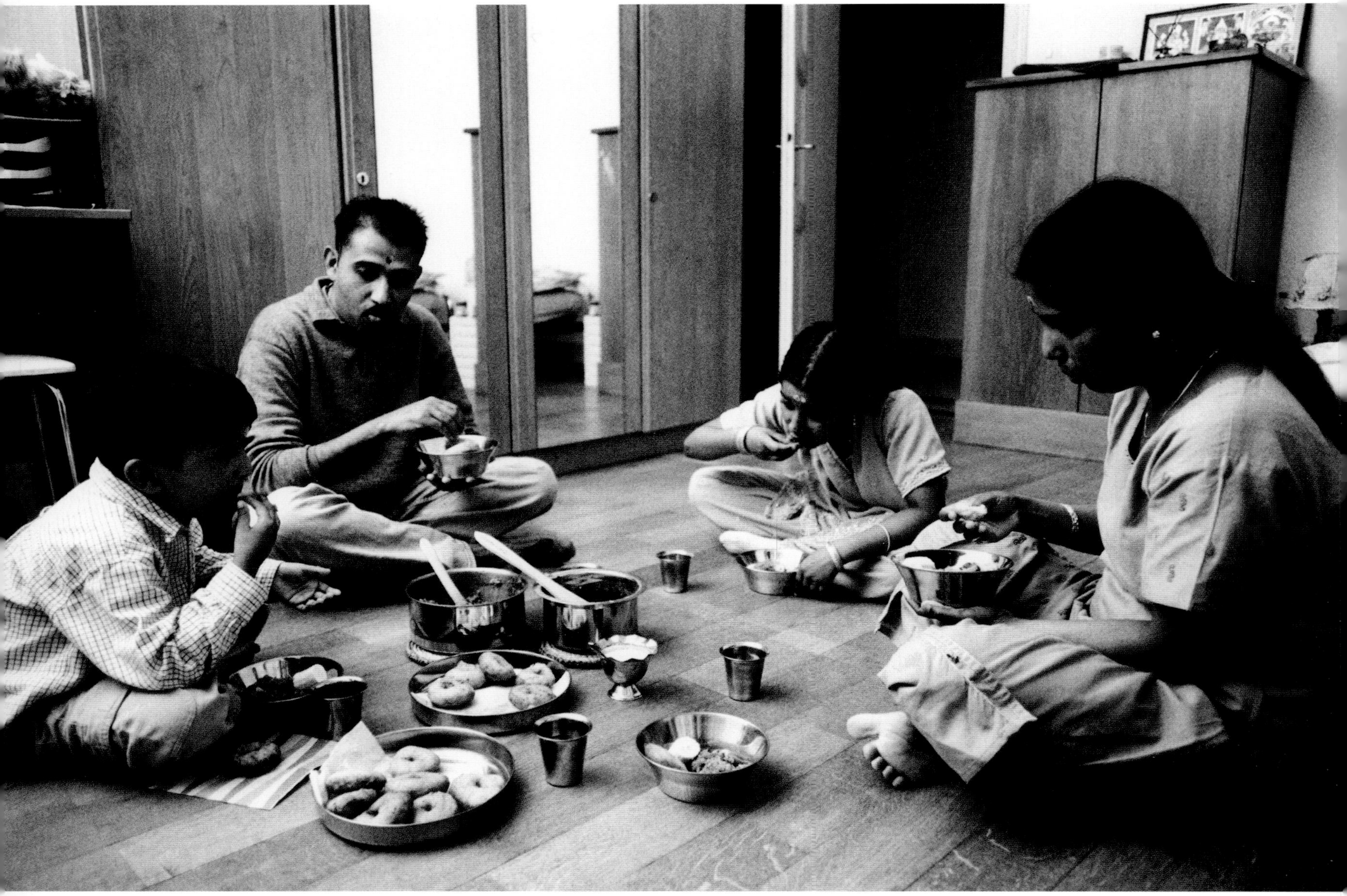

93

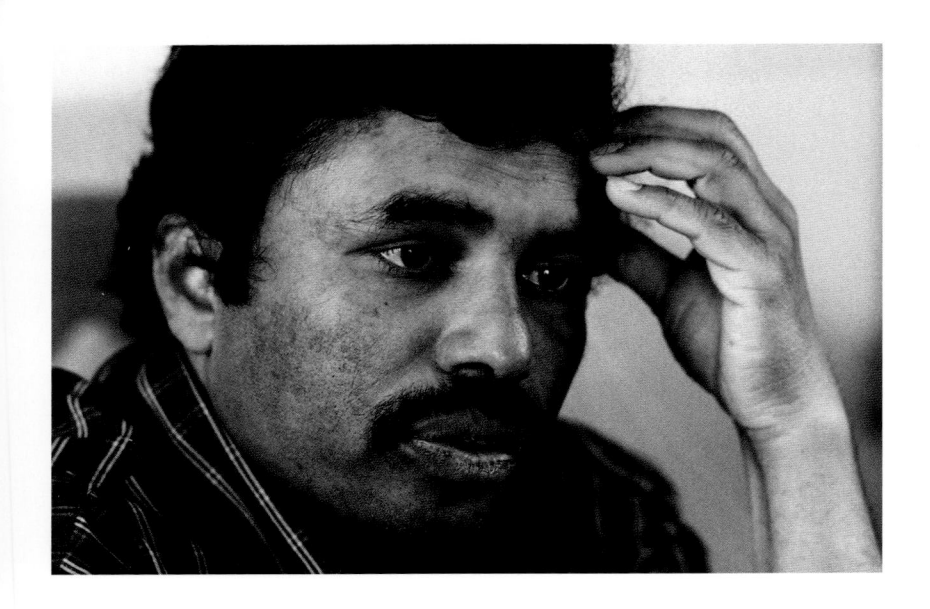

«Wir müssen tun, was wir können!»

Ratnacumar Vijiyanathans Leben scheint fast nur aus Arbeit zu bestehen. Am wichtigsten ist ihm sein Engagement für die tamilische Gemeinschaft. Und die Zukunft seiner Kinder.

Paula Lanfranconi

Auf dem Tisch der bescheidenen Dreieinhalb-Zimmer-Wohnung im Zürcher Kreis 3 liegt ein Foto. Es zeigt einen Mann mit schweren Gesichtsverbrennungen. «Das passierte mir letztes Jahr», sagt Ratnacumar Vijiyanathan. Eine Explosion an seinem Arbeitsplatz in einem Zürcher Chemiebetrieb. Ratnacumar hatte Glück im Unglück, er konnte den Behälter gerade noch schliessen, bevor die Flammen Schlimmeres anrichteten. Geblieben sind ihm Narben im Gesicht. Eine gefährliche Arbeit. Aber inzwischen hat sich Ratnacumar daran gewöhnt. 18 Jahre schon arbeitet er in diesem Betrieb. Er stellt Basisprodukte für Medikamente her. 1986 hat Ratnacumar den eidgenössischen Fähigkeitsausweis als Chemielaborant gemacht. Jetzt ist er Schichtführer und hat sechs Leute unter sich.

Ratnacumar ist 45. Er wirkt etwas müde heute. Die Arbeit in der Fabrik begann um halb sieben. Gegen halb vier Uhr kommt Ratnacumar jeweils nach Hause, um ein wenig mit seinen drei Kindern zu spielen. Aber spätestens gegen sechs Uhr zieht es ihn in die Beratungsstelle. Palmyra heisst sie. Dort warten Landsleute auf ihn. Und Probleme. «Viele Probleme», sagt Ratnacumar.

Er lebt auf, wenn er von der Beratungsstelle erzählt. Einen solchen Ort hatte auch er sich gewünscht damals, als er und sein Kollege in die Schweiz geflüchtet waren. Die Schweiz bedeutete für Ratnacumar zwei Dinge: Rotes Kreuz und Sicherheit vor Behördenwillkür. Er zeigt seinen linken Arm. Seitdem er im Gefängnis gefoltert wurde, kann er diesen Arm nicht mehr richtig belasten.

Eigentlich hätte Ratnacumar die Landwirtschaftsschule besuchen wollen. Aber das war zu gefährlich geworden. Deshalb wollte er weg. Ein Schlepper brachte ihn und den Kollegen vom Flughafen Wien über die grüne Grenze in die Schweiz. Ordnungsgemäss meldeten sie sich bei der Zürcher Fremdenpolizei. Die schickte sie zur Bahnhofspolizei. Und dort geschah das Unerwartete: Die beiden jungen Männer wurden verhaftet. Man drohte, sie würden in Handschellen zurückgeschafft nach Sri Lanka oder dann nach Indien. Ratnacumar erschrak: Die Schweiz war ja ein gefährliches Land! Erst als sie sich wehrten und Kontakt zu einer Hilfsorganisation verlangten, wies man ihnen einen Platz in einem Durchgangszentrum zu. «Dort», sagt Ratnacumar, «erlebten wir viel Sympathie.» Aber auch Einsamkeit. Kontakte mit Einheimischen hatten sie kaum. Ratnacumar ist ein höflicher Mensch, über seine Lippen kommt kein böses Wort über die Schweizer. Darüber zum Beispiel, dass damals ein SVP-Nationalrat die Tamilen als «das wichtigste Problem neben dem Waldsterben» bezeichnete. Dass Tamilenwitze kursierten an den Stammtischen. Ratnacumar sagt nur: «Wir merkten, dass die Leute dachten: Diese Tamilen sind ganz fremd.»

Ratnacumar ist 1986 als Flüchtling anerkannt worden. Er hat eine B-Bewilligung. Damit darf er in allen Branchen arbeiten, hat Anrecht auf Familiennachzug, Fürsorge- und Integrationsleistungen. Er packte seine Chance und machte eine Lehre als Chemielaborant. 1991 kamen auch seine Frau Punitha in die Schweiz und Ratnacumars Eltern, die vorher als Flüchtlinge in Indien lebten. Punitha arbeitet als Sekretärin in einer Bank.

«Wir haben Glück», sagt Ratnacumar. «Meine Eltern schauen zu den Kindern, so können wir die Zeit nutzen, um etwas zu tun für die tamilische Gemeinschaft.» Diese Selbsthilfe sei wichtig, denn viele Landsleute sind nur so genannt vorläufig Aufgenommene. Mit ihrem Ausweis F bleiben sie in einem engen Korsett gefangen: Ihre Bewilligung gilt maximal zwölf Monate, sie können nur in Billiglohnbranchen arbeiten, dürfen nicht in einen anderen Kanton zügeln, Reisen ins Ausland sind nur in dringlichen Familienangelegenheiten erlaubt.

«Es gibt viele Probleme!», sagt Ratnacumar und erzählt aus seinem Beratungsalltag. Die einfachen Leute wissen wenig über ihre Arbeitsrechte, sie schuften für 3000 Franken zehn, zwölf Stunden in Beizenküchen, am Buffet, im Service – Jobs, die sie in ihrer Heimat nicht annehmen würden. Auch wenn einer als Koch arbeitet, verdient er oft viel weniger als ein Schweizer Berufskollege. «Tamilen erwarten nicht viel Lohn», sagt Ratnacumar, «aber sie erwarten Respekt.» Oft behandle man sie aber unwürdig. Doch gebe es auch Chefs, die bei Schwierigkeiten weiterhelfen. «Dann», sagt Ratnacumar, «hat der Arbeiter guten Mut und arbeitet besser.»

Doch viele Tamilen sind einsam, ihre Verwandten haben sie oft viele Jahre nicht mehr gesehen. «Wenn der Vater oder die Mutter in Sri Lanka todkrank ist», sagt Ratnacumar, «und die Kinder können sie nicht besuchen, grübeln sie ihr ganzes Leben darüber nach.» Wer bloss vorläufig aufgenommen ist, lebt zwischen Stuhl und Bank: Das Asylgesuch ist abgelehnt, doch zurück nach Sri Lanka können die Betroffenen auch nicht, weil es zu gefährlich ist.

Ratnacumar kennt viele Landsleute, die fürsorgeabhängig sind. Damit haben sie auch keine Chance, die Niederlassungsbewilligung zu erhalten. «Das Problem», sagt Ratnacumar, «sind die teuren Wohnungen hier. Wenn ein Familienvater 3500 Franken verdient und eine Dreizimmer-Wohnung kostet 1700 Franken, reicht sein Lohn nirgends hin.» Bei vielen Paaren muss die Frau mitverdienen. Das gibt neue Probleme: Weil sie häufig in einem Restaurant oder einem Putzinstitut arbeiten, müssen die Frauen ausgerechnet dann weg, wenn ihre Kinder aus der Schule kommen. So leiden die Frauen unter dem Gefühl, sie seien schlechte Mütter und Ehefrauen. Einige Männer flüchten in den Alkohol. «Starken Alkohol», weiss Ratnacumar. «Whisky, Brandy.»

Er selber fühlt sich auch nach 20 Jahren in der Schweiz nicht richtig angenommen. Die Sicherheit sei zwar gut hier, und er könne seine Meinung äussern. An seinem Arbeitsplatz hat er jedoch keine Schweizer Kollegen, und auch ihre Wohnungsnachbarn kennt die Familie nicht. Doch die Kinder, die seien hier integriert, sagt Ratnacumar. «Sie haben keine Hemmungen auf die Leute zuzugehen und zu fragen, wenn sie etwas nicht verstehen.» Der ältere Sohn geht jetzt in die fünfte Klasse, der jüngere ist neun, die Tochter sechs Jahre alt.

Wenn Ratnacumar von seinen Kindern spricht, kommt Wärme in seine Stimme. Aber auch grosse Sorge um die Zukunft: «Ich sehe jetzt 16-Jährige, die wie ihre Eltern in Restaurants arbeiten, weil sie niemanden haben, der ihnen hilft, ihren Weg zu machen.» Tatsächlich finden nur gerade fünf Prozent vorläufig aufgenommene Jugendliche eine Lehrstelle. Aber ohne Ausbildung, sagt Ratnacumar, könne man in der Schweiz nicht richtig leben. Darum macht es ihm Angst, wenn er sieht, dass die Schule beim Nachhilfeunterricht spare.

Seine Augen verraten, dass er die Hoffnung auf einen baldigen Frieden in Sri Lanka aufgegeben hat. Jeden Tag bekommt er Meldungen über anonyme Morde, und es verschwänden Kinder. Macht ihn das alles nicht auch zornig? «Das ist die Lage», sagt er, und seine Stimme klingt seltsam tonlos. Doch diese Perspektivlosigkeit spornt auch an: «Wir müssen tun, was wir können, und nicht nachher klagen: Warum haben wir nichts gemacht?» Neben seiner Arbeit in der Fabrik und der Beratung seiner Landsleute engagiert sich Ratnacumar mit Leib und Seele im tamilischen Kulturverein und im Trägerverein des tamilischen Tempels in Adliswil. Einmal in der Woche besucht die Familie den Gottesdienst. Aber in die Badi gehen, sich erholen? Nein, dafür hat er keine Zeit, das sei etwas für die Kinder.

Fünf Stunden Schlaf genügen Ratnacumar. Würde er in Sri Lanka auch derart viel arbeiten? Ratnacumar lacht. Nein, da wären wohl acht Stunden genug. Und nachher würde er Freunde treffen, etwas Landwirtschaft zu betreiben. Peperoni, Tomaten und Auberginen pflanzten sie damals auf ihrem Grundstück an, versorgten sich zum grossen Teil selber. Jetzt ist das Haus durch den Krieg teilweise zerstört, es leben andere Leute darin. Die ganzen 20 Jahre war Ratnacumar nicht mehr dort. Heimweh? «Ja, das sicher», sagt er nur.

Was ist ihm besonders wichtig? «Dass die Kinder eine richtige Ausbildung bekommen, sonst verlieren wir alles!» Aber es gehe nicht nur um seine Kinder. Sondern um alle Ausländerkinder. Und noch etwas: «Die Behörden sollten mehr Menschlichkeit zeigen, denn das Flüchtlingsleben ist ein sehr schwieriges Leben.» Noch immer beschäftige es ihn, dass er nicht zur Beerdigung seiner Schwiegermutter nach Deutschland fahren konnte, weil sein Reisedokument kurz vorher abgelaufen war und ihm die Behörden nicht geglaubt hätten, dass die Schwiegermutter gestorben war.

Doch jetzt ist genug geredet. Punitha kommt herein. Sie hatte sich im Hintergrund gehalten, wollte nicht stören. Jetzt serviert sie lächelnd Tee und Kuchen. Auch die drei Kinder tauchen auf und verscheuchen die leise Traurigkeit von dieser tamilischen Insel mitten im Zürcher Kreis 3.

«Neben Arbeit und Familie

Freizeit

bleibt uns kaum Freizeit.»

98/99	Vor der Abfahrt in ein Ferienlager für Frauen und Kinder, organisiert vom schweizerisch-tamilischen Verein «Kamadhenu».
100-103	Angekommen im Ferienlager in Flums.
104/105	Badeplausch.
106	Shantha spielt mit seinen Kollegen ein Videospiel.
107	Jugendliche im Ausgang.
108	Alljährliches Sportfest in Bern, zu welchem Tamilen aus ganz Europa anreisen. Cricket ist Nationalsport.
109	Nur ein Spiel am Rande des Sportfests.
110	Verpflegung zwischendurch.
111	Schachmeister von morgen.
112/113	Am Knabenschiessen Zürich.
114	Tamilische Albisgüetli-Tagung: Hunderte von Leuten stimmen für die beste Darbietung an einem Gesangswettbewerb im Schützenhaus.
	Theatervorführung an einem Kulturfest.
115	Der Geigenlehrer Thevaragan unterrichtet klassisch-indische Musik in einem Luftschutzkeller. Die Geige wird sitzend gespielt und zwischen dem rechten Fuss und der linken Schulter gehalten. Thevaragan lebt in Paris und unterrichtet in der ganzen Schweiz, da es hier keine tamilischen Geigenlehrer gibt.
116-119	Bharatanatyam-Tanzunterricht. Der klassische südindische Tanzstil entwickelte sich aus den Tänzen der Fürstenhöfe und Tempel. Neben abstraktem rhythmischem Tanz werden insbesondere Geschichten aus der Mythologie mimisch und gestisch in Tanzform erzählt.

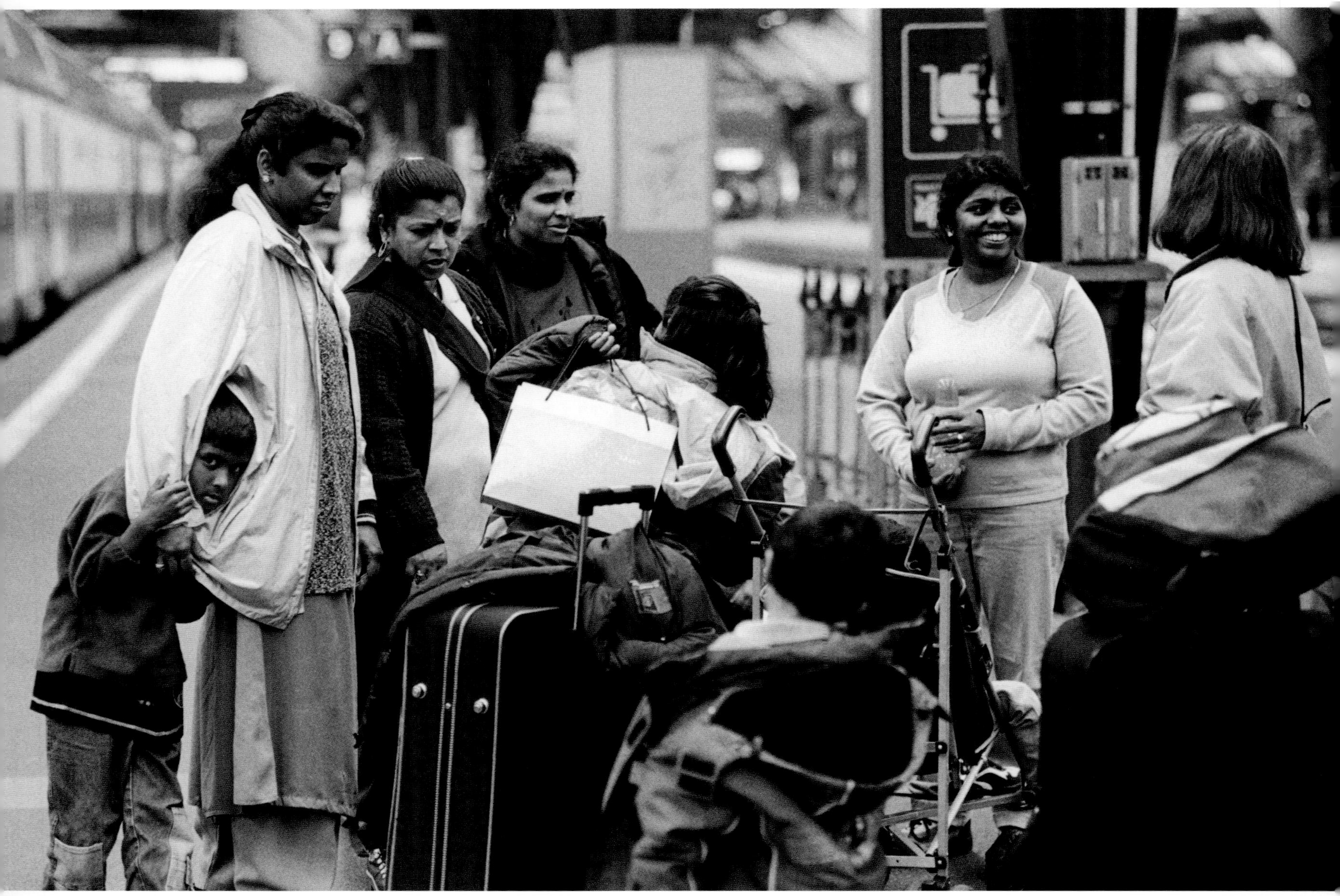

99

100

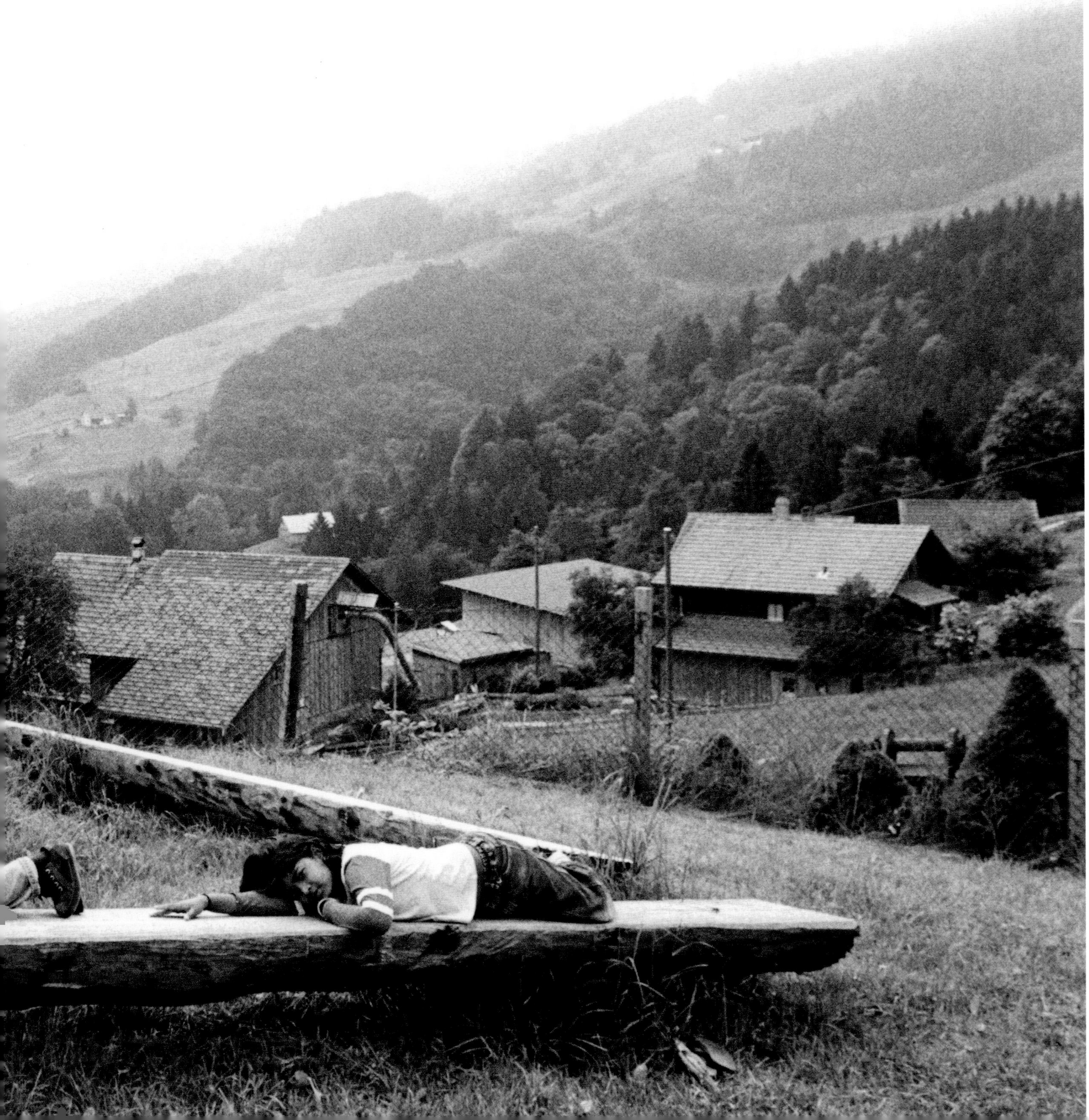

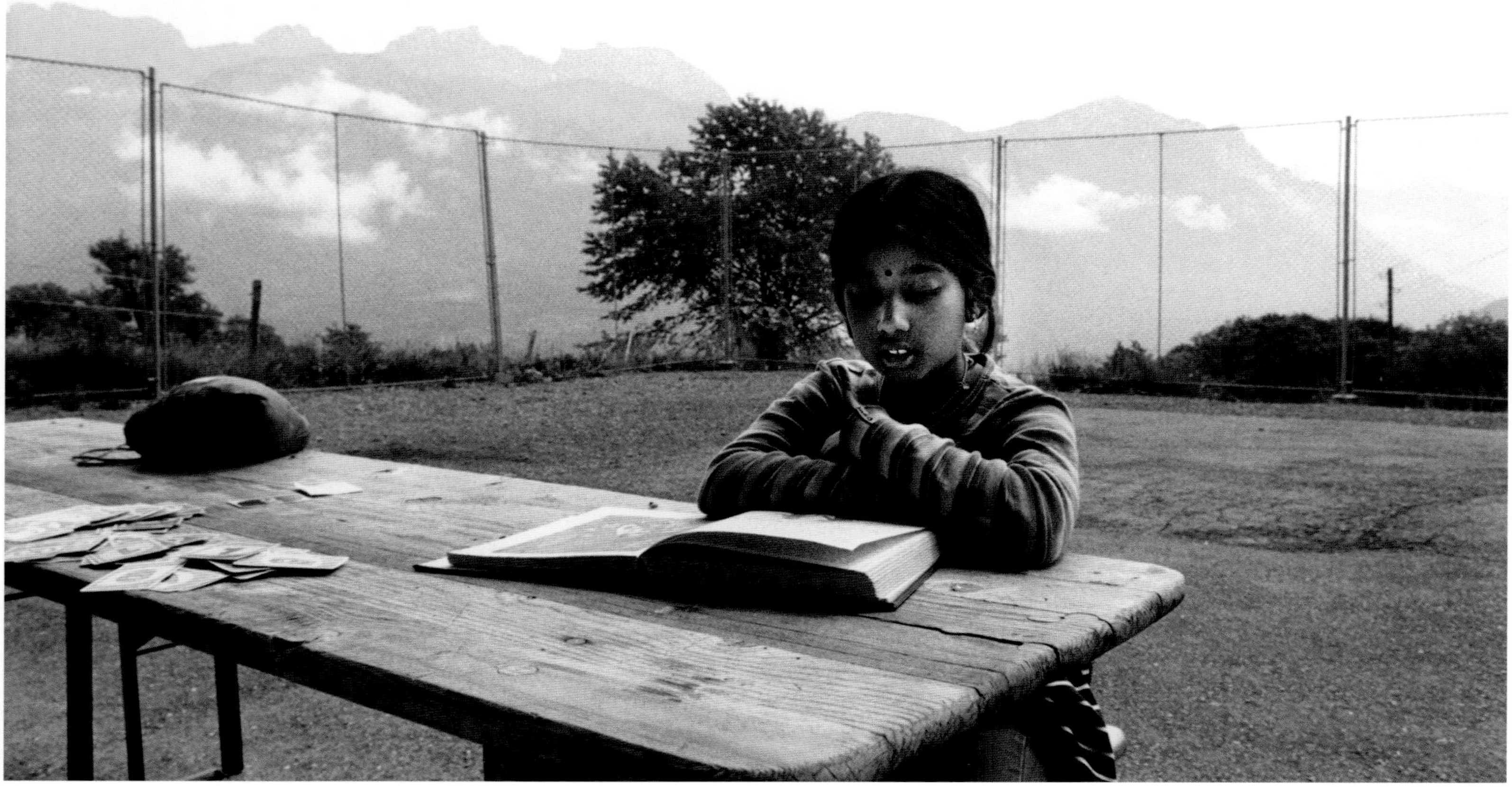

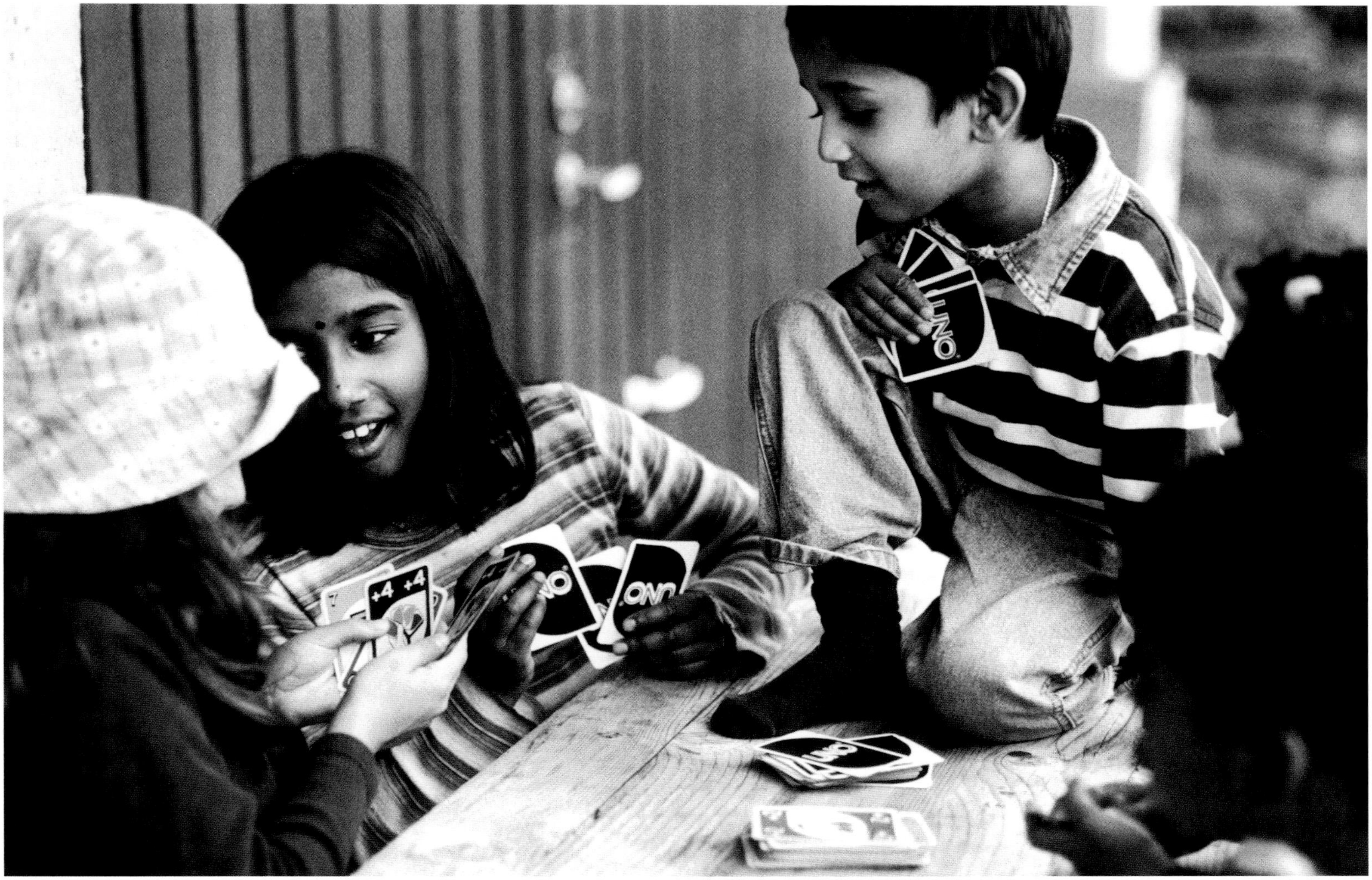
UNO
+4 +4

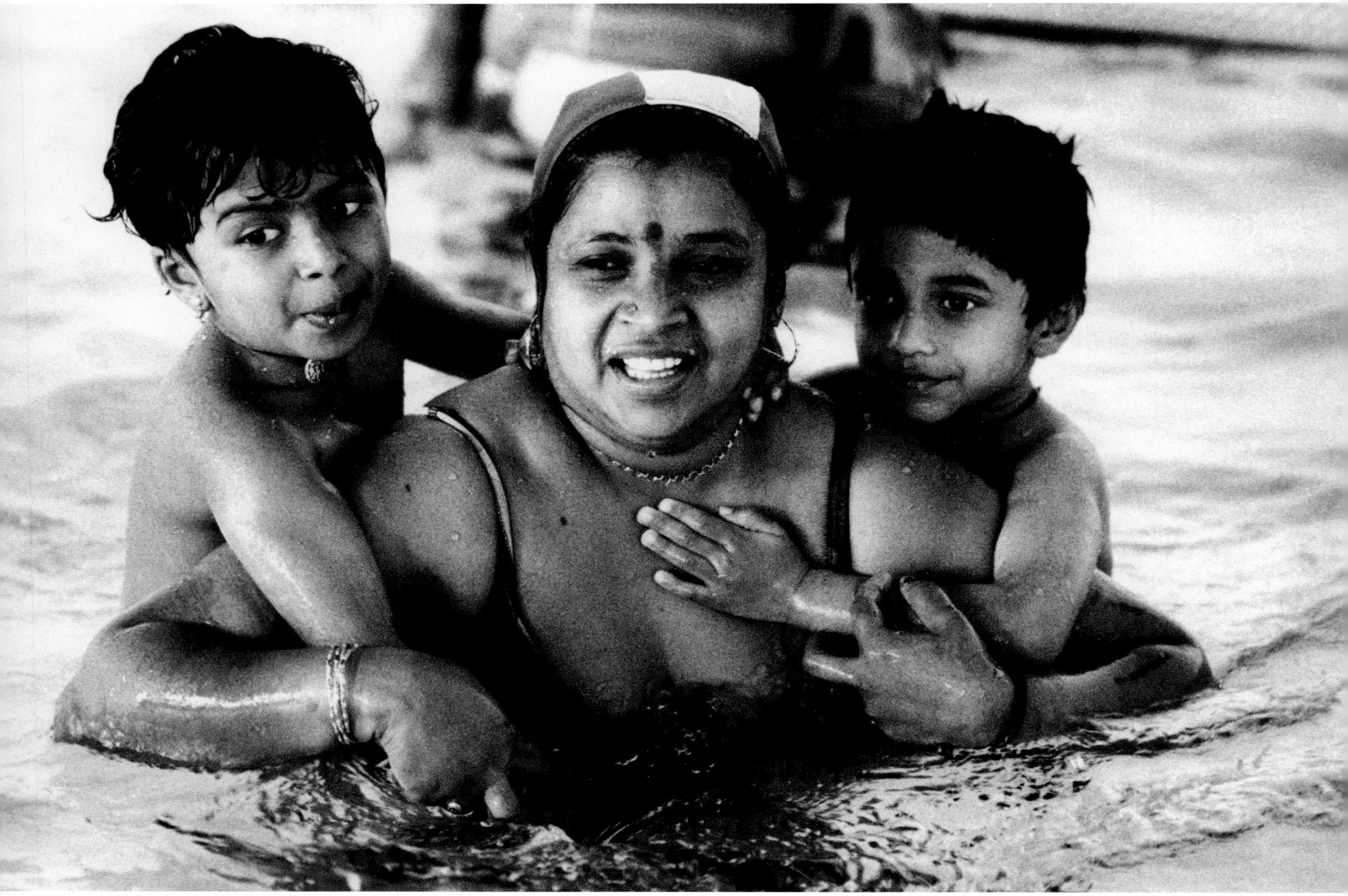

105

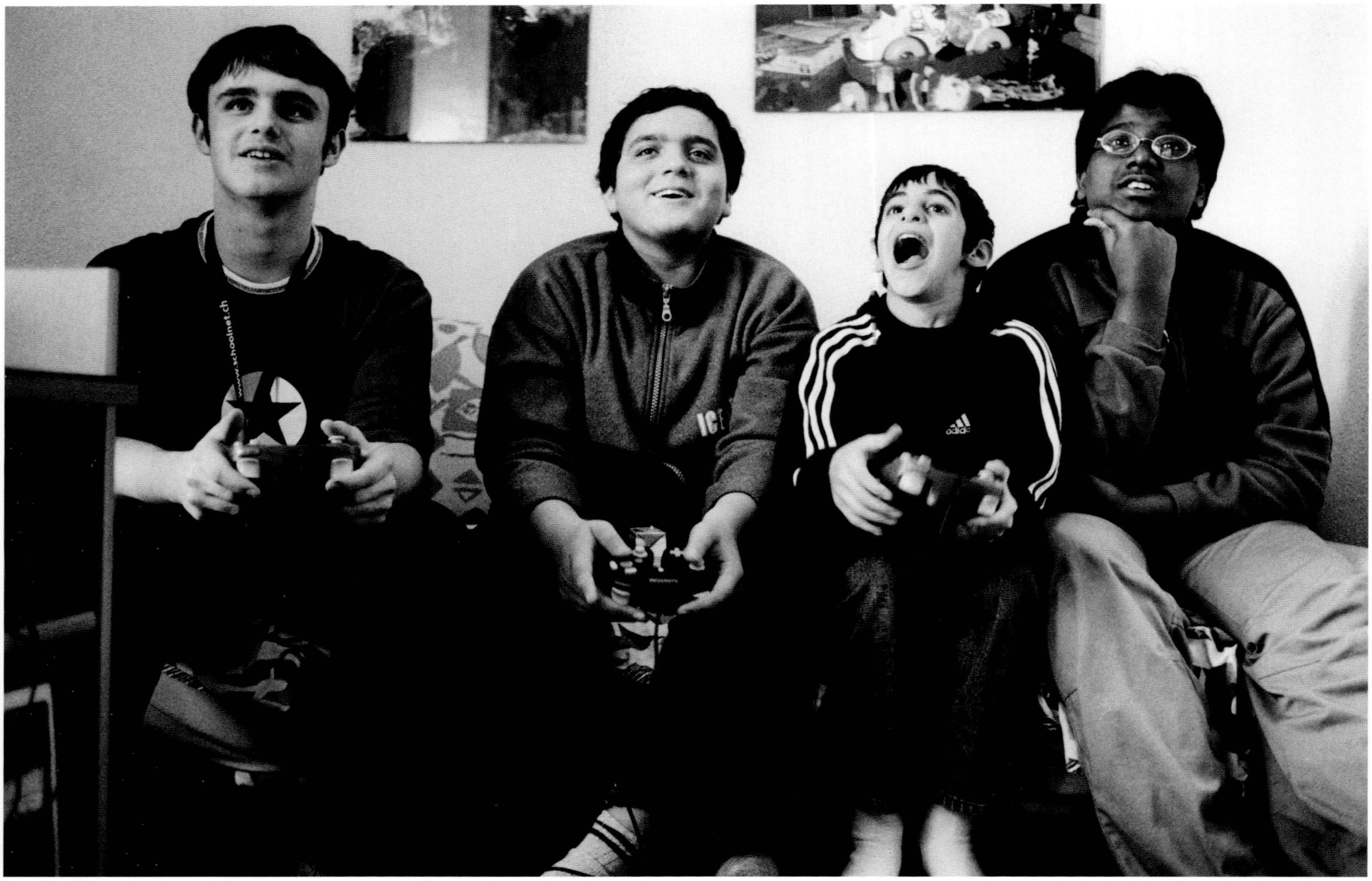
www.schoolnet.ch

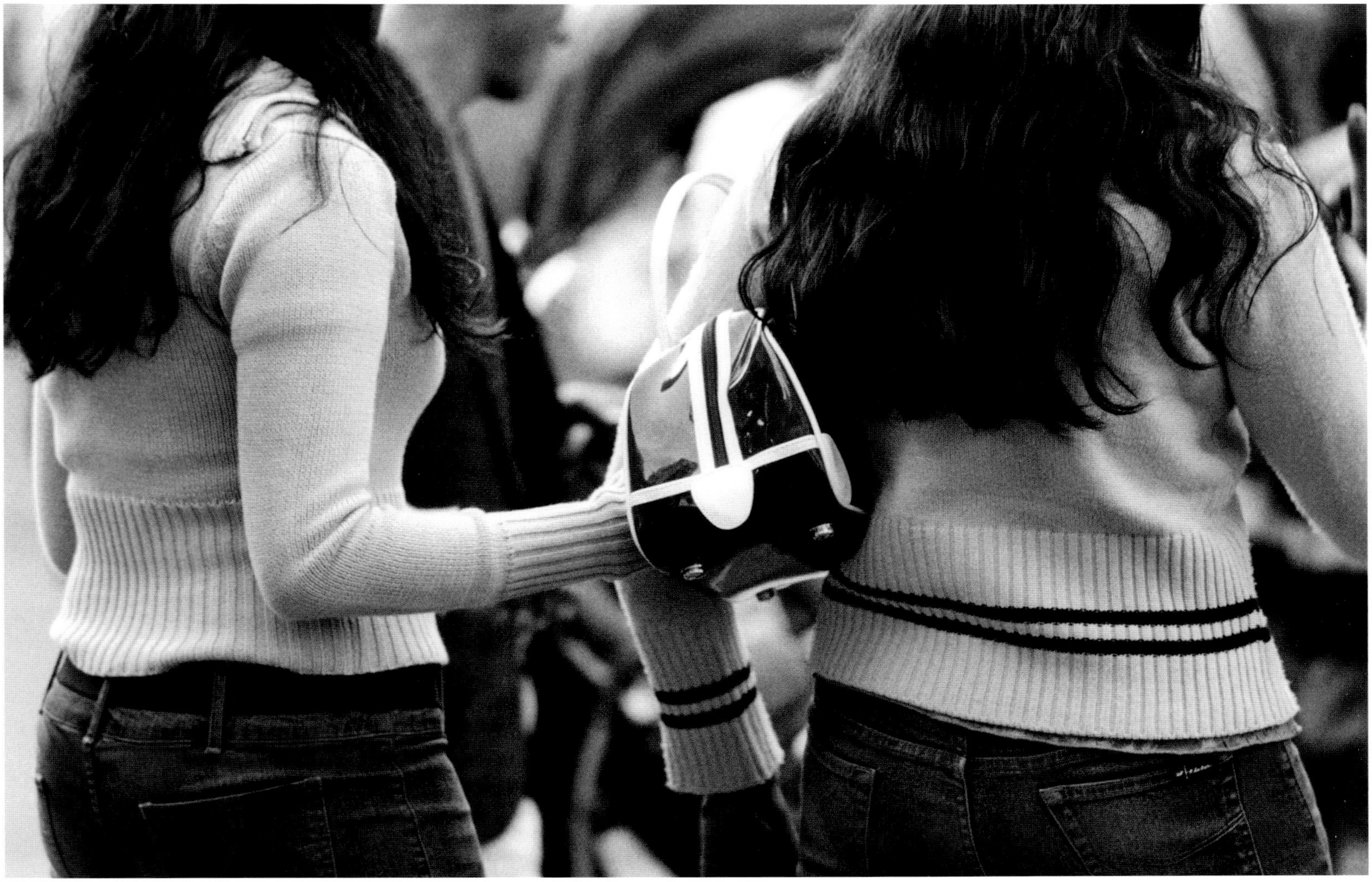

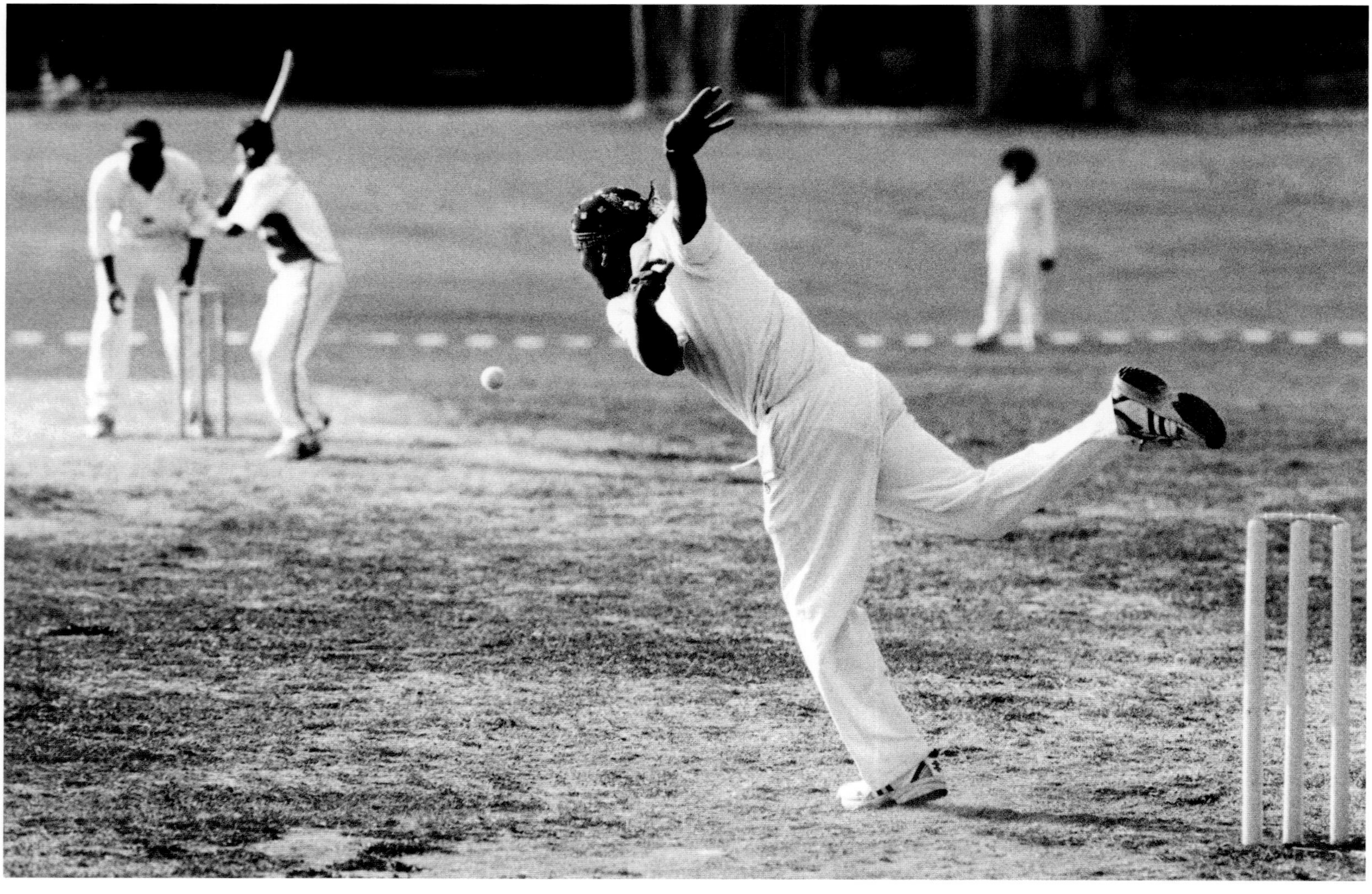

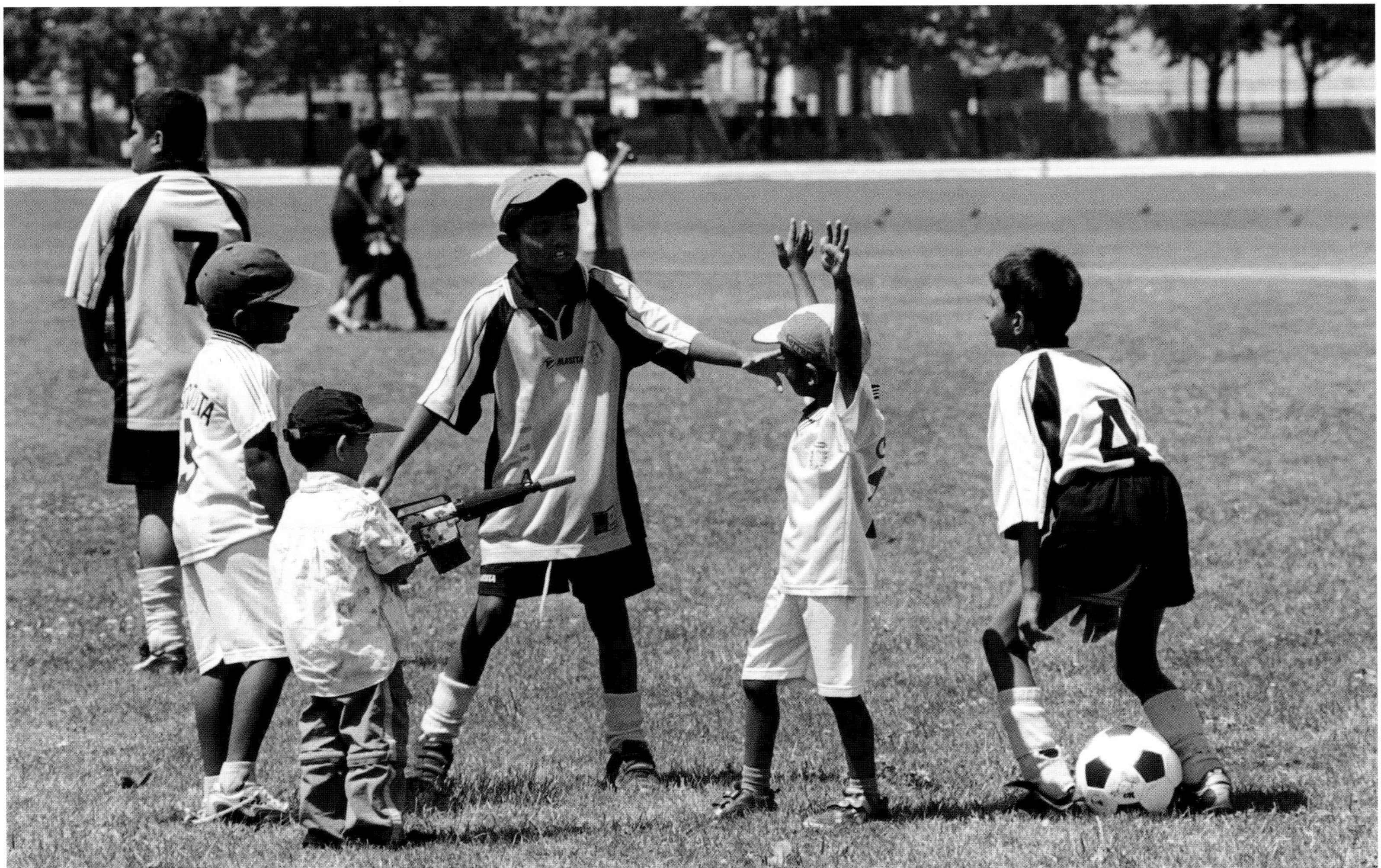
7
4

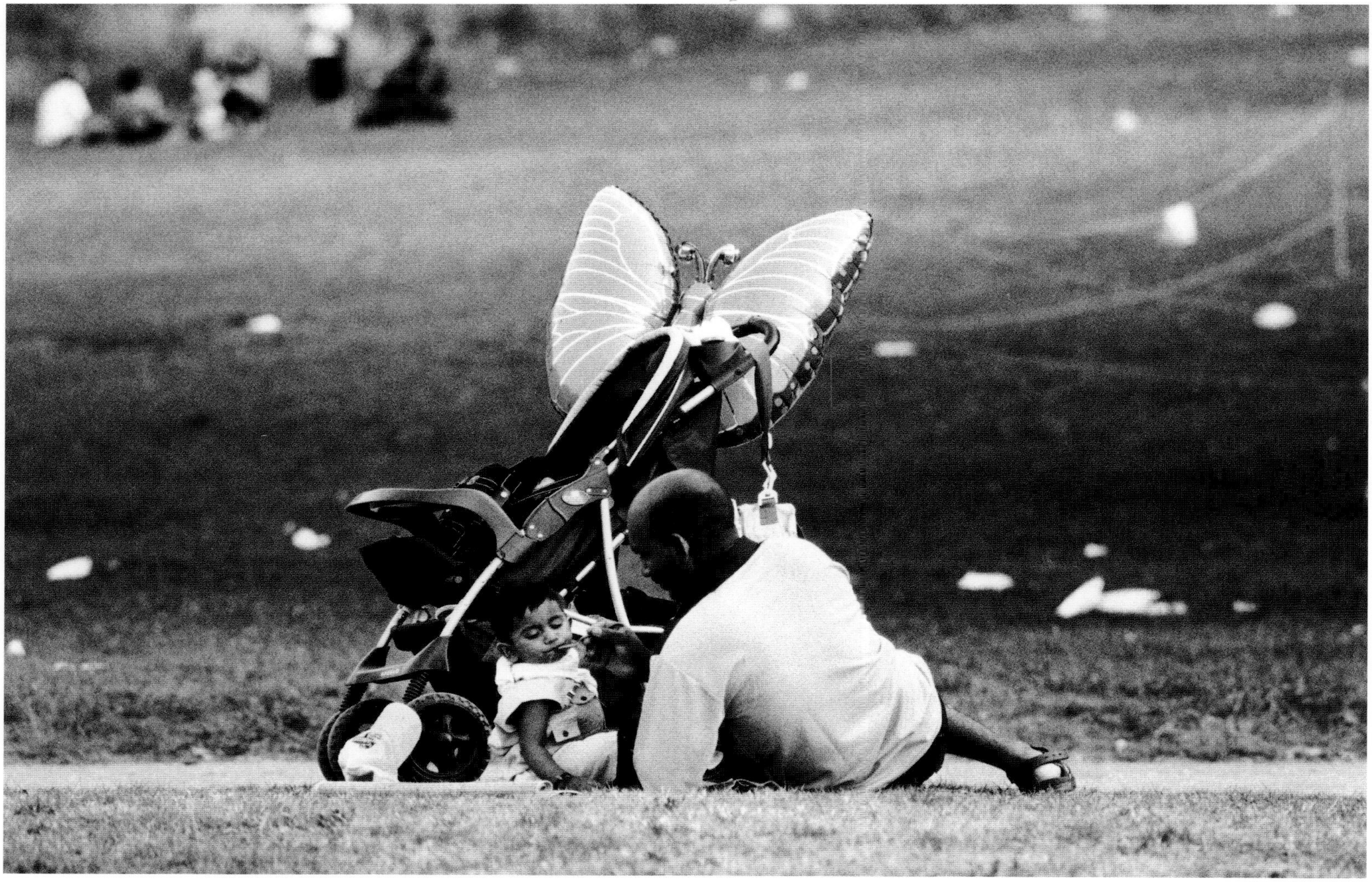

111

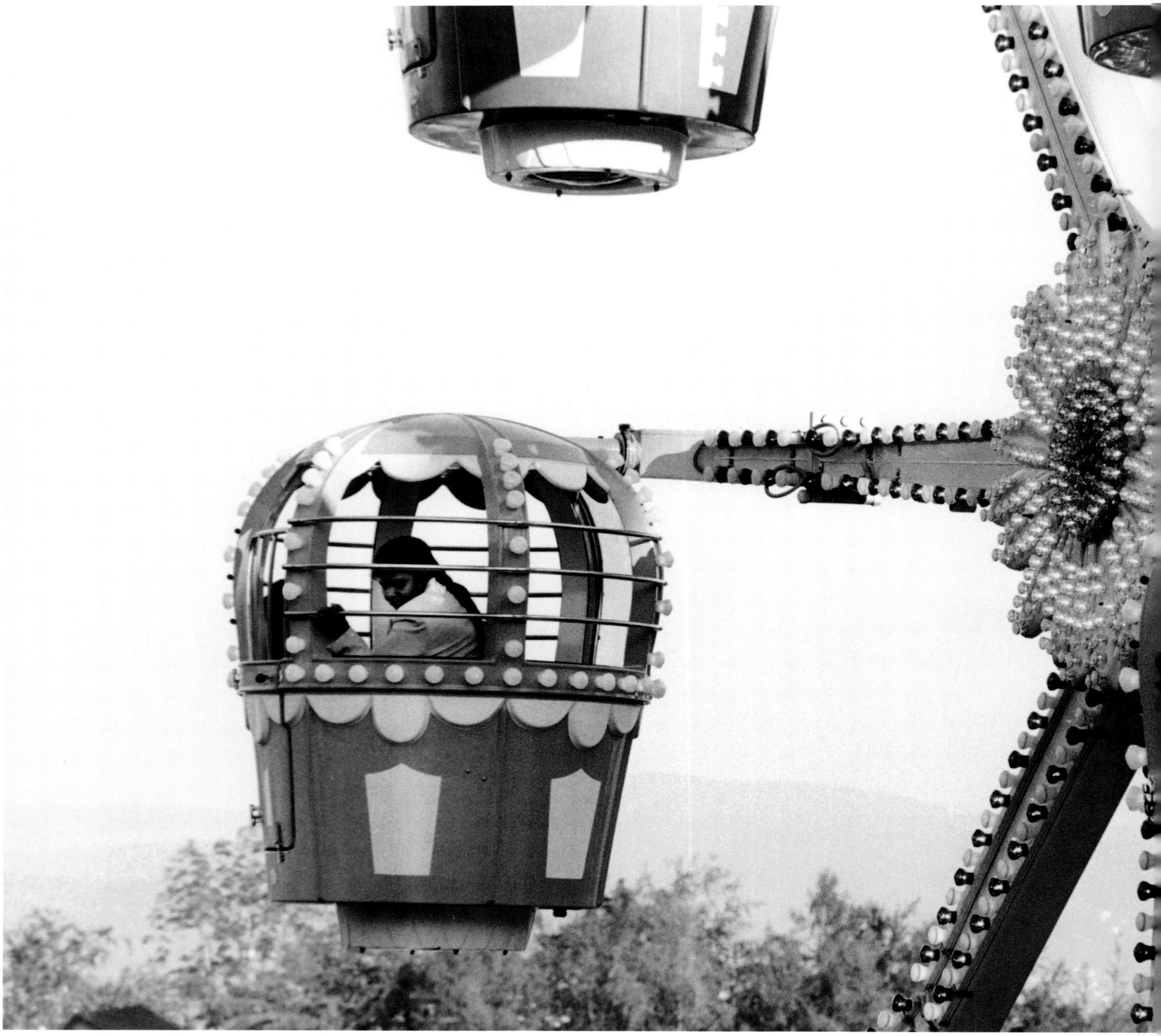

113

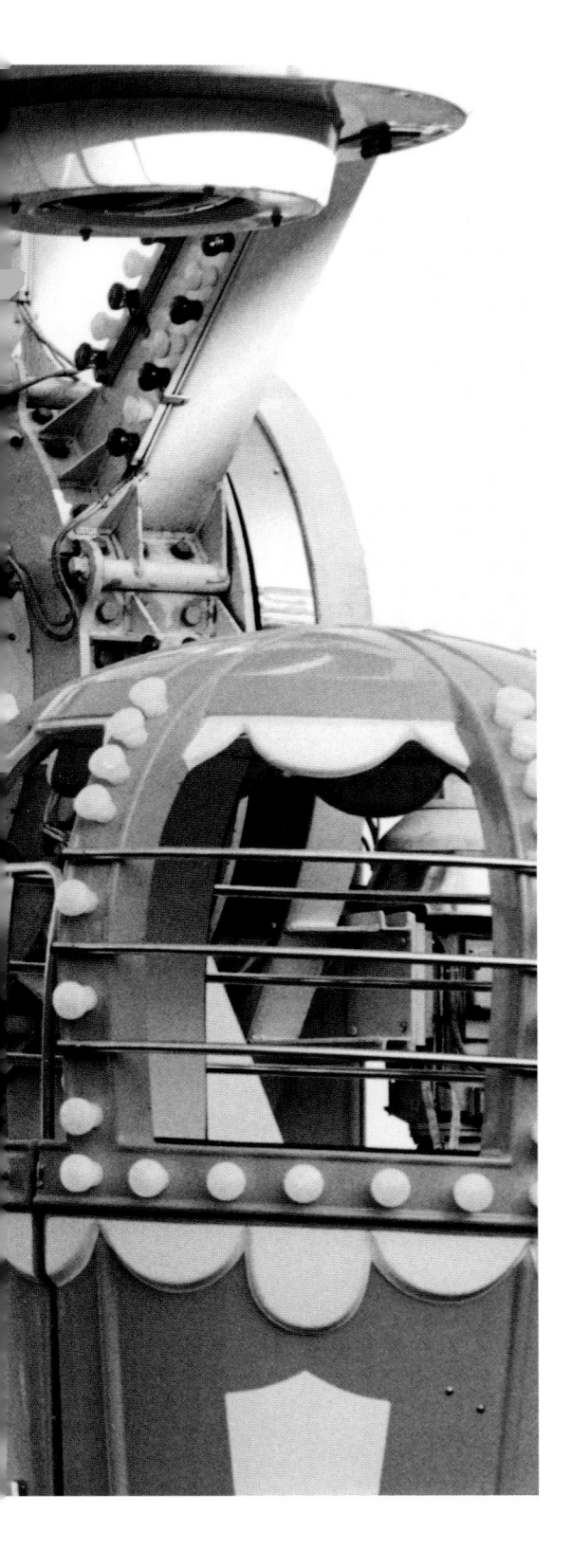

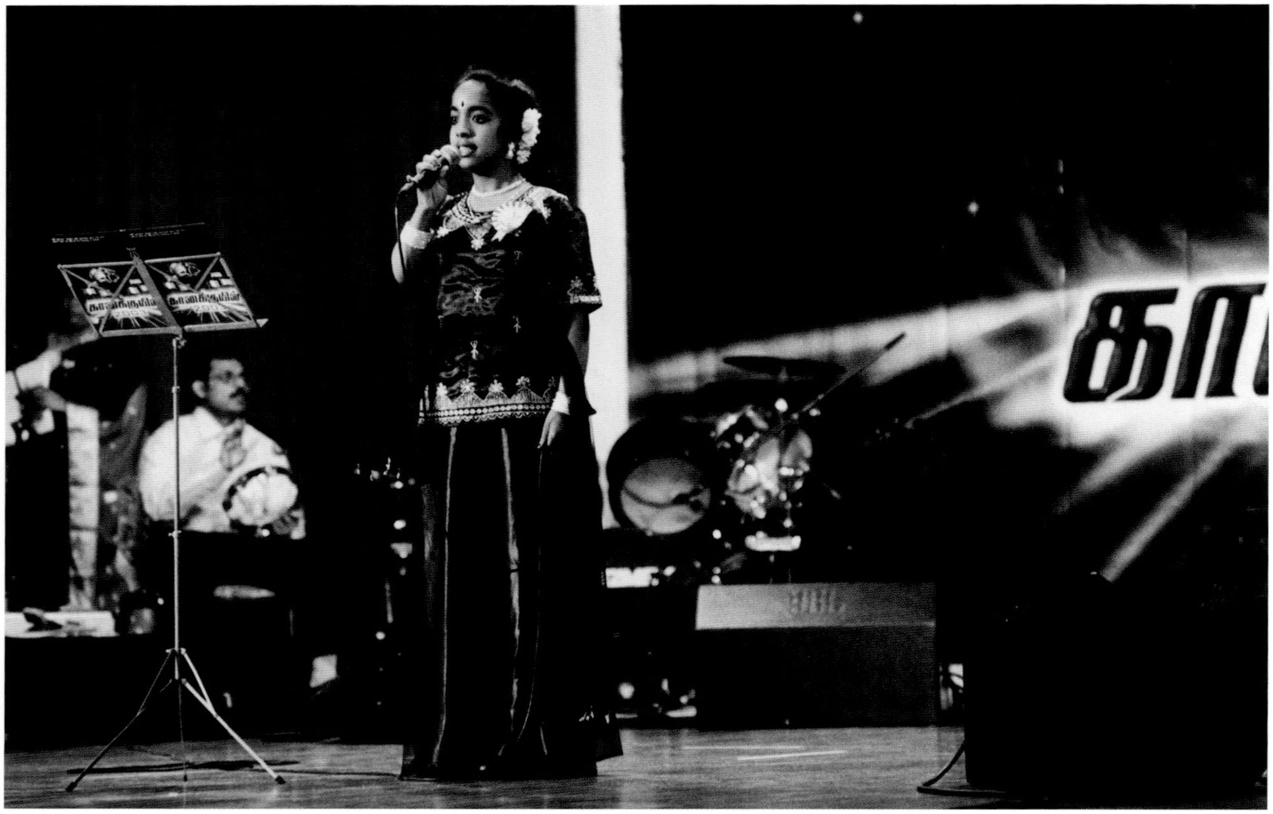

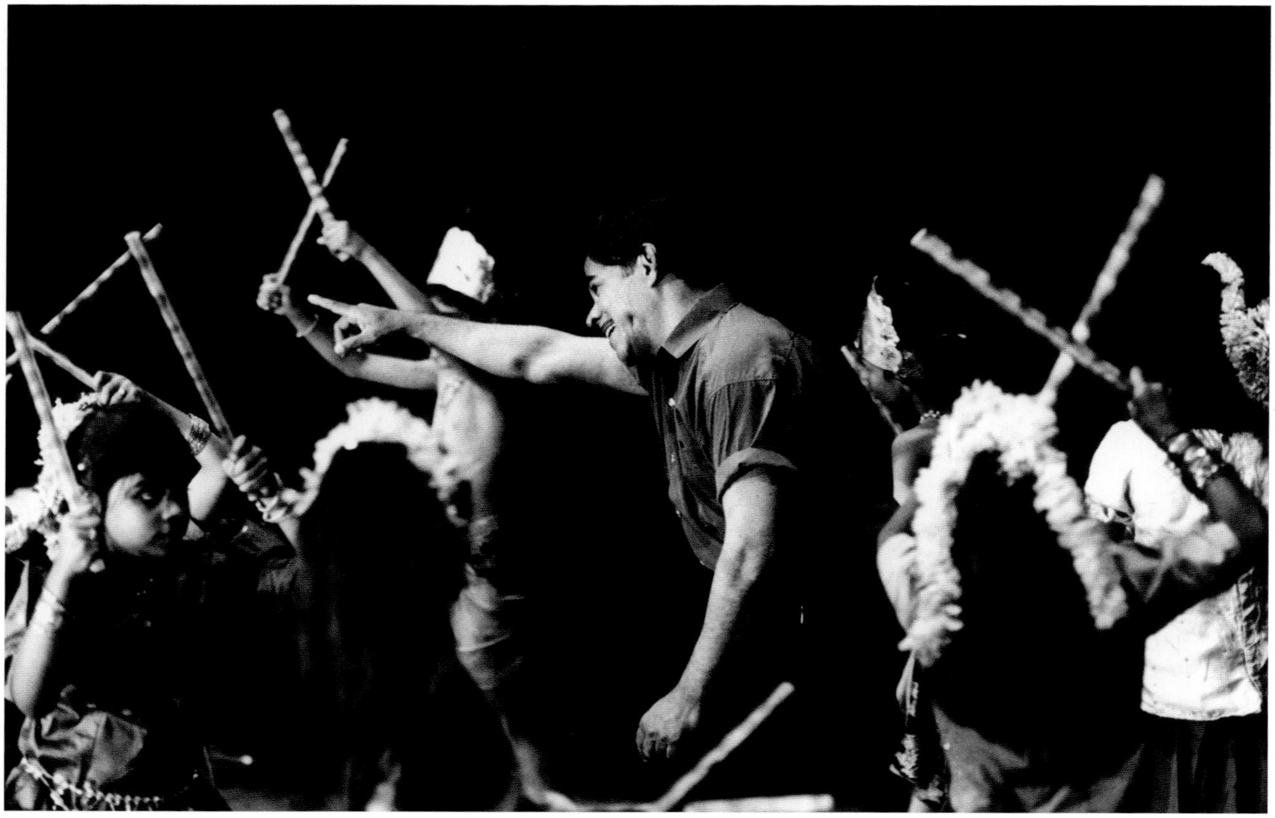

115

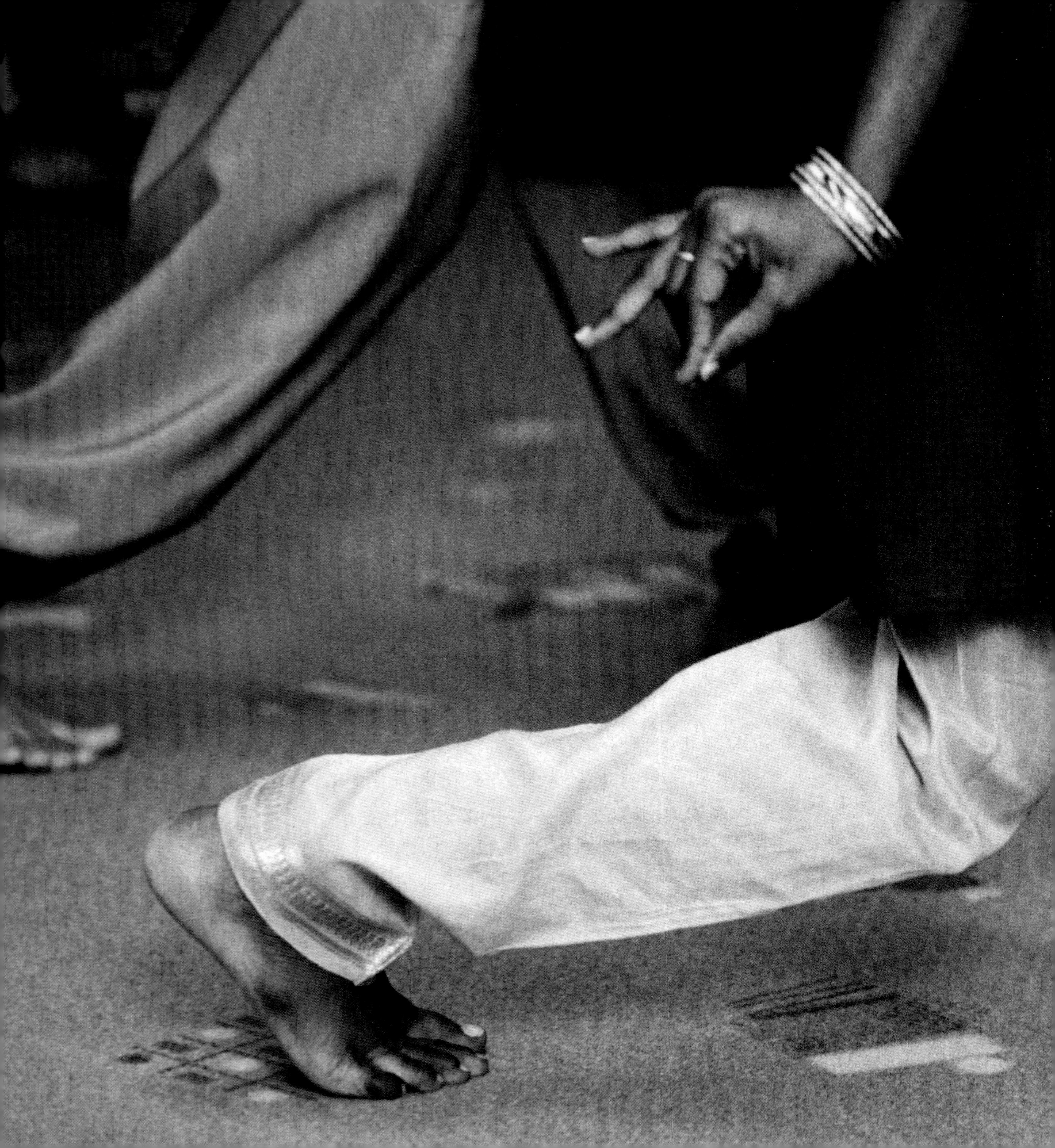

117

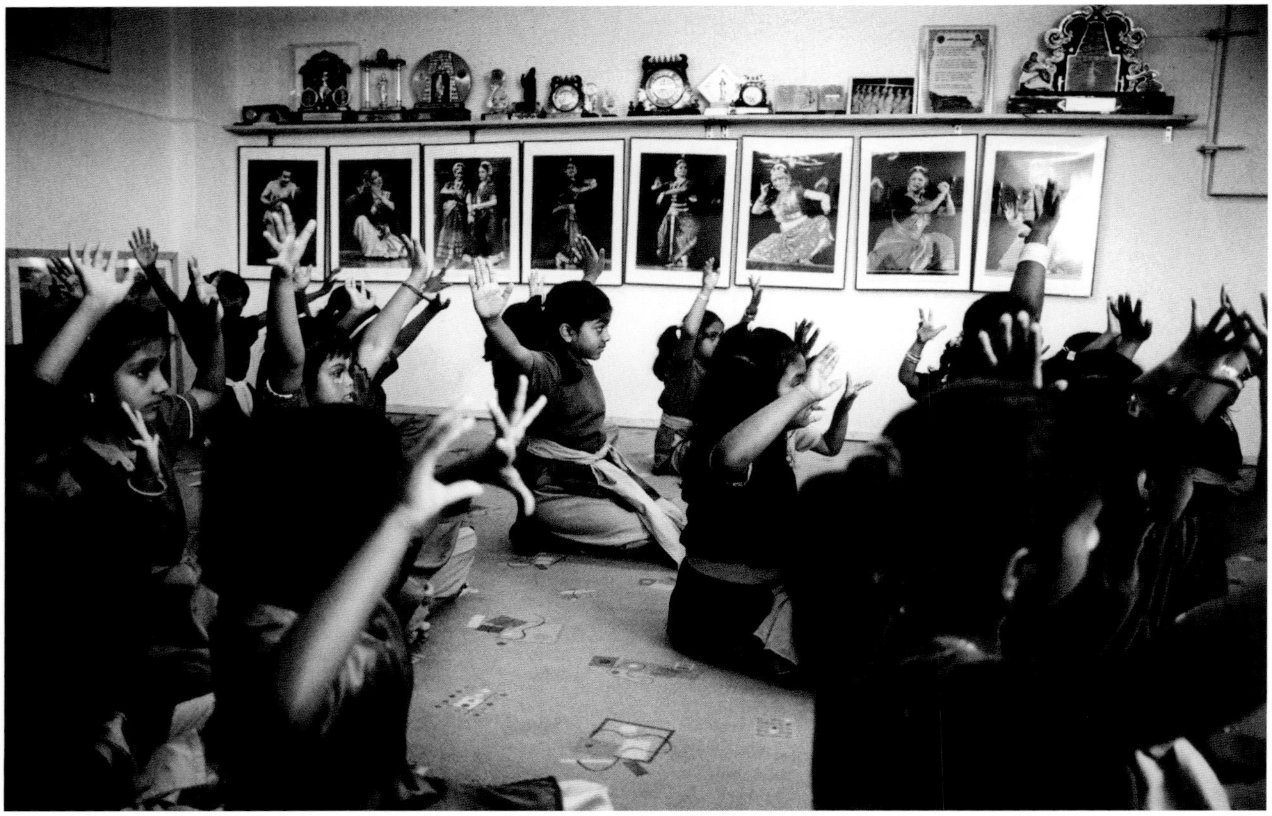

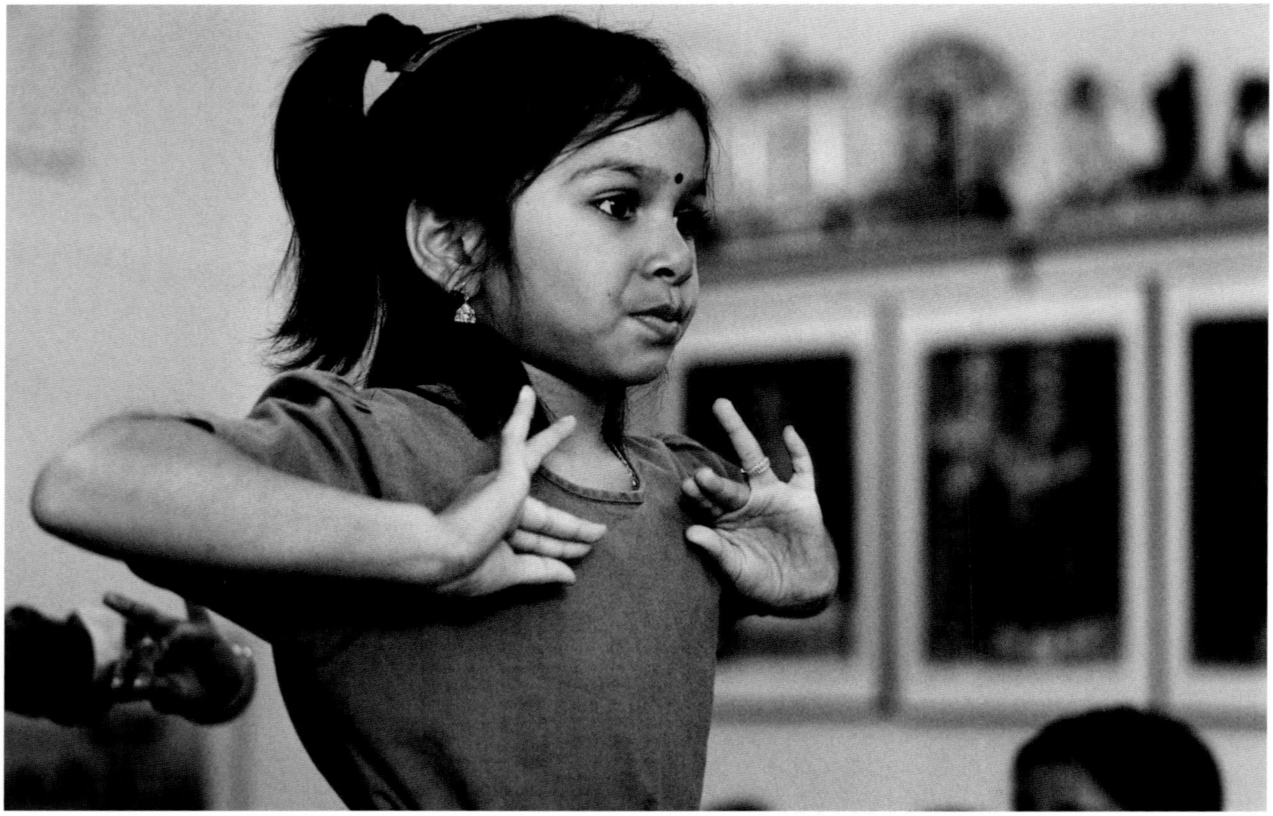

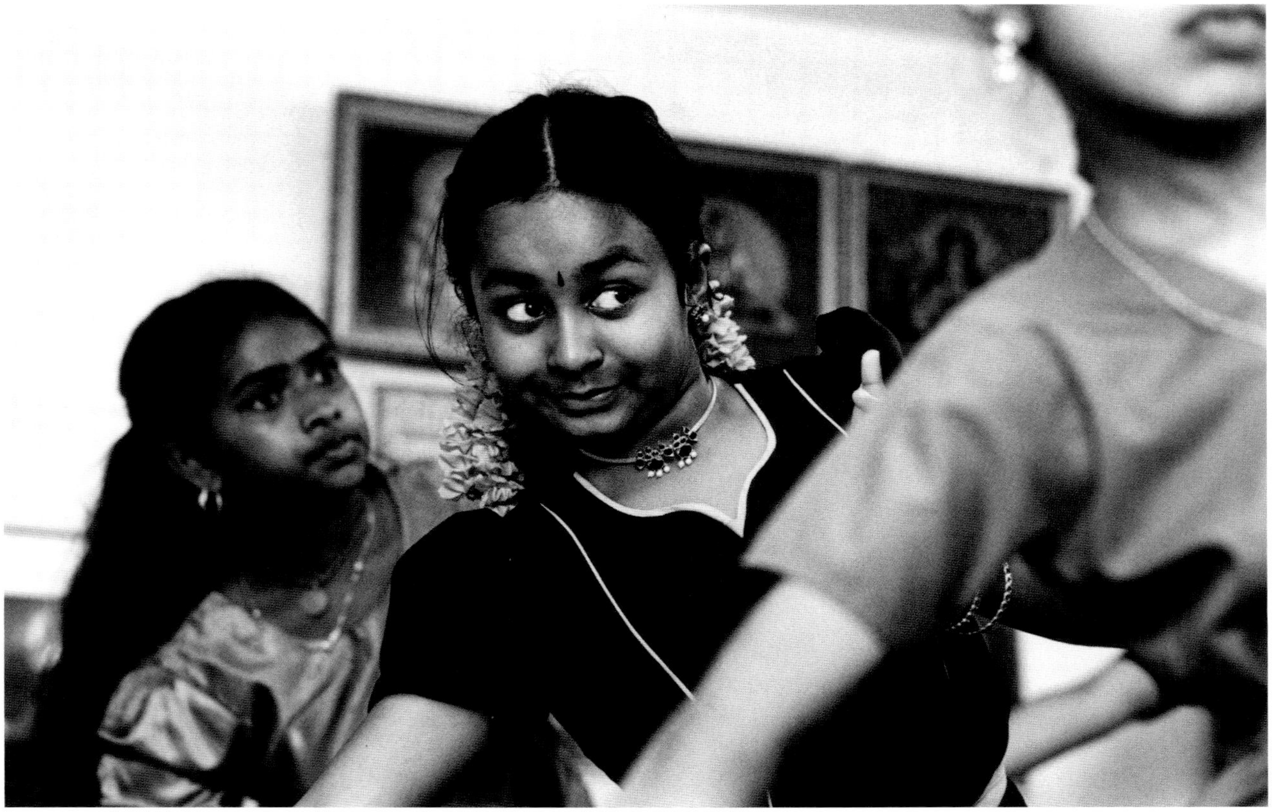

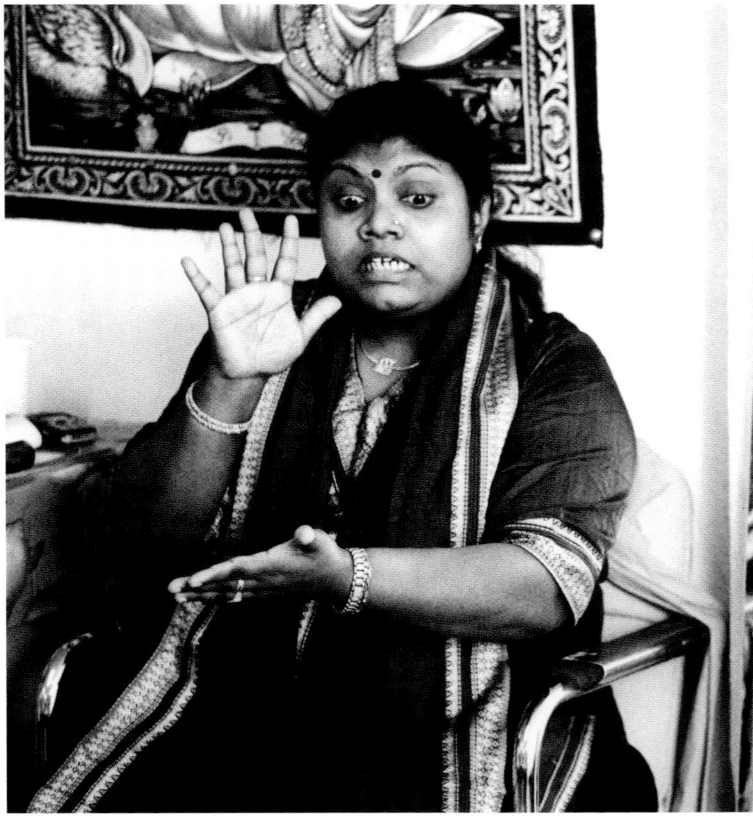

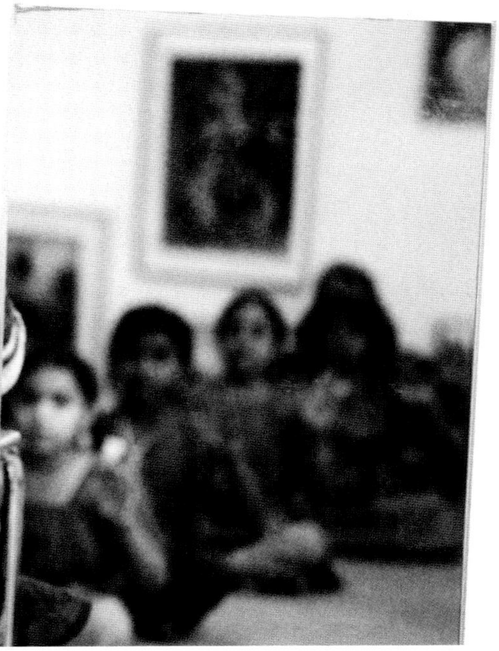

«Ich möchte mein Leben selber gestalten.»

Surenthini Devarasa tanzt leidenschaftlich gerne Bharat Natyam. Ihr Leben will sie nach ihren eigenen Vorstellungen gestalten. Und das, sagt sie, wäre in Sri Lanka schwierig.

Paula Lanfranconi

Das Erste, was an Surenthini auffällt, ist ihr warmes, strahlendes Lächeln. Es ist kalt an diesem Spätherbstsonntag auf dem Bahnhof Malters, 15 Zugminuten von Luzern. Surenthini trägt einen modischen Daunenmantel und Jeans, ihre Haare sind offen, der Pottu auf ihrer Stirn fehlt. Die Begrüssung ist herzlich und in akzentfreiem Luzerndeutsch – kaum zu glauben, dass die 21-Jährige erst 1996 in die Schweiz gekommen ist.

Der Anfang war schwierig im ländlichen Malters. Zwar lebten bereits vier tamilische Familien im Dorf, aber Surenthini, ihre Schwester Jeyappratha und Bruder Rajbasker waren die ersten tamilischen Kinder, die hier zur Schule gingen. Ihr Vater war schon 1990 nach Malters gekommen, weil ihn die sri-lankische Armee gefoltert und mit dem Tod bedroht hatte. Immer wieder kamen Polizisten ins Haus. Sie suchten den Vater und bedrängten die Mutter. Surenthini war damals sieben. Zwei Jahre lange hatte sie nicht gewusst, wo ihr Vater ist.

Und nun lebte sie also selber in diesem fremden Land. Die Dorfbuben riefen ihr seltsame Wörter nach. Neger! Mohrenkopf! Schoggistängel! Surenthini begriff rasch: Es waren schlimme Wörter. Sie fühlte sich total allein, wollte zurück nach Sri Lanka. Fand dann aber Kontakt zu zwei Schulkolleginnen. Von ihnen lernte sie Schweizerdeutsch. Und es gab Elterngespräche. Mit der Zeit ging es besser. Surenthini war gut in der Schule. So gut, dass es ihr für die Sek gereicht hätte, wäre die Sprache nicht gewesen. Sie machte das zehnte Schuljahr, wollte mehr lernen, denn sie hatte ehrgeizige Pläne: Informatikerin wollte sie werden. Informatikerin – mit einem Realschulabschluss? Doch Surenthini schaffte es: Eine ihrer zehn Bewerbungen trug ihr eine Informatiklehrstelle ein.

Dann, zwei Tage vor Lehrbeginn, der Autounfall. Schleudertrauma. Ein Jahr lang hielt Surenthini durch, eine solche Lehrstelle würde sie nie wieder finden. Doch das ständige Sitzen und die Bildschirmarbeit verursachten immer stärkere Kopfschmerzen. Im zweiten Jahr musste sie abbrechen. Das sei ganz schlimm gewesen, sagt die junge Frau, die ihre Unabhängigkeit so schätzte: «Plötzlich mussten die Eltern wieder alles für mich bezahlen.»

Surenthini ergriff die Initiative. Sie suchte eine Lehrstelle, wo sie sich mehr bewegen könnte. Doch sobald die Firmen von den Rückenproblemen hörten, sagten sie ab. Ihre Herkunft, ist die junge Frau überzeugt, habe mit den Absagen nichts zu tun gehabt. Sie gab nicht auf. Jobbte in einem Kiosk, machte Telefoninterviews für ein Meinungsforschungsinstitut, arbeitete in einem Warenhaus und gab älteren Tamilinnen PC-Kurse. Jetzt hofft sie, dass es bald klappe mit einer Lehrstelle als Medizinische Praxisassistentin.

Durch den erzwungenen Lehrabbruch hatte Surenthini plötzlich mehr Freizeit. Doch in den Ausgang mit ihren Schweizer Kolleginnen durfte sie erst ab 16. «Und um zehn Uhr musste ich wieder zu Hause sein.» Jetzt, mit 21, darf sie an Partys. Die Eltern vertrauen ihr, aber bis um ein Uhr muss sie zurück sein. Klar – die Kolleginnen hatten schon mal versucht, sie zum Rauchen und Alkohol Trinken zu überreden. «Aber das», sagt Surenthini, «kommt für mich nicht in Frage – nicht bloss, weil es in unserer Kultur verboten ist.» Auch sonst sucht sich die junge Frau ihren ganz eigenen Weg. Seit vier Jahren hat sie einen Freund. Er ist auch Tamile und lebt schon länger in der Schweiz. Sie habe ihn selber ausgewählt, erzählt Surenthini. Mit dem Kastendenken kann sie nichts anfangen. Aber genauso wenig könnte sie sich vorstellen, einen Schweizer zum Freund zu haben. Trotzdem gab es zu Hause Probleme. «Bei uns», erklärt Surenthini, «ist es eben immer noch so, dass die Eltern einen Mann für ihre Tochter aussuchen.» Und wenn man einen Mann liebe, müsse man ihn auch heiraten. «Zum Glück», sagt sie, habe sie einen Freund, der wirklich zu ihr passe. Wenn sie zu viele Kompromisse machen müsste, käme eine Heirat für sie nicht in Frage.

Surenthini hat starke Argumente auf ihrer Seite: Ihre Grosseltern hatten sich gegen den Willen ihrer Eltern ineinander verliebt und wanderten deswegen vom indischen Bundesstaat Tamil Nadu nach Sri Lanka aus, in die Nähe der Stadt Kandy. Und auch die Ehe ihrer eigenen Eltern sei eine Liebesheirat gewesen. «Warum», fragt die junge Frau und lächelt charmant, «sollte ich das nicht auch dürfen?»

Von so viel Selbstbestimmung können die meisten tamilischen Frauen in der Schweiz nur träumen. Surenthini könnte mühelos zehn, zwölf gleichaltrige Frauen aufzählen, die gegen ihren Willen mit 18 verheiratet wurden und mit 19 ihr erstes Kind bekamen. «Sie gehen nicht arbeiten und haben nichts anderes als die Familie.» Surenthini findet das irgendwie blöd.

Überhaupt beschäftigt es sie, dass Liebe und Ehe für viele ihrer Landsfrauen immer noch ein grosses Problem seien, obwohl die Eltern schon lange in der Schweiz leben: «Wenn sich die Tochter in einen jungen Mann verliebt, der nicht der gleichen Kaste angehört, gibt es Streit. Dann hauen die jungen Frauen ab und leben bei ihrem Freund.» Leider gebe es in der Schweiz sehr viele junge tamilische Frauen, die deswegen von den Eltern verstossen worden seien. Wenn dann aber das erste Kind geboren sei, würden sich die Eltern meistens wieder melden.

Wie sie so in Jeans auf dem Sofa sitzt und in perfektem Luzerner Dialekt aus ihrem Alltag erzählt, offen und voller Charme, ist es, als hätte Surenthini nie woanders gelebt. Doch neben dieser «westlichen» gibt es noch eine andere, eine «tamilische» Surenthini. Eine, die an hohen hinduistischen Festtagen in den Tempel geht, tamilische Familienfeste feiert und dabei die traditionellen Kleider trägt, ihre Haare zu einem Zopf flicht und den Pottu auf der Stirn trägt. Eine zurückhaltende, «anständige» Surenthini, die nicht so oft lächelt und ihr Herz nicht auf der Zunge trägt, weil sie sonst leicht als «schlechtes Mädchen» gelten könnte.

Eine Surenthini auch, die leidenschaftlich gerne Bharat Natyam tanzt. Acht Jahre übt sie sich schon in klassischem indischem Tanz. Dieses Jahr hat sie den obersten Schwierigkeitsgrad erreicht, nächstes Jahr wird sie die abschliessende Prüfung machen. Bewegung tut ihr gut. Doch Bharat Natyam bedeutet der jungen Frau noch viel mehr: «Die spezielle Mimik, die Finger- und Fuss-Stellungen, die Takt-Arten – das ist einfach genial!»

Sie könnte sich vorstellen, indischen Tanz, tamilischen Gesang und Musik auch zu unterrichten. Aber jetzt, sagt sie und ist wieder ganz die «westliche» Surenthini, wolle sie zuerst einen Berufsabschluss machen. Das sei wichtig in der Schweiz. Auch das Heiraten habe noch Zeit. Nächstes Jahr wollen sie und ihre zwanzigjährige Schwester Jeyappratha sich in Malters einbürgern lassen. Allerdings habe sich Jeyappratha in Sri Lanka gerade neu verliebt, und nun sei sie noch mehr hin- und hergerissen zwischen dort und hier.

Surenthini denkt im Moment nicht gerne an die Zukunft. «Meine Eltern», sagt sie, und ihre Stimme klingt plötzlich hart, «wollen in den nächsten zwei, drei Jahren zurück nach Sri Lanka.» Sie müsse das verstehen, sagt sie sich, sie habe hier ja inzwischen viel mehr Freundinnen und Kollegen als ihre Eltern. «Ohne Verwandte ist das Leben für die Elterngeneration in der Schweiz sehr schwierig.» Die Eltern hätten sich auch Sorgen gemacht über die verschlechterte Situation auf dem hiesigen Arbeitsmarkt. Und dem Vater fallen die traurigen Gesichter der alten Leute im Pflegeheim auf. So möchte er nicht alt werden.

Für sich selbst kann sich Surenthini, wie die meisten ihrer gleichaltrigen tamilischen Freundinnen, ein Leben in Sri Lanka nicht mehr vorstellen. Zweimal war sie zu Besuch in der alten Heimat. Wunderschön sei es dort. Aber sie durfte, auch weil die politische Lage noch unsicher ist, als Frau nicht allein auf die Strasse. Dabei sei sie alt genug, um selber zu entscheiden, was sie tun und lassen wolle, sagt Surenthini. So habe sie sich in Sri Lanka bevormundet gefühlt, irgendwie eingesperrt. Und wie sollte sie dort Arbeit finden? Bereits gebe es auch gewisse Verständigungsprobleme: Das Tamilisch der Secondos und Secondas sei anders, fast jedes dritte Wort inzwischen deutsch. Für die 21-Jährige ist klar: «Ich möchte mein Leben selber gestalten.» Und das, glaubt sie, wäre schwierig in Sri Lanka.

Vorderhand also schiebt Surenthini alle Gedanken an die Zukunft noch weit weg. Denn der Abschied würde auch bedeuten, dass sie sich von ihrem dreijährigen Bruder Rajbarath, dem heiss geliebten Nesthäkchen, trennen müsste: Die Eltern wollen, dass wenigstens eines ihrer Kinder in der Heimat die tamilische Kultur weitergibt. «Der Kleine wird mir am meisten fehlen», sagt Surenthini. Und für einen Moment erlischt ihr strahlendes Lächeln.

«Es ist unsere Pflicht, etwas

Politik

für unsere Heimat zu tun.»

124/125   1.-Mai-Demonstration in Zürich.

125   LTTE-Anhänger demonstrieren in Genf für einen unabhängigen Staat (Bild unten).

126   Eine Frau fordert an einer Demonstration Rechte für Tamilen in ihrer Heimat.

127   Anton Balasingham, Chefideologe der LTTE, spricht in Genf an einer Demonstration.

128   Der Balkon eines Anhängers der Tamil Tigers.

129   Obwohl Tamilen heute als Lieblingsausländer gelten, trifft man auf feindselige Spuren.

130   Sutha nimmt zum ersten Mal bei einer Abstimmung teil.

Werbung für die Initiative «Strom ohne Atom», Mai 2003.

131   «Tag der grossen Helden»: Tausende strömen am Gedenktag für die im Befreiungskampf Gestorbenen ins Forum Fribourg.

132/133   An dem von der LTTE organisierten Grossanlass werden Sarg-Attrappen und ein künstlicher Friedhof mit Grabsteinen aufgestellt. Die im Kampf Gestorbenen, die «Grossen Helden», werden geehrt. In dem grossen Schrein sind die im Hungerstreik Gestorbenen abgebildet, in den turmartigen Schreinen die «Black Tigers», Selbstmordattentäter.

134/135   Galerie mit Fotos von verstorbenen Kriegern.

136   Mitglieder der tamilischen Hilfsorganisation TRO, Tamil Rehabilitation Organization, sammeln vor einem Laden Geld für die Flutopfer im Nordosten Sri Lankas.

Im Flughafen Kloten stapeln Mitglieder der TRO Kleiderkisten im Lagerraum der Cargo Firma Aero Lines. Diese Firma, gegründet von Sri Rasamanickam, organisiert die Transporte der Hilfsgüter nach Sri Lanka. Sri Lankan Airlines sagte zu, die Ware kostenlos zu transportieren, zog aber im letzten Moment ihr Angebot wieder zurück. So musste Sri schnell eine andere Möglichkeit finden. Es gelang ihm, Singapore Airlines und Edelweiss dafür zu gewinnen.

137   Der Hochzeitsraum des tamilischenTempels in Adliswil füllt sich mit Kleiderkisten. Die TRO-unabhängige Sammlung soll den tamilischen Flutopfern zu Gute kommen (siehe Anmerkung Seite 4).

CALLING FOR INALIENABLE RIGHT TO SELF-DETERMINATION OF TAMIL PEOPLE

125

126

127

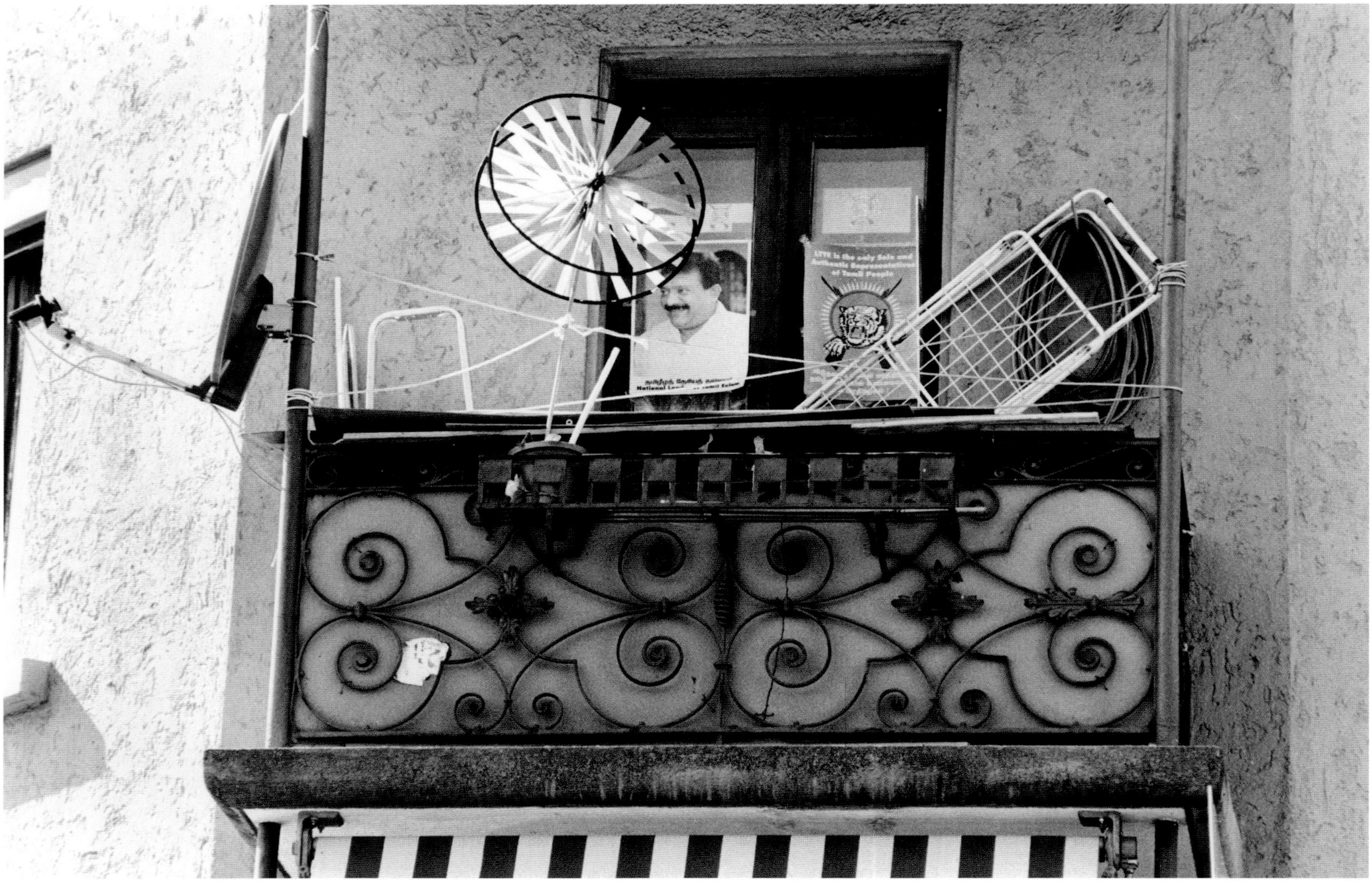

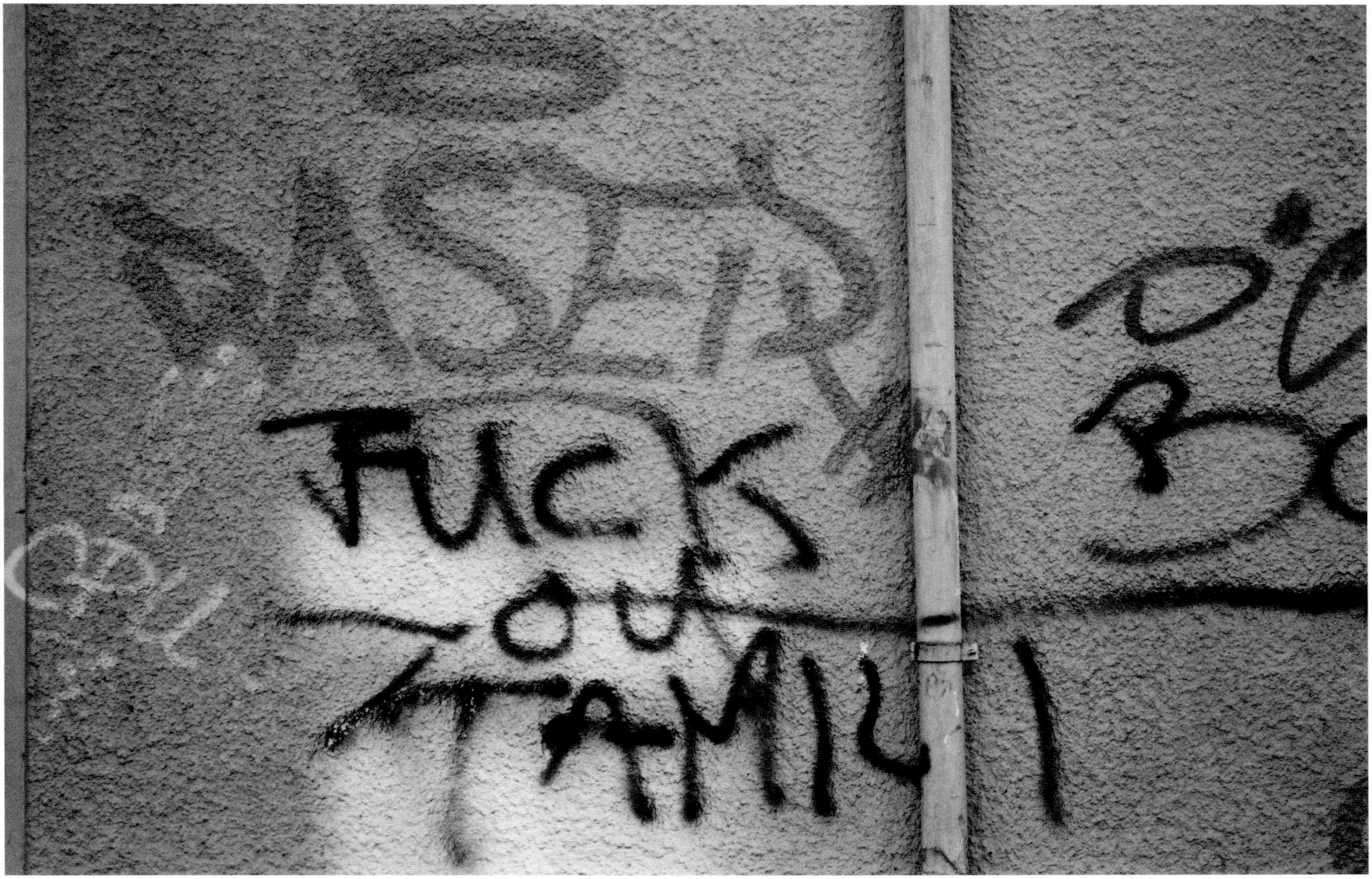
FUCK

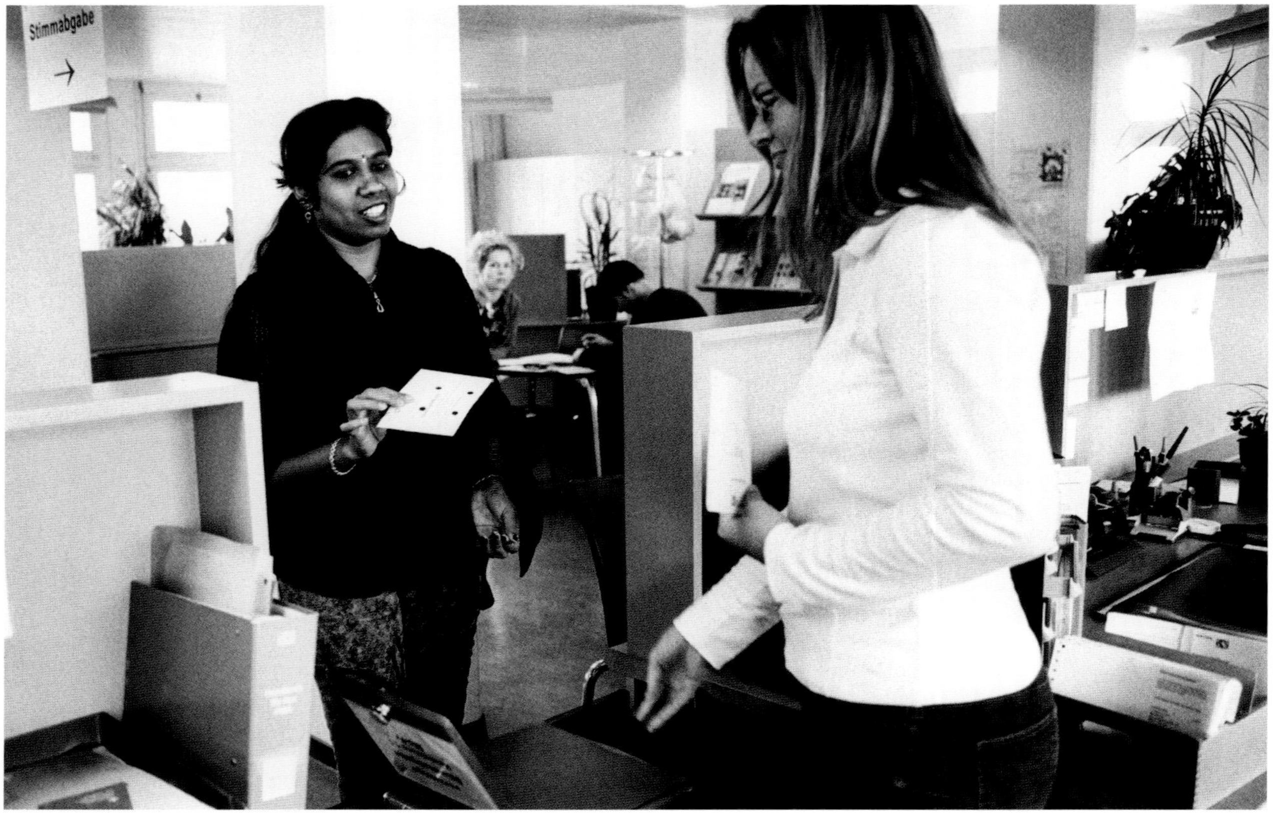
Stimmabgabe
→

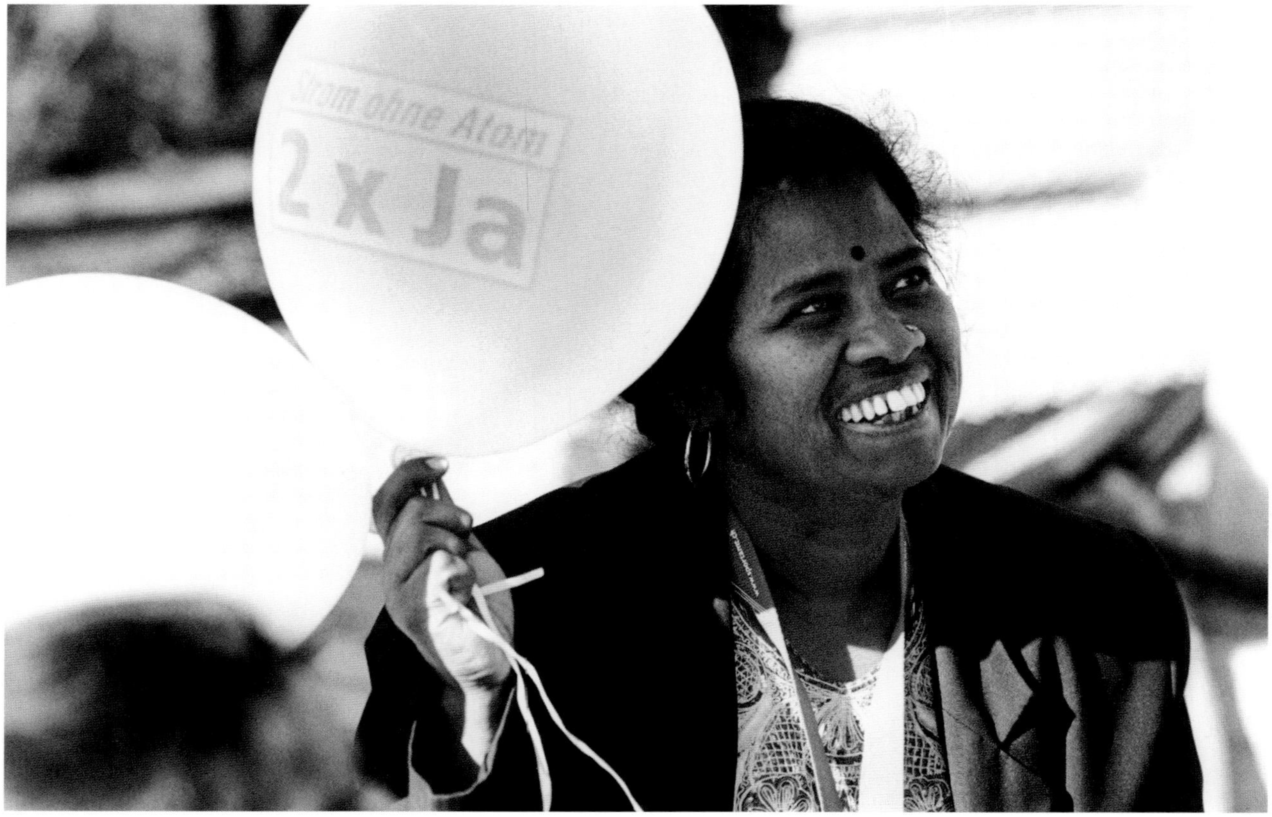
Strom ohne Atom
2 x Ja

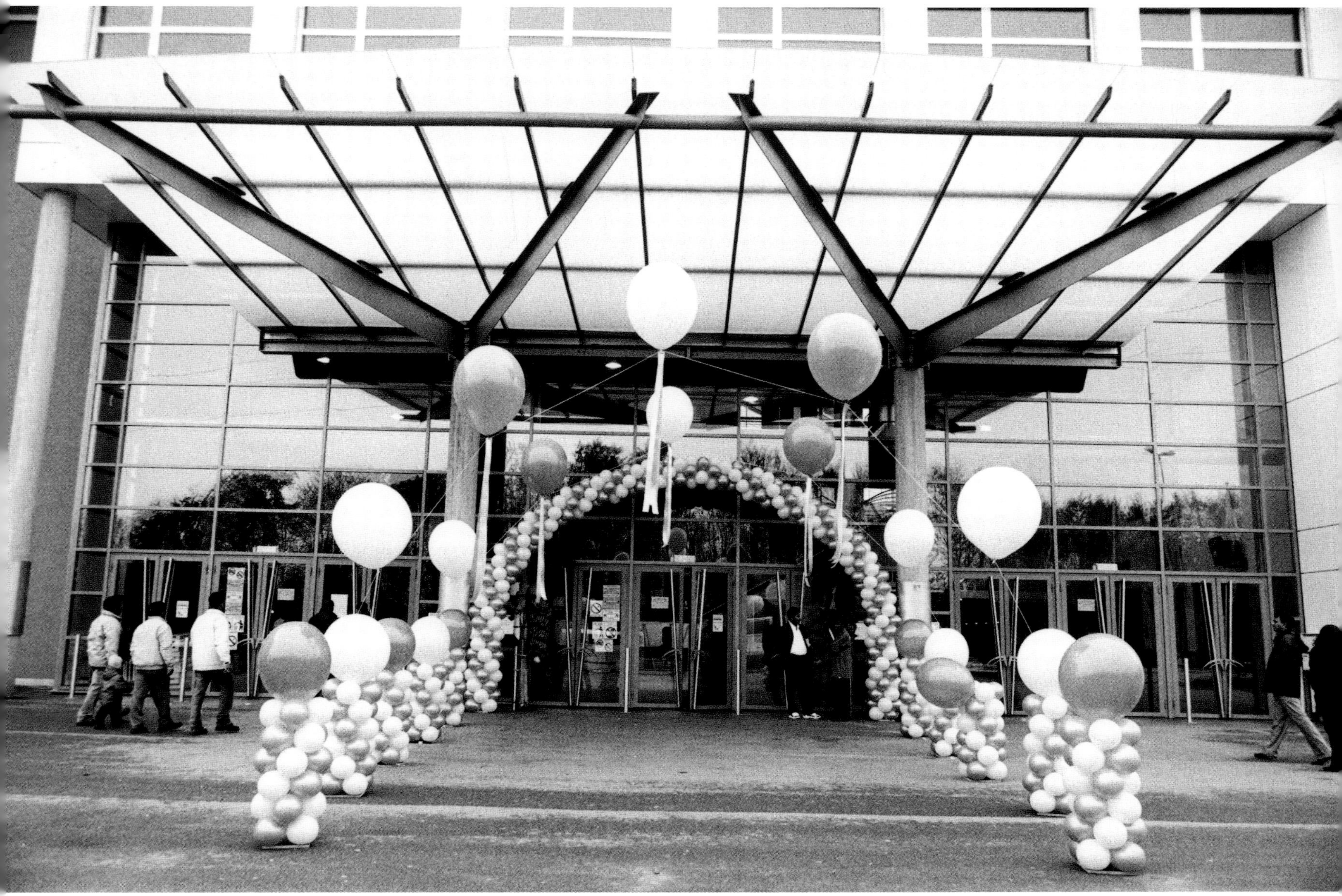

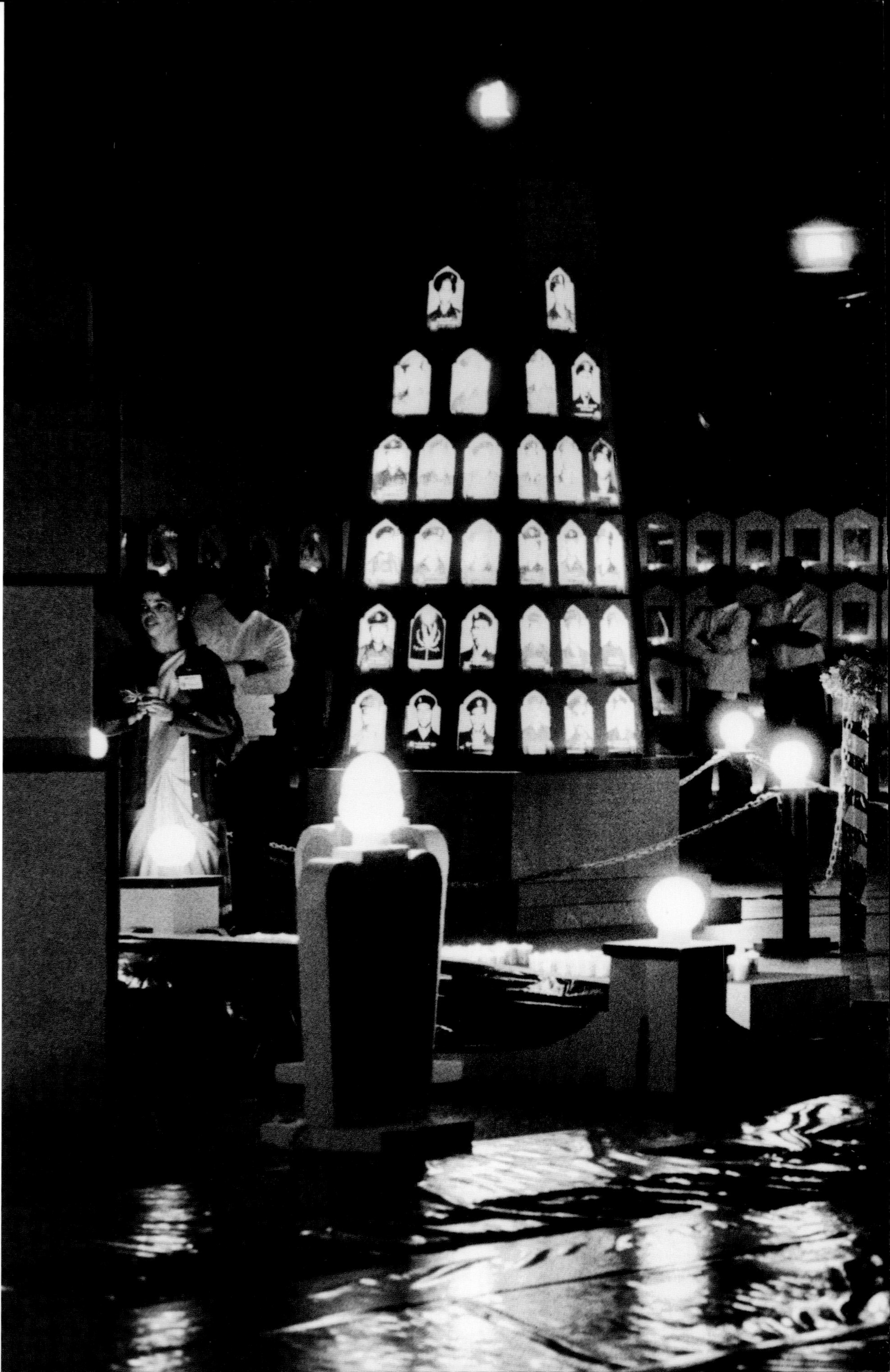

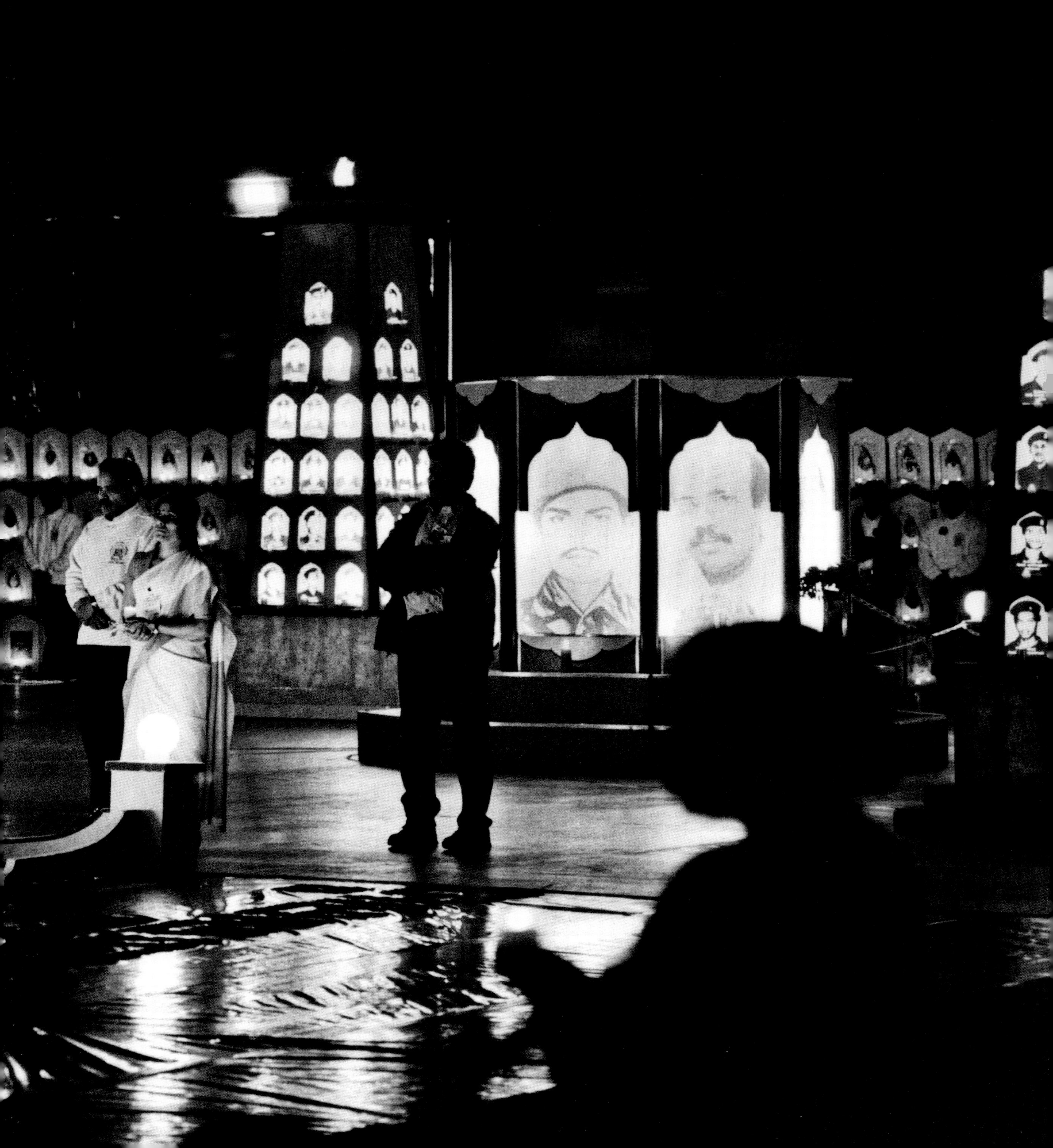

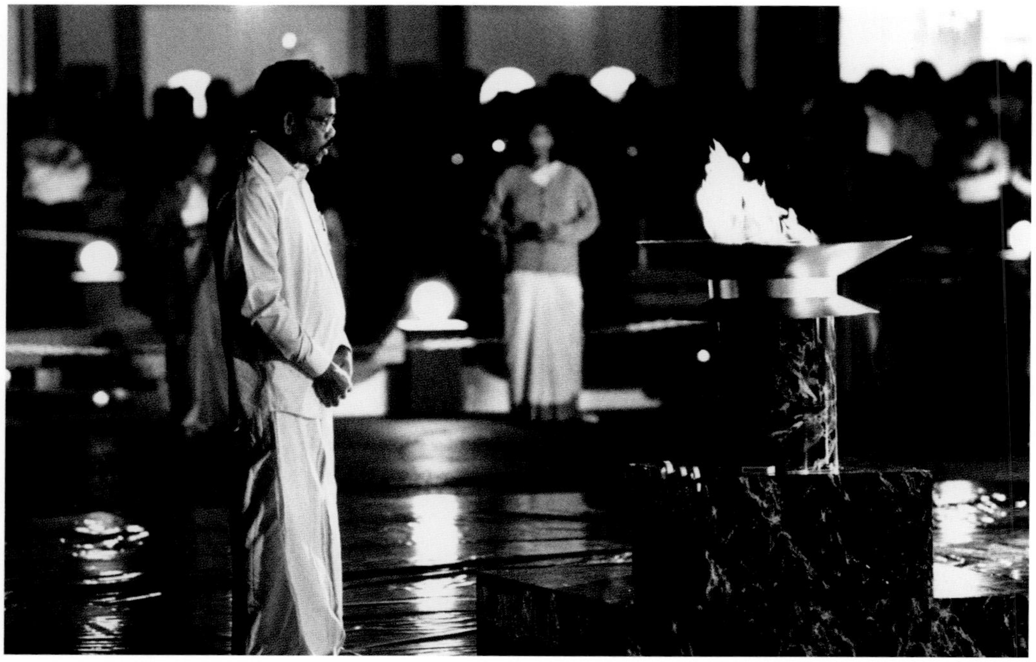

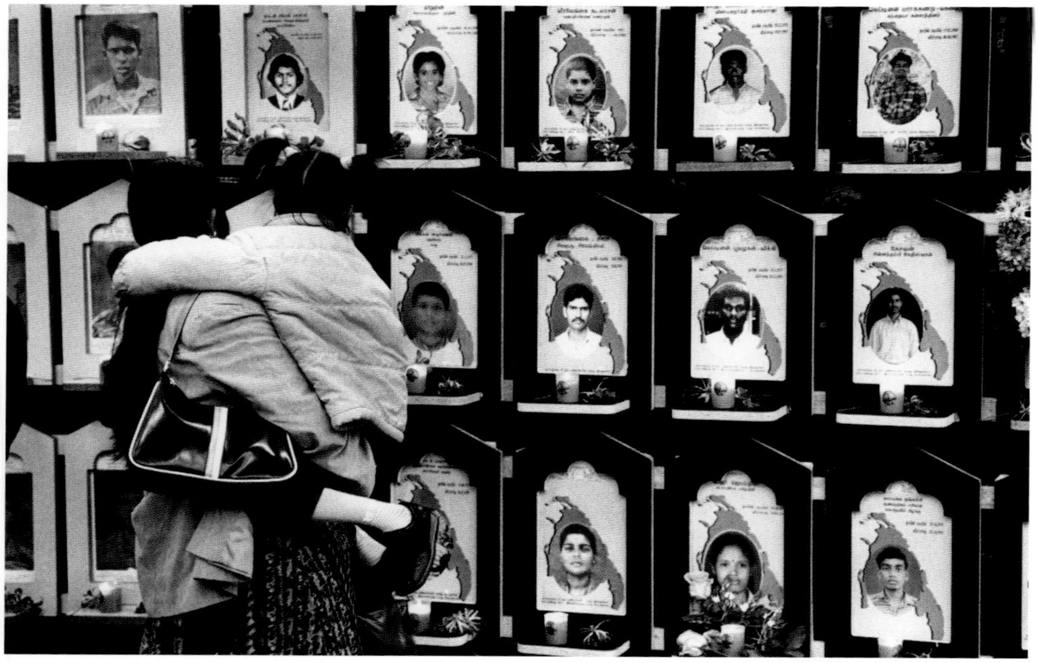

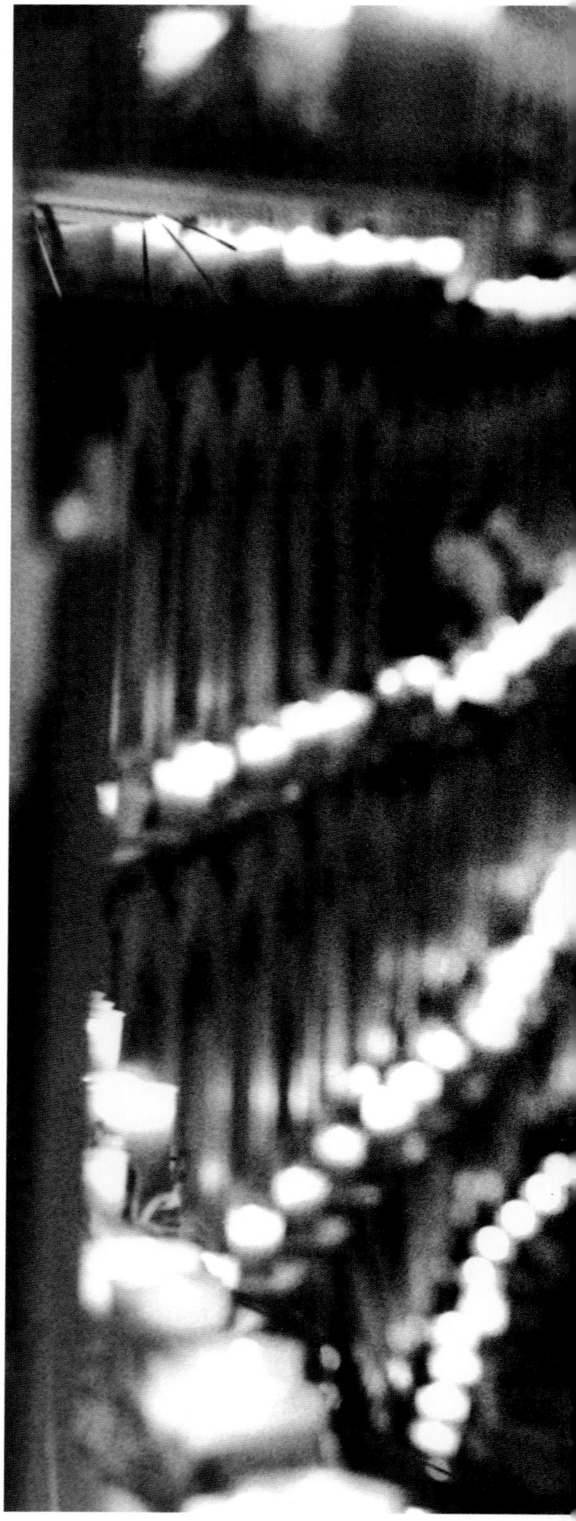

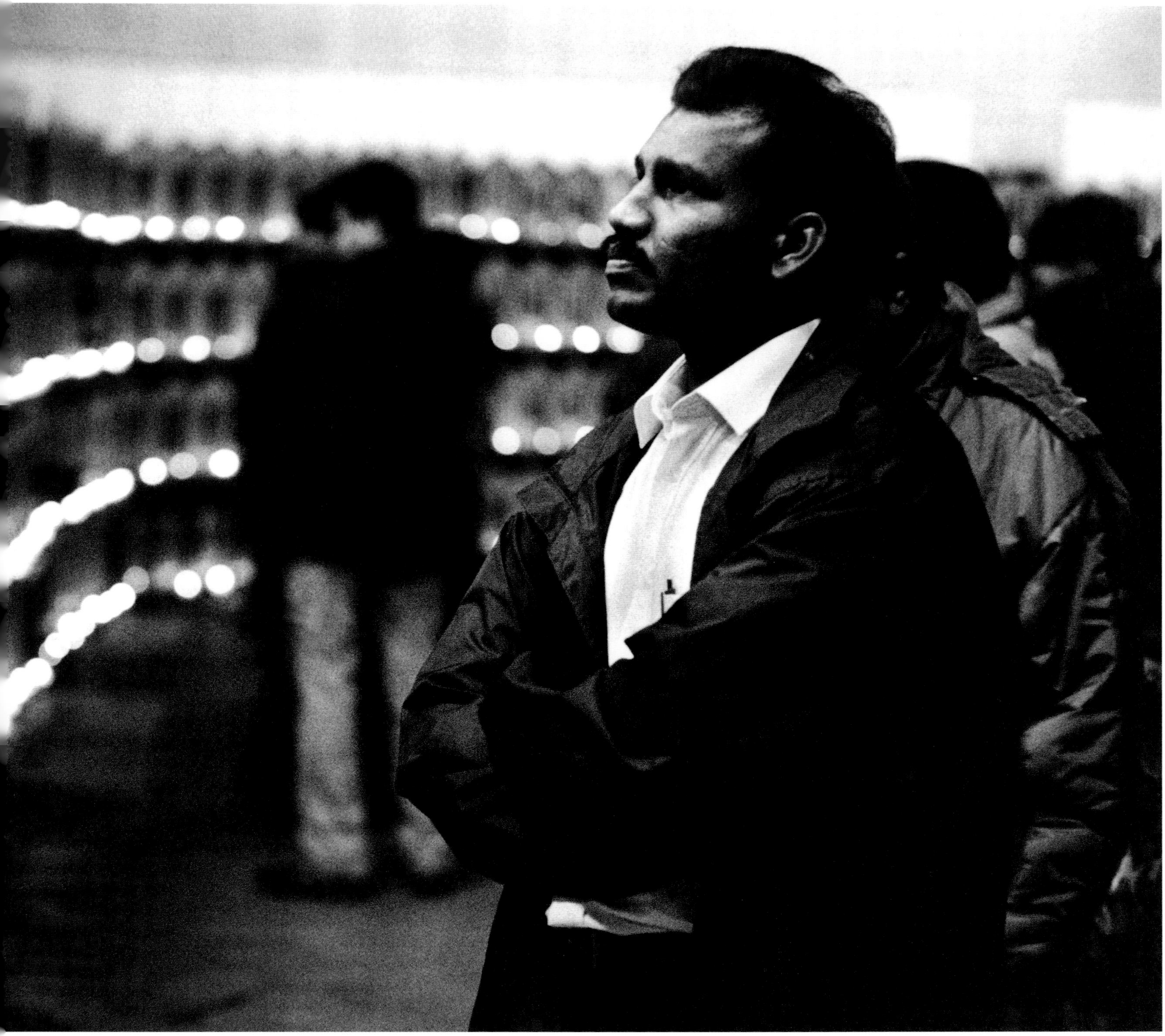

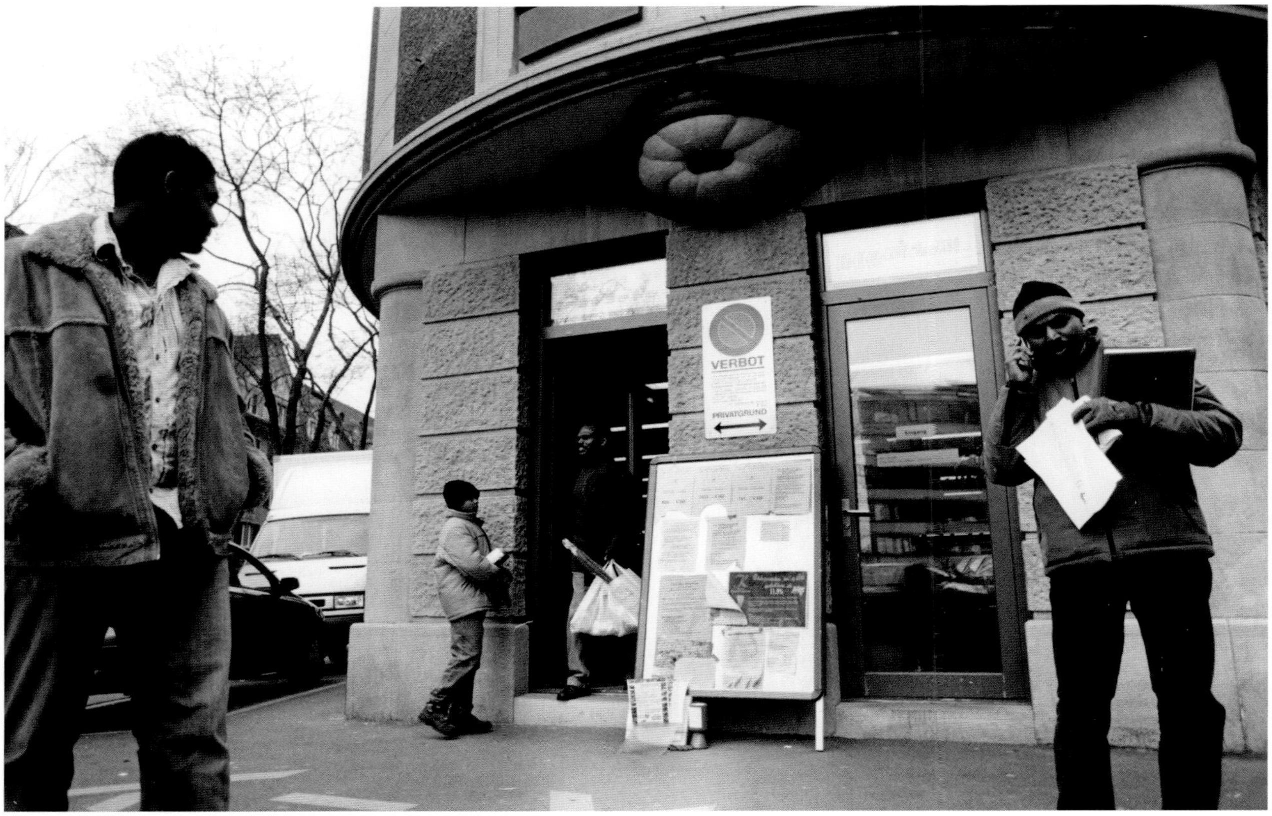
VERBOT
PRIVATGRUND

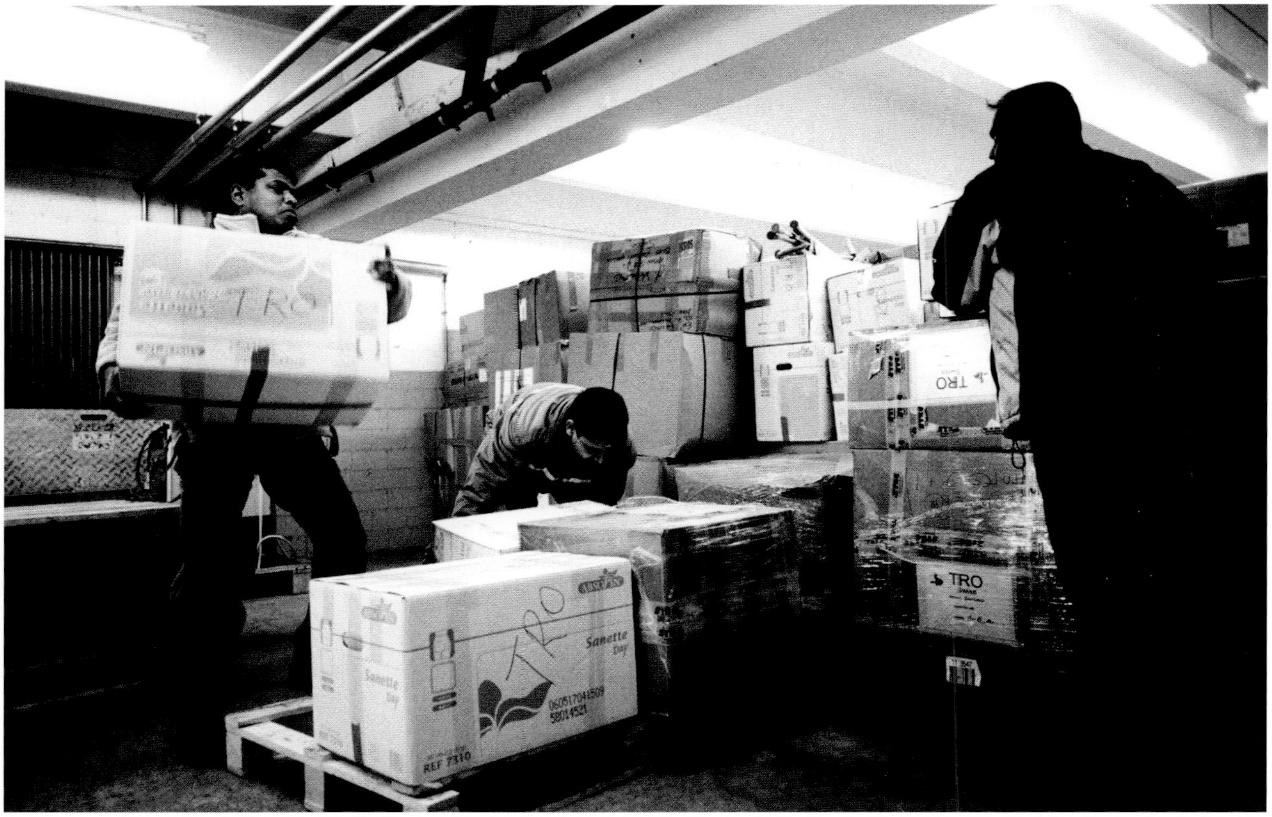
TRO
TRO
Sanette
Day
REF 7310

137

«Mein Ziel ist, Tabus zu brechen.»

Lathan Suntharalingam ist ein Gewinnertyp. Er hat den Sprung ins Luzerner Stadtparlament geschafft und ist gewohnt, überall anzuecken.

Paula Lanfranconi

Lathan dreht den Wohnungsschlüssel. Eben standen wir noch im knarrenden Treppenhaus des Gründerzeithauses im Luzerner Maihofquartier. Und dann das. Ein brandneuer Loft, blendend weisse Wände, ein elegantes Sofa in Kirschrot, geschmackvolles Parkett aus zertifiziertem Tropenholz, eine Küchenkombination in Metall und Glas. «Alles selber umgebaut», sagt Lathan in fast akzentfreiem Luzerndeutsch. Allerdings, fügt er hinzu, habe er nun fast zu viel Platz. Er und seine Frau leben in Scheidung. «Aber wir haben noch immer eine super Beziehung», stellt er klar.

Wer Lathan trifft, kann seine Klischeevorstellungen von Tamilen vergessen.

Piragalathan Suntharalingam flüchtete 1990 mit seiner Familie in die Schweiz, nach Luzern. 14 war er da und völlig mittellos. 15 Jahre später, im März 2004, wählten die Luzernerinnen und Luzerner den Intensivkrankenpfleger als SP-Vertreter ins Stadtparlament. Auf Anhieb und mit dem zweitbesten Resultat von 48 Gewählten. Wie schafft einer das? Lathan lächelt, die Augen aufmerksam aufs Gegenüber gerichtet. Diese Augen haben etwas Charismatisches. Man glaubt Lathan, wenn er sagt, es falle ihm leicht, Kontakte zu knüpfen.

Lathan fühlt sich weder als Angehöriger der ersten Einwanderergeneration noch als Secondo. Und diese Position «irgendwo dazwischen» sieht er auch als Aufgabe. Vor etwa sechs Jahren begann er, sich in Migrationsvereinen zu engagieren. Zusammen mit Gleichgesinnten initiierte er Antirassismusprojekte und einen Nachhilfekurs für fremdsprachige Kinder. Und merkte rasch: Es gibt noch viel zu tun. «Migranten», sagt Lathan, «sind Mittel zum Zweck. Sie werden von den politischen Parteien instrumentalisiert.» Er will das ändern. Die Schweiz brauche endlich eine Migrationspolitik, wo man nicht nach 15 Jahren immer noch Asylstatus habe und in einer Beiz Gemüse rüste: «Wir müssen den Secondos, und zwar den Secondos aus allen Ethnien, eine Zukunftsperspektive geben, sonst werden sie zu einer gelähmten, lebensunfähigen Gesellschaft.»

Wie es ist, als 14-Jähriger mit dunkler Hautfarbe und ohne Sprachkenntnisse in die Schweiz zu kommen, weiss Lathan nur zu gut. «Die Leute im Bus schauten mich böse an, ihre Blicke schrien: Was hast du hier verloren?» In Sri Lanka sei das ganz anders gewesen. Als Kinder seien sie den Ausländern hinterhergelaufen und hätten sie wegen ihrer hellen Haut bestaunt. Lathan war in seinem Luzerner Schulhaus der einzige Tamile. Jüngere Schüler riefen ihm «Sautamile!, Scheissasylant!» nach. Die Lehrer, aber auch seine Eltern standen diesen Attacken hilflos gegenüber.

In seiner Klasse hatte er zwei Freunde. Einer war Kroate und konnte kein Deutsch, der andere war Schweizer und Legastheniker. «Es waren die sozial Ausgegrenzten, die sich mit mir solidarisierten», sagt Lathan. Und noch jemand stand auf seiner Seite: seine Schulkolleginnen. Das habe seine Integration beschleunigt, ist er überzeugt. Einige Jungen hätten ihn insgeheim bewundert, weil er mit den Mädchen gut auskam, und so suchten sie Kontakt zu ihm. Den Zugang zu tamilischen Landsleuten hingegen fand Lathan erst mit 20, nach einer Identitätskrise. Lange hatte er geglaubt, wenn die Schweizer die Tamilen schlecht fänden, müsse wohl etwas dran sein.

Als Jugendlicher führte Lathan eine Art Doppelleben: Zu Hause, für seine Familie, war er der kleine Lathan. Draussen, im Schweizer Alltag, musste er sich allein zurecht finden. Und das auf der Überholspur. Er tat, was seine pubertierenden Alterskollegen auch taten: rauchte mal einen Joint, betrank sich ab und zu, ging in Discos, wenn ihn der Türsteher trotz seines Asylstatus reinliess. Kurz: Er brach reihenweise Tabus der tamilischen Gemeinschaft.

Wirklich gefördert hätten ihn seine Freunde, sagt Lathan, «unkonventionelle junge MigrantInnen und SchweizerInnen mit neuen Ideen für die Gestaltung einer zukunftsfähigen Schweiz». Im gleichen Atemzug betont er, die Familie sei immer eine wichtige Stütze gewesen. Durch sie fand er auch seinen Beruf. Sein Bruder arbeitete damals als Hilfspfleger am Kantonsspital Luzern: «Er schwärmte immer von der Intensivpflegestation – und ich wusste: Irgendwann werde ich dort arbeiten.»

Es war die Zeit der EWR-Abstimmung. Auch an Lathans Krankenpflegeschule polemisierten einige Mitschüler gegen noch mehr Ausländer. Lathan fühlte sich angegriffen: Musste er denn ewig «der Tamile» bleiben, ein Mensch also, den man bestenfalls nett findet, aber nicht ganz ernst nimmt? Sein Ehrgeiz war angestachelt, er wollte so tüchtig werden, dass ihn die Schweizer einfach akzeptieren mussten. Er bildete sich zum Intensivkrankenpfleger weiter, absolvierte an der Uni Luzern ein Nachdiplomstudium in interkultureller Kommunikation. Jetzt kommt noch ein Studium in Sozialarbeit hinzu.

Lathan ist ein Energiebündel. Drahtig, ständig in Bewegung. Immer wieder klingelt sein Handy. Es sind Kollegen, er lädt sie auf später zu einem Glas Wein ein. «Ich funktioniere im Team, nicht als Einzelperson», betont er. Auch im Stadtparlament werde das so sein. Welche Vorstösse er dort lancieren will, möchte er noch nicht verraten, die erste Sitzung wird erst einige Wochen nach diesem Gespräch im Herbst 2004 stattfinden. Am Anfang würden es einzelne, kleine Schritte sein. Zum Beispiel Elternräte in den Schulhäusern, damit die Migranten endlich mitentscheiden können. Längerfristig aber hat Lathan Grösseres vor: auf nationaler Ebene das Ausländerstimmrecht, auf kantonaler Ebene mindestens das Stimm- und Wahlrecht.

Speziell am Herzen liegen ihm die Secondos und Secondas. «Diese zweite Generation hat es am schwersten. Sie sind wurzellos, weder richtige Tamilen oder Türkinnen, noch richtige Schweizer.» Ihre Eltern machten Druck, um ihre Kinder in der eigenen Tradition zu behalten. Für sich selbst habe die Erstgeneration kaum Bildungsziele, sie pflege auch keine Beziehungen zur schweizerischen Gesellschaft. «So», kritisiert Lathan, «finden die Jugendlichen keine Lehrstellen.» Immer mehr Erstgenerations-Tamilen seien frustriert, weil sie keine Perspektiven hätten.

In einem besonderen Teufelskreis steckten die Secondas, weiss Lathan: «Die Eltern sagen ihren Töchtern: Nur wenn du brav in der Tradition lebst, ist es gut.» Doch 80 Prozent der jungen Frauen lehnten eine arrangierte Ehe ab. Lathan will sich deshalb gegen die Zwangsheirat engagieren, sei es in der tamilischen oder in anderen patriarchalen Kulturen: «Nicht nur Rassismus ist eine Menschenrechtsverletzung, sondern auch Zwangsheirat.»

Ganz generell brauche die Schweiz eine progressive Migrationspolitik. «Ämter und Organisationen sollten aufhören, isolierte Deutschkürsli anzubieten, und stattdessen dafür sorgen, dass sich die MigrantInnen nachhaltig integrieren können.» So, wie es Kanada mache. Dort schaue man, welche Fähigkeiten die Leute mitbringen und in welchen Berufen sie die beste Chance haben. Seine Realutopie sei, dass immer mehr Secondos und Secondas selber politisch aktiv würden.

«Mein Ziel ist, Tabus zu brechen», sagt Lathan. Er ist es gewohnt, ständig anzuecken. Gerade auch in der tamilischen Gesellschaft. Mit seinem Vater hat er deswegen oft Auseinandersetzungen. Seine Vorstellungen wird er trotzdem realisieren. «Es geht um die Menschen, nicht um meine Eltern», sagt er, stellt aber sofort klar, wie wichtig ihm Vater und Mutter sind und dass es für ihn selbstverständlich sei, sie im Alter zu pflegen.

Gemeinsam ist die Familie stark. Und erfolgreich. Lathans Bruder leitet heute am Kantonsspital Luzern eine Bettenstation. Die Grossfamilie, zu der neben Lathans Eltern auch ein Onkel und die Familie seines Bruders gehören, lebt unter einem Dach. Alle legen ihren Lohn zusammen. Es reichte, um das Haus im Maihofquartier zu kaufen. «Wir kochen gemeinsam und leben sparsam», sagt Lathan. Seine Frau jedoch kam mit dem Spagat zwischen Tradition und Modernität nicht mehr zurecht. «Fünf Jahre», sagt Lathan, «hatten wir beide ein super Leben.» Vor kurzem beschlossen sie, getrennte Wege zu gehen. Dieser Schritt ging nicht spurlos an Lathan vorbei. Es war ein erneuter Tabubruch, Scheidung ist in der tamilischen Gesellschaft nicht vorgesehen.

Wo er selber in zehn Jahren stehen wird, weiss Lathan nicht. Er ist jetzt 30. «Ich bin eine bodenständige Person», sagt er mit Verve. «Luzern ist meine Heimat, der Rotsee, der Pilatus, da sind meine Wurzeln.» In Sri Lanka empfinde er zwar auch Heimatgefühle, aber spätestens nach zwei Wochen müsse er zurück.

Obwohl er längst in einem Büro sitzen könnte, will Lathan Intensivpfleger bleiben. Die Nähe zu Menschen, die seine Hilfe brauchen, gebe ihm Energie. Und seit er auf der Intensivstation arbeitet, geniesse er das Leben doppelt. Denn nirgendwo sonst wie in dieser Zwischenwelt wird so klar, dass Glück und Unglück, Leben und Tod oft nur um Haaresbreite auseinander liegen.

«Für uns bedeutet

Religion das Leben.»

142	Sri Kalyanamurugan-Tempel neben der KVA (Kehrichtverbrennungsanlage Bern).	152	Für tamilische Christen ist die katholische Kirche Mariastein/SO ein begehrter Pilgerort. Auch viele tamilische Hindus kommen aus der ganzen Schweiz angereist, um die Muttergottes, genannt Amman, zu verehren.
143/144	Im Sri Sivasubramaniar-Tempel, Adliswil, dem grössten Tempel in der Schweiz.		
145	Ein Priester beginnt die Puja (Gottesdienst) im Sri Arulmigu Sivan-Tempel in Glattbrugg mit dem feierlichen Anzünden der grossen Öllampe.	153	Speziell verehrt wird auch die schwarze Madonna im Kloster Einsiedeln.
		154	Eine Maria-Replika wird für die Prozession geschmückt.
146-151	Jährliches zehntägiges Tempelfest in Adliswil. Dieses Fest wird für den Gott Murukan, die Hauptgottheit des Tempels, gefeiert. Es findet an Tagen statt, die besonders positive Qualitäten haben, an denen empfohlen wird, die Gottheiten im Tempel zu besuchen und von ihnen gesehen zu werden. Die Hauptgottheit wird in einer Prozession um den Tempel getragen.	155-159	Tamilischer Gottesdienst im Kloster Einsiedeln.
		160	Marienverehrung im Kloster Mariastein (Bild oben).
		160/161	Kirchenbesuche sind auch eine Gelegenheit, sich zu treffen.
		162/163	Ein Kind verschläft seine Taufe.
147	Während dieses Festes werden Praktiken der Selbstkasteiung ausgeführt, denen ein Gelübde zu Grunde liegt. Wer ein Gelübde ablegt, verspricht Gott, eine körperlich anstrengende, schmerzhafte Tat zu vollbringen, wenn die erbetene Hilfe oder Heilung erfolgt ist: Frauen tragen Tontöpfe mit brennendem Kampfer.	164/165	Haarschneidezeremonie: Einem Kind werden die Haare abrasiert als Geschenk für Gott. Der schwarze Punkt auf der Stirn sowie die drei Punkte neben dem rechten Auge des Kindes dienen dazu, den Bösen Blick zu absorbieren.
		166/167	Die Familie Sivasanmukanathasarma vollzieht eine Zeremonie für den ersten Geburtstag ihres Sohnes. Dazu haben sie einen hohen Priester aus England eingeladen.
148/149	Männer lassen sich Haken in die Rückenhaut und Spiesse durch den Mund stechen.	168-171	Pubertätszeremonie: Die erste Menstruation eines Mädchens wird gefeiert.
150	Kavati-Tänzer tanzen an der Prozession rund um den Tempel. Sie tragen einen schweren, mit Blumen und Pfauenfedern geschmückten Holzbogen auf den Schultern, der den Gott Murukan symbolisiert, dessen Reittier der Pfau ist. Der Tänzer wird von einem Lenker an zwei Seilen geführt, welche an den Haken in seinem Rücken befestigt sind.	169	Rituale zum Schutz der jungen Kuvetha vor dem Bösen Blick.
		172/173	Tamilen feiern zusammen mit Krishna-Anhängern das Wagenfest «Ratha-Yatra».
		174-179	Tamilischer Gottesdienst im Hare Krishna-Tempel Zürich. Dies war lange Zeit der einzige Hindu-Tempel in Zürich, bevor Tamilen ihren eigenen in Adliswil gründen konnten.
151	Eine andere Form der Selbstkasteiung besteht darin, die gesamte Prozessionsstrecke auf dem Boden rollend zurückzulegen. Weisses Pulver, unter anderem aus Kuhdung bestehend, sorgt für Stärkung und Kühlung des Körpers. Nach jedem zweiten Schritt knien sich Frauen nieder.	180/181	Angehörige und Freunde nehmen Abschied von einem Verstorbenen im Krematorium.

பொன் ஸ்ரீ கல்யாண முருகன் ஆலயம்

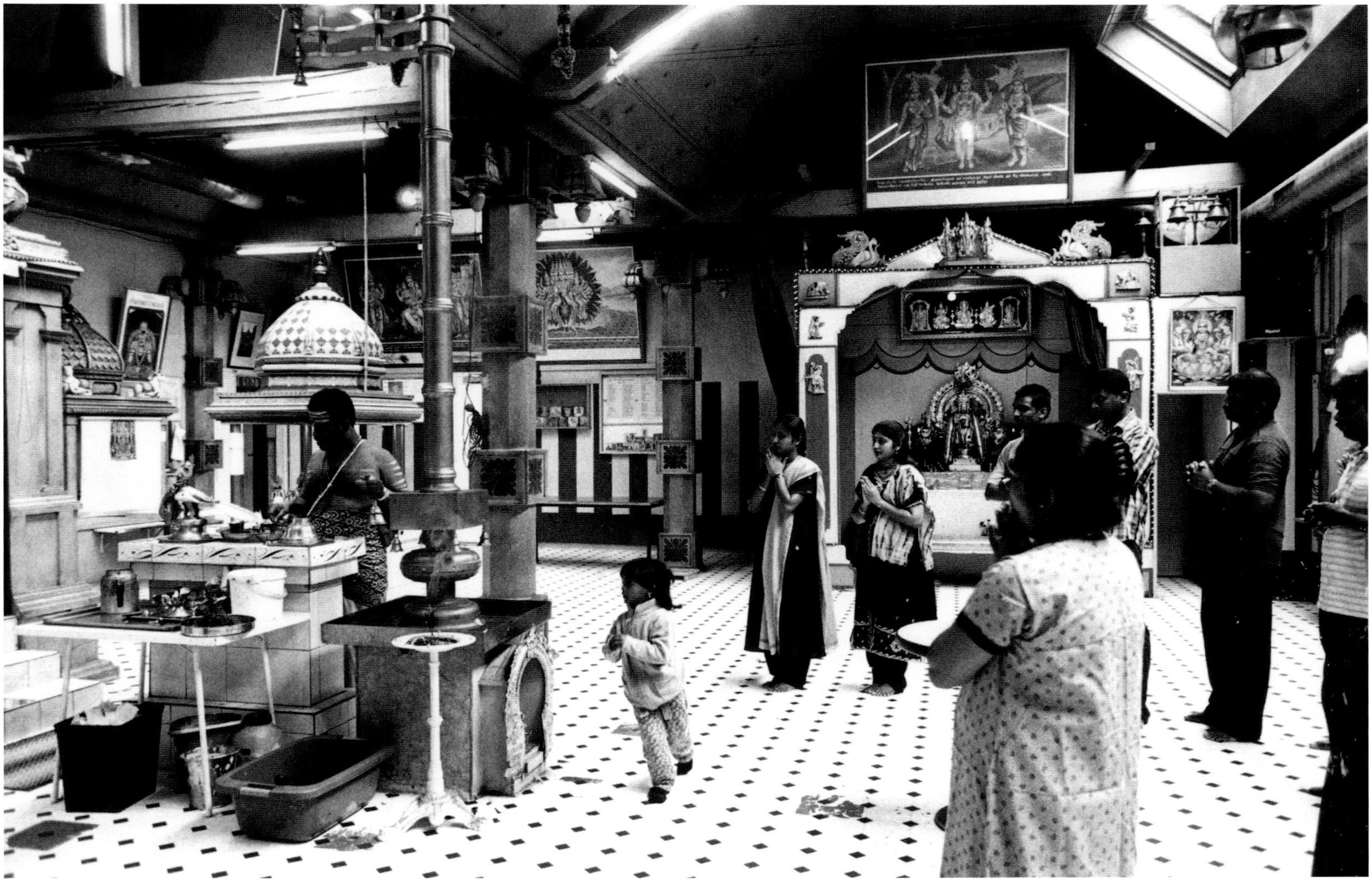

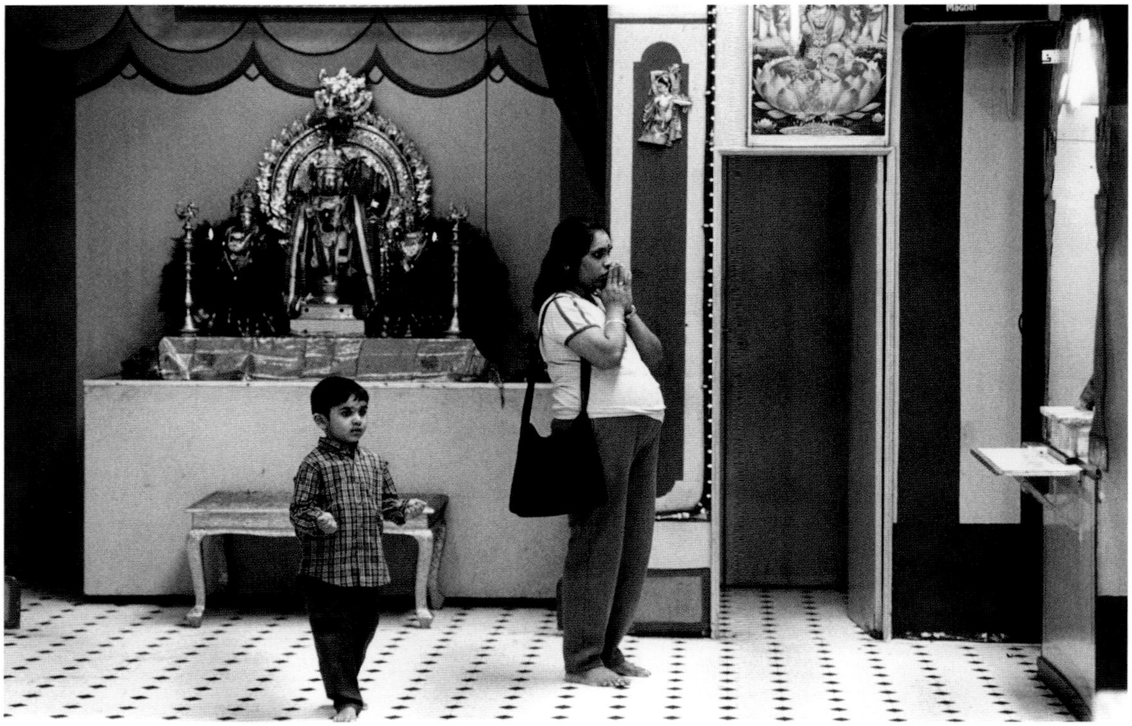

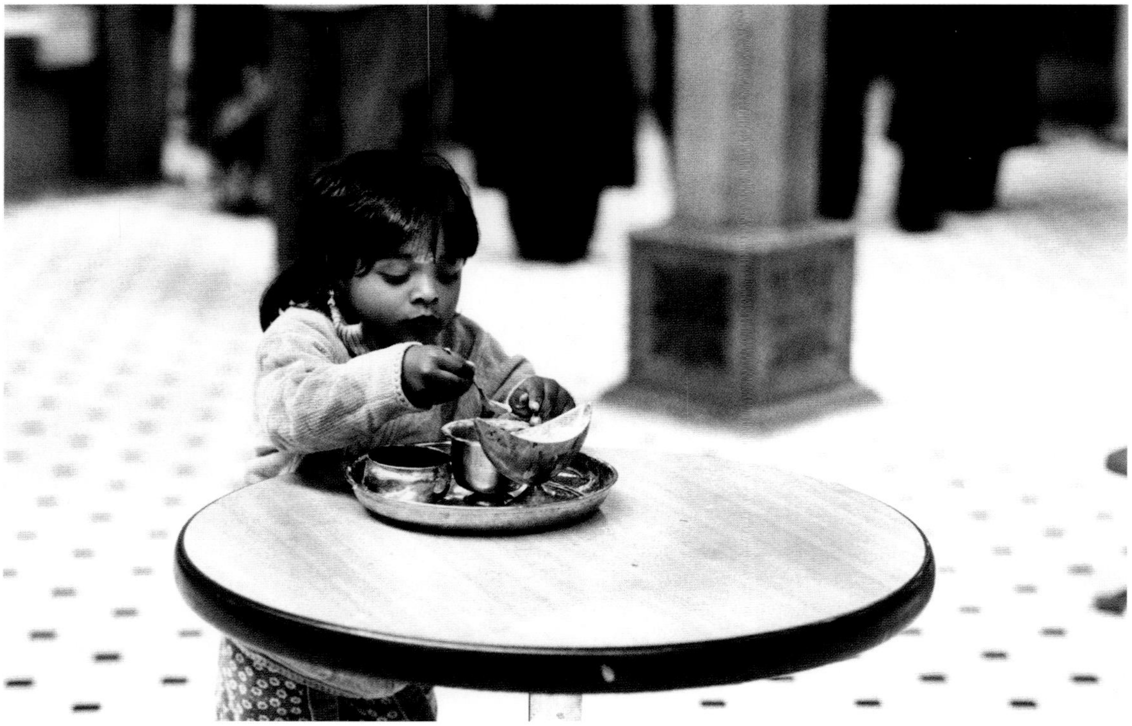

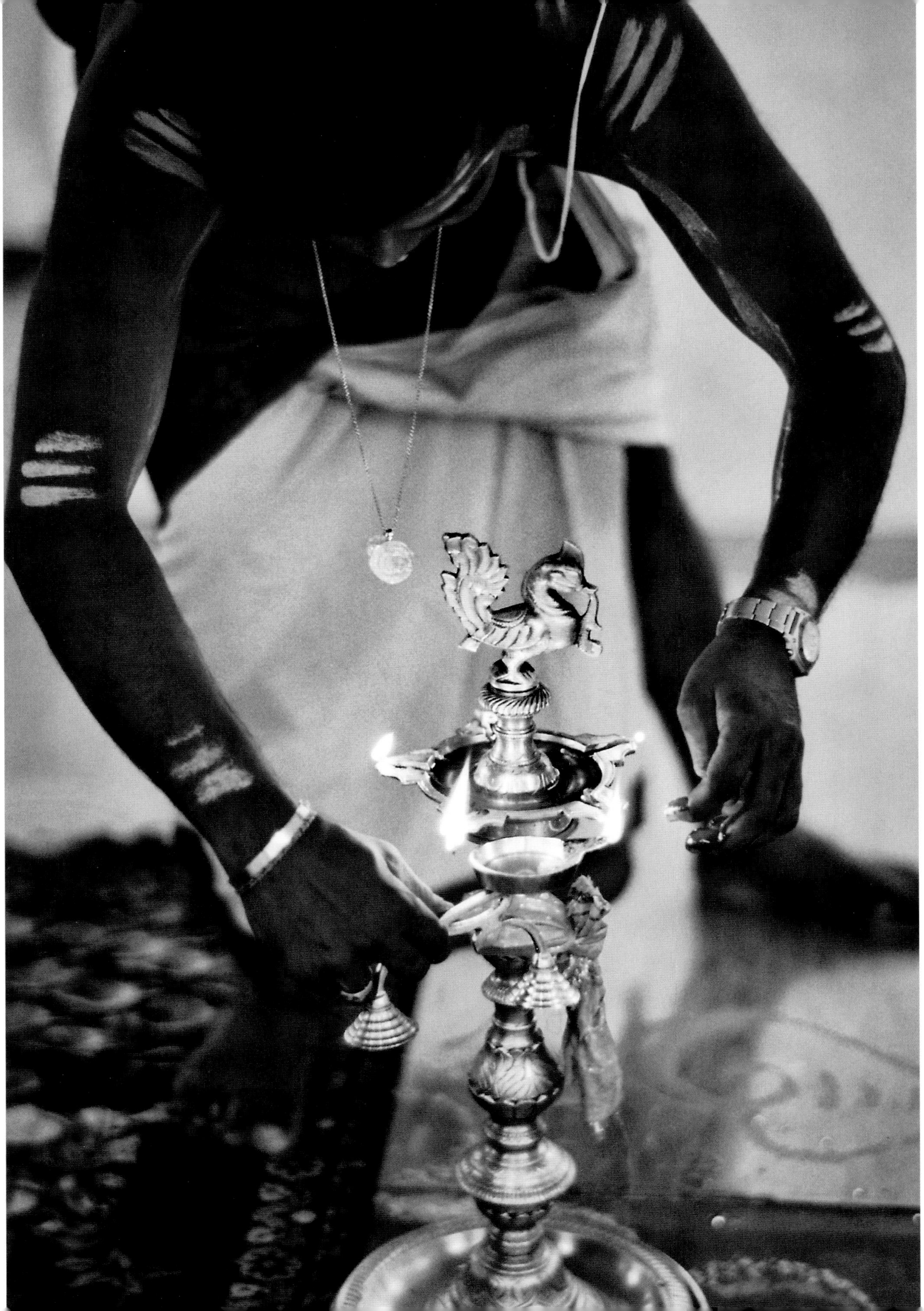

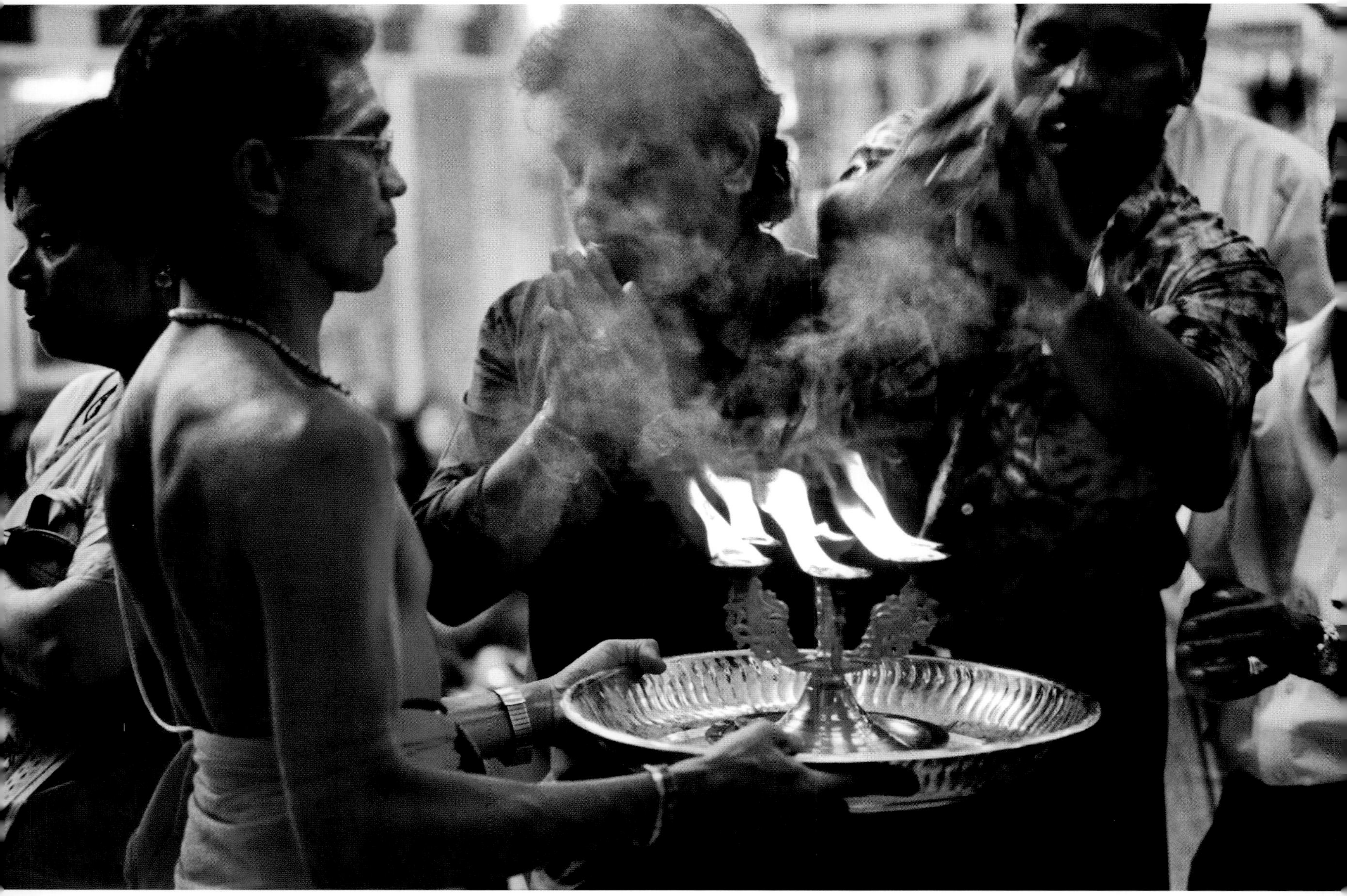

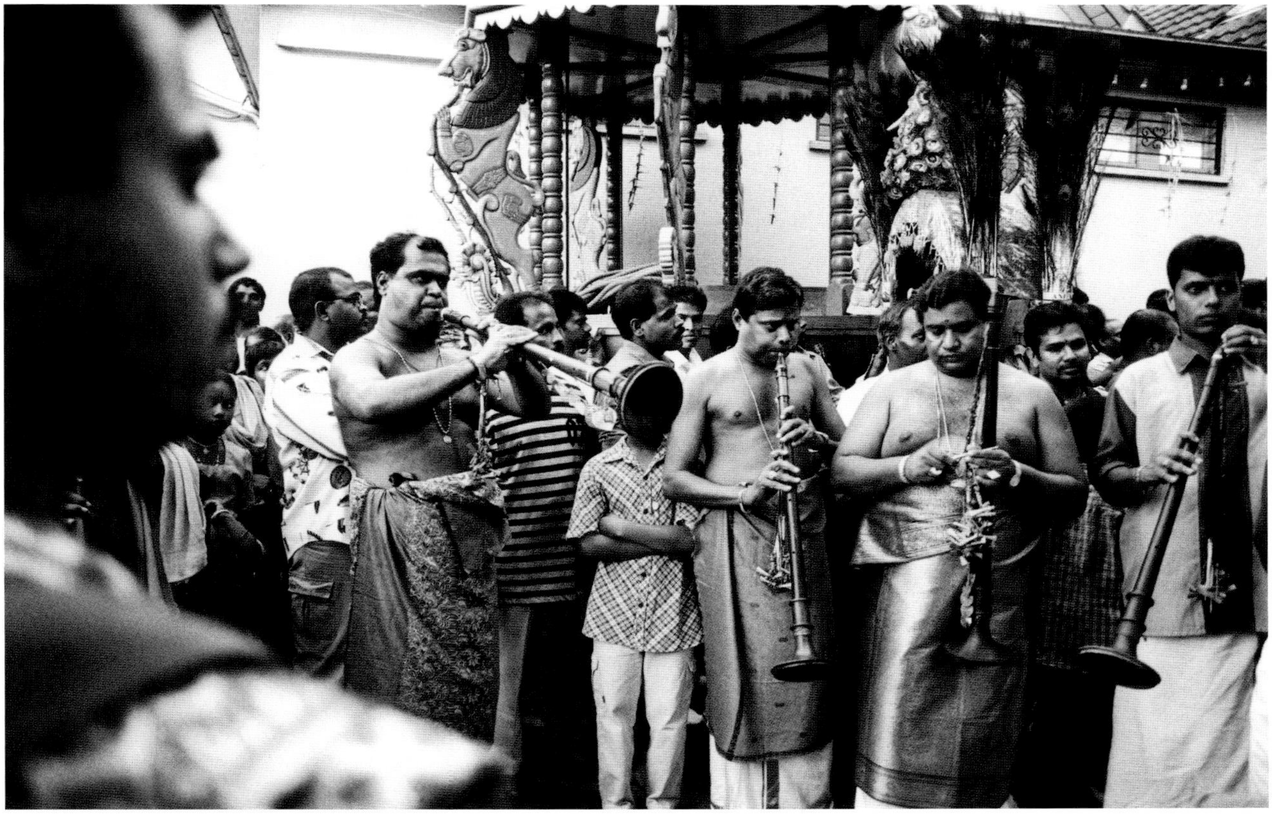

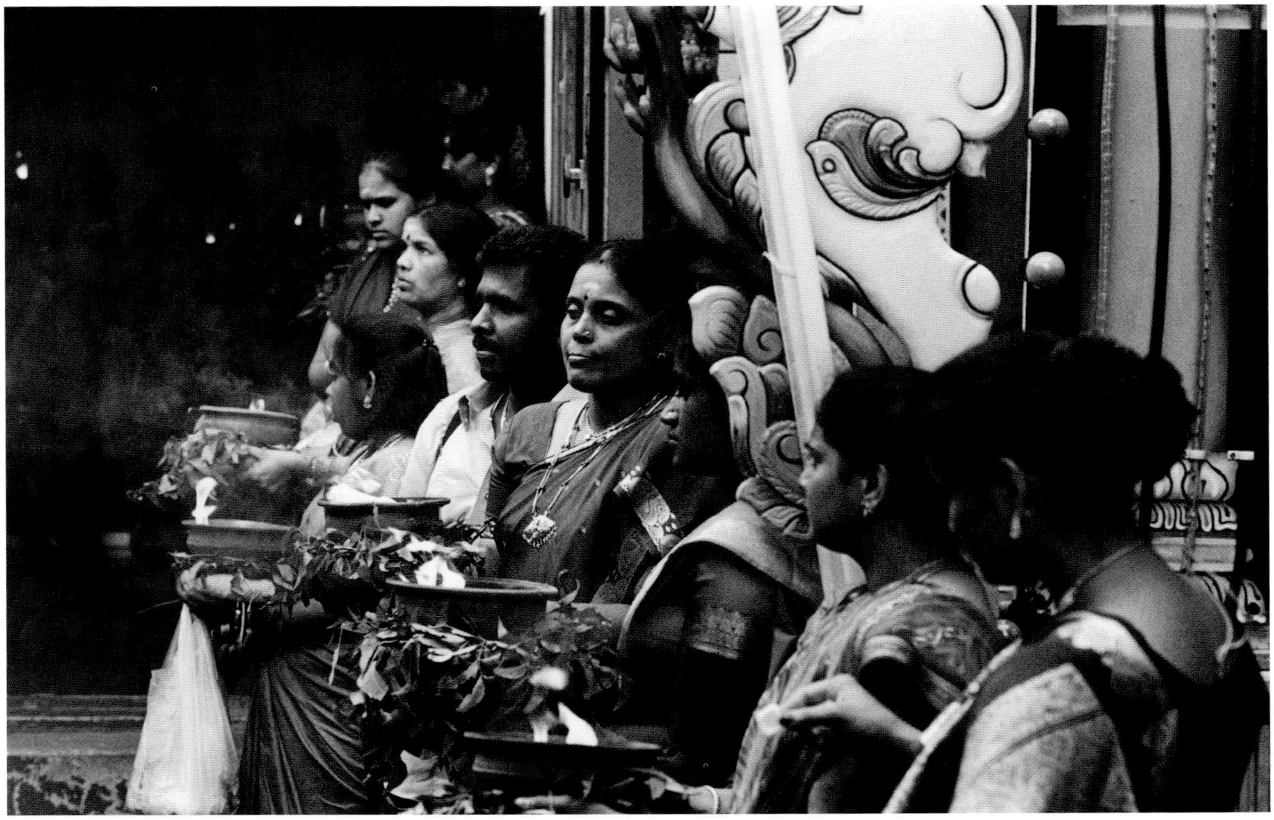

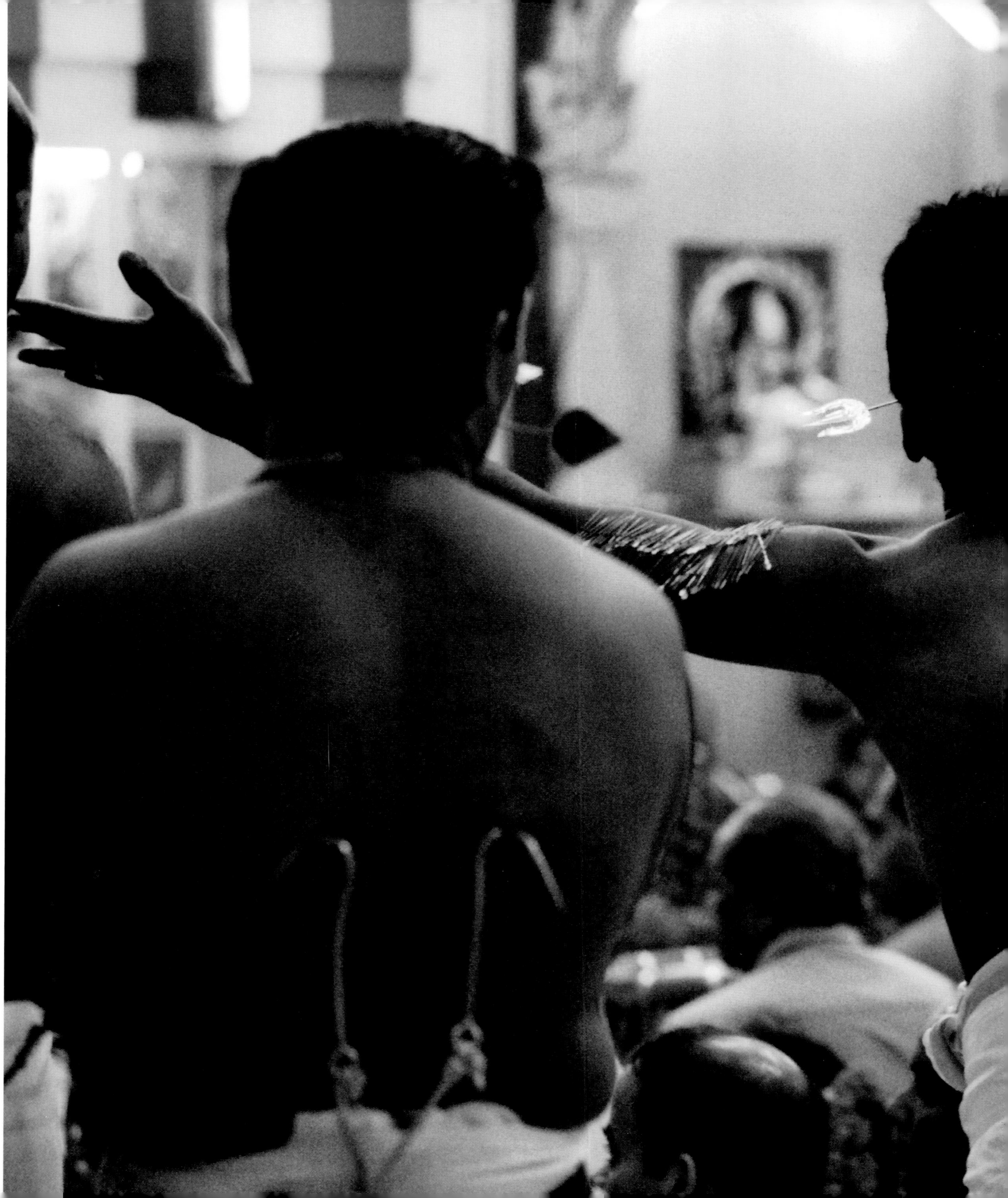

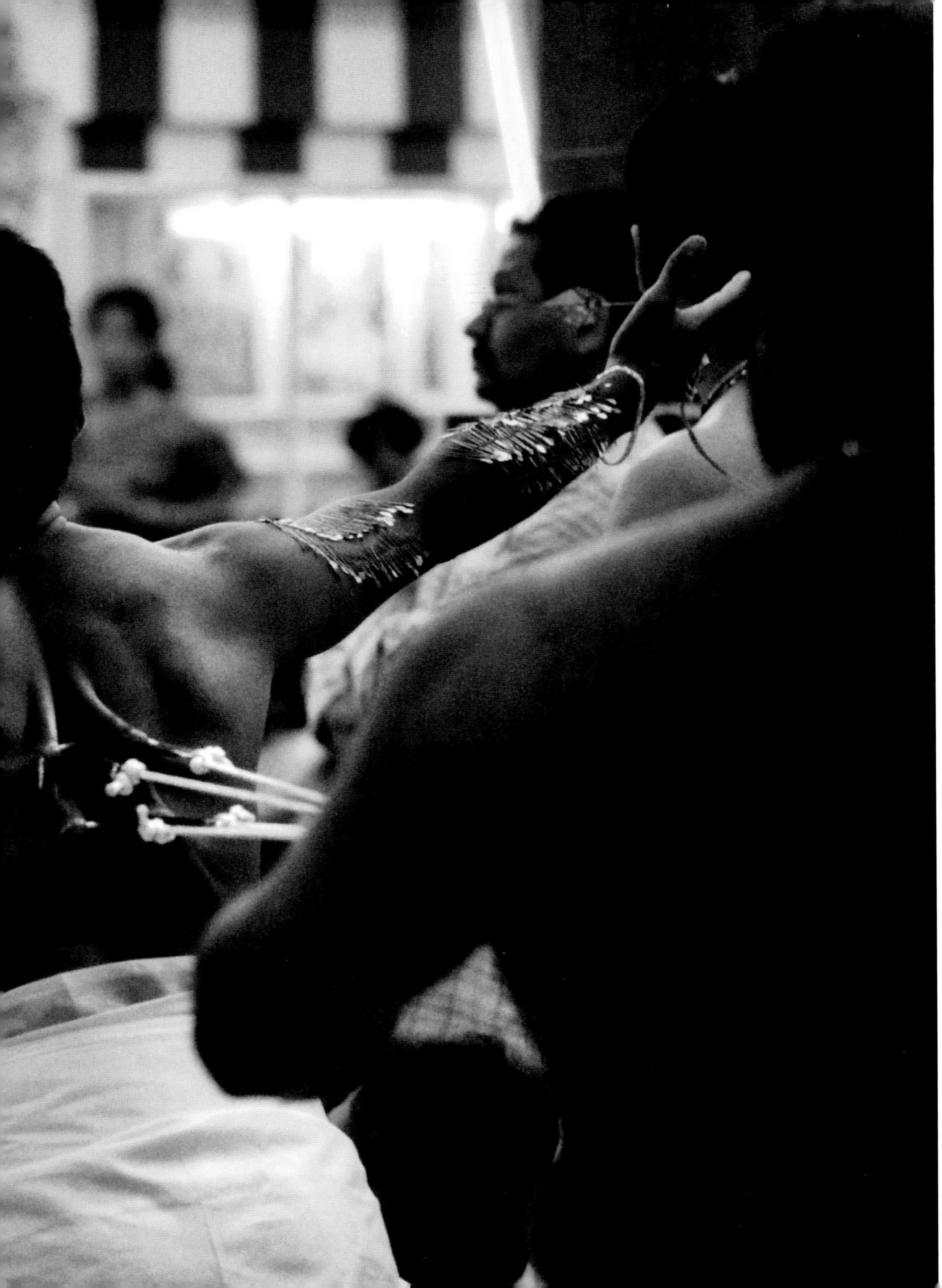

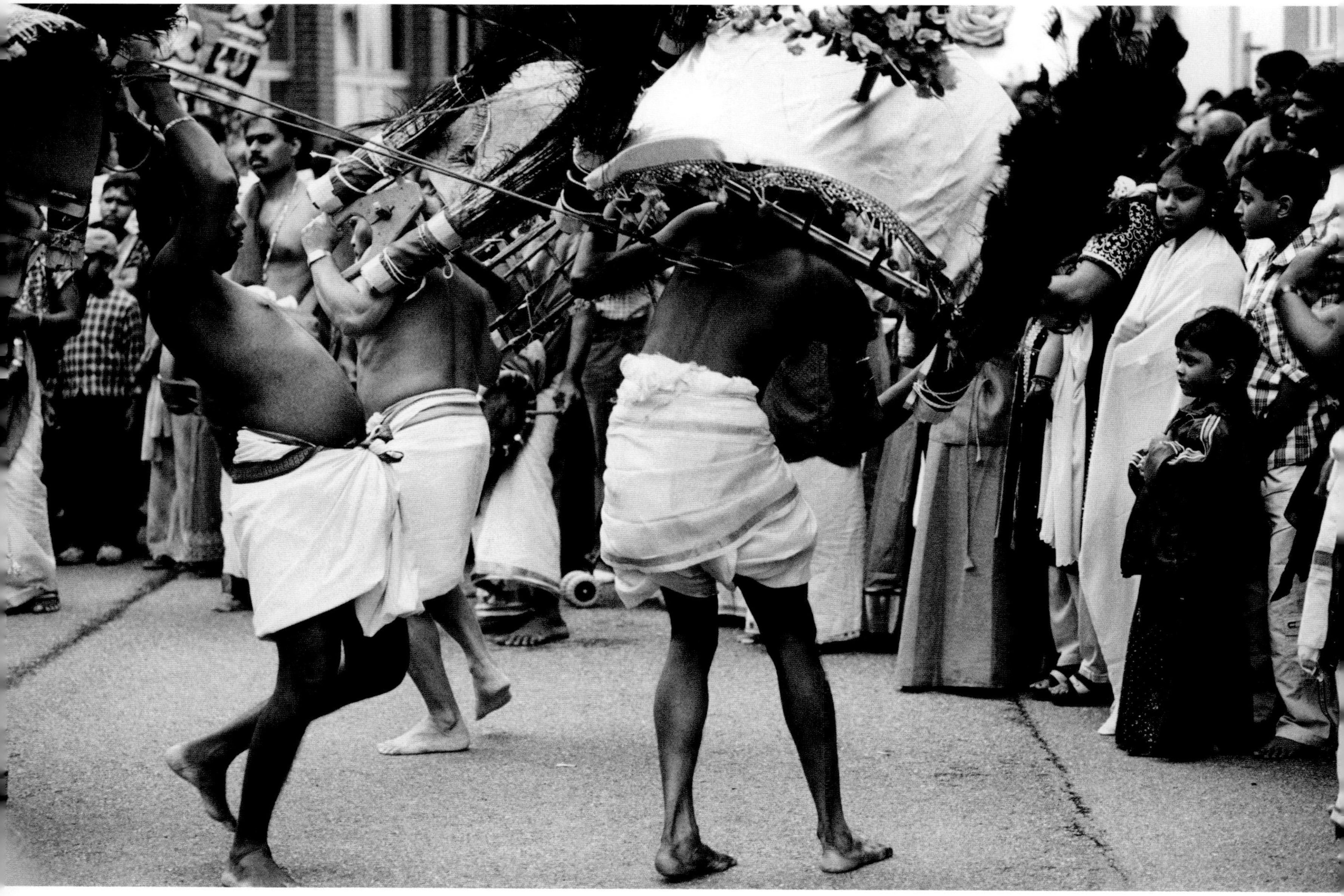

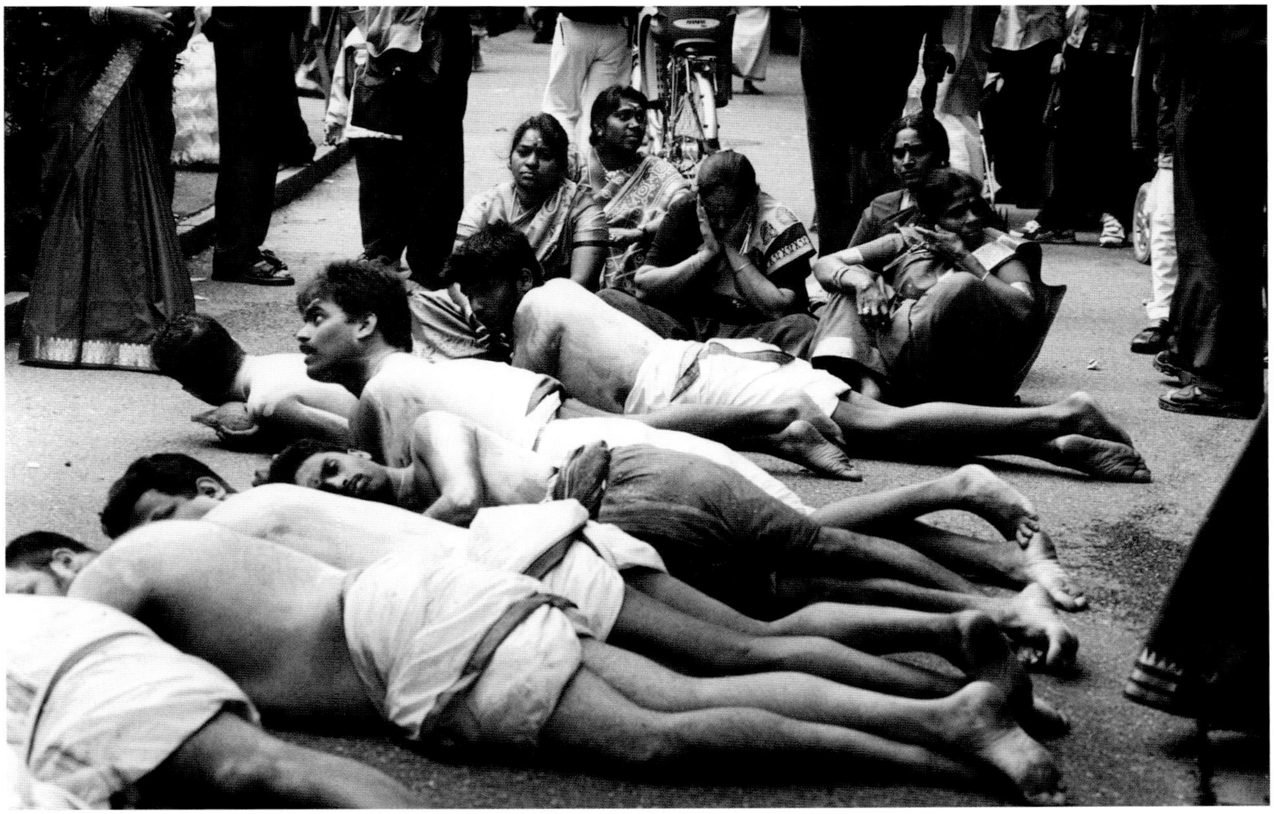

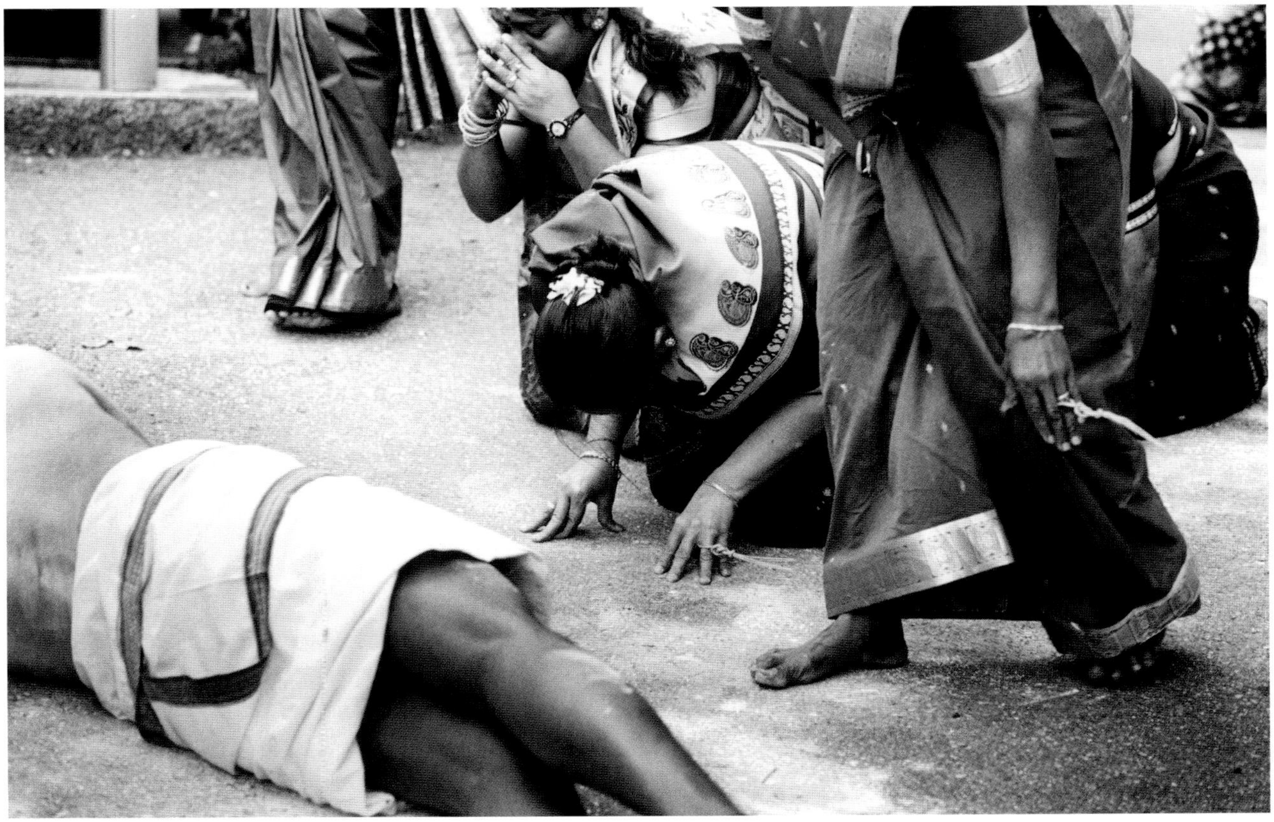

152

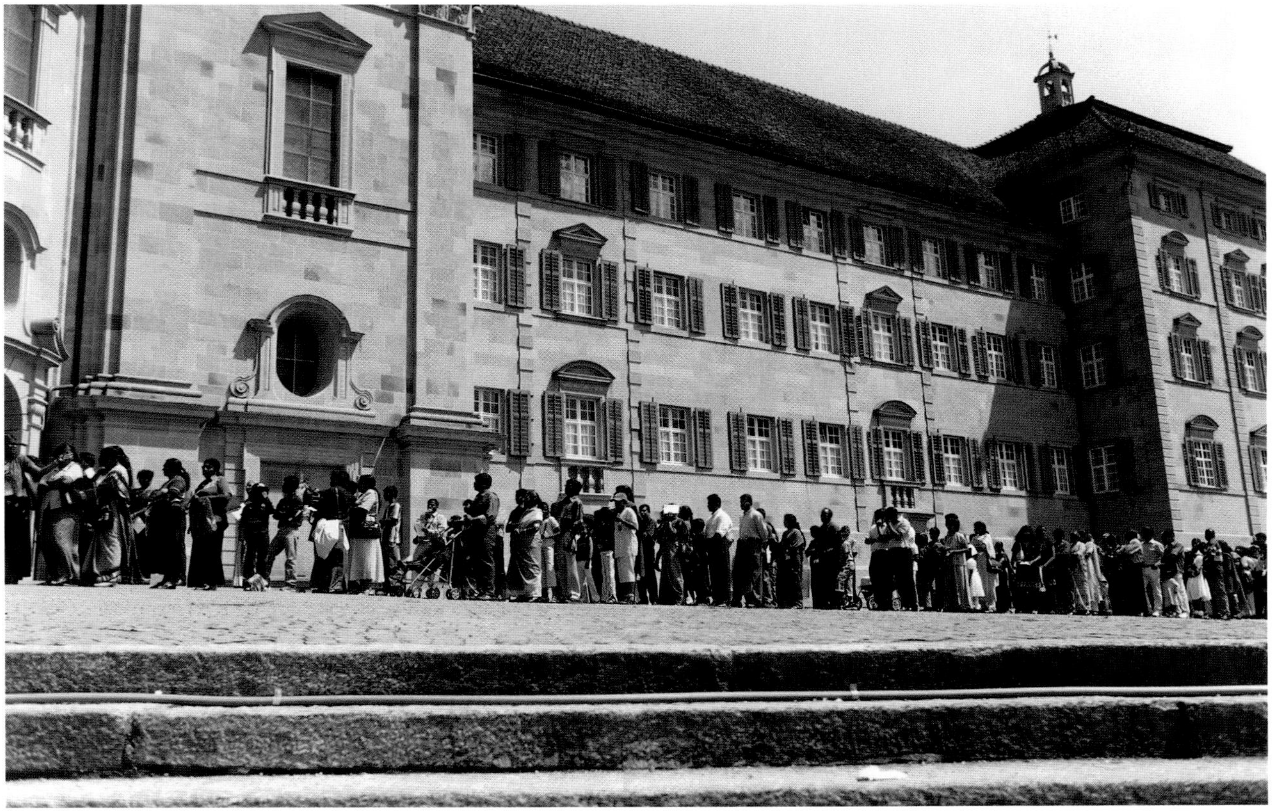

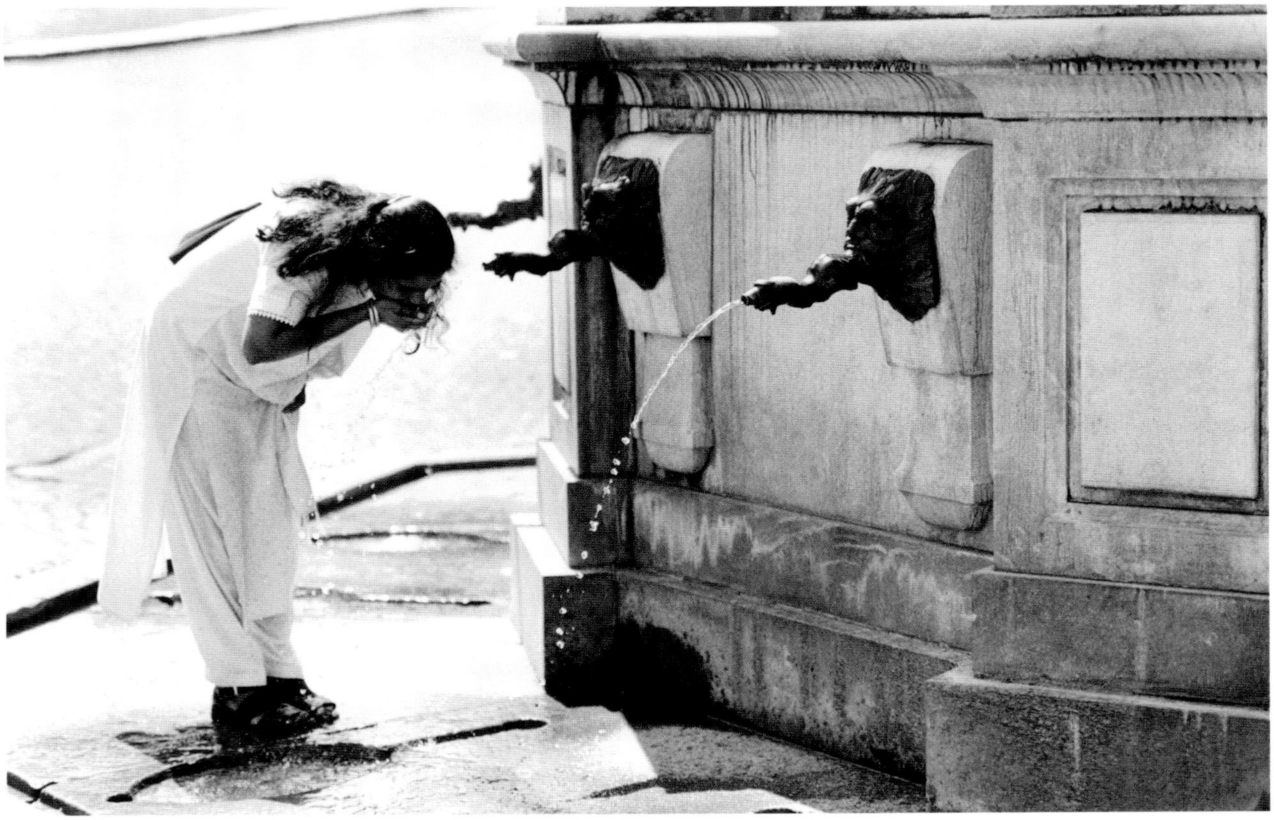

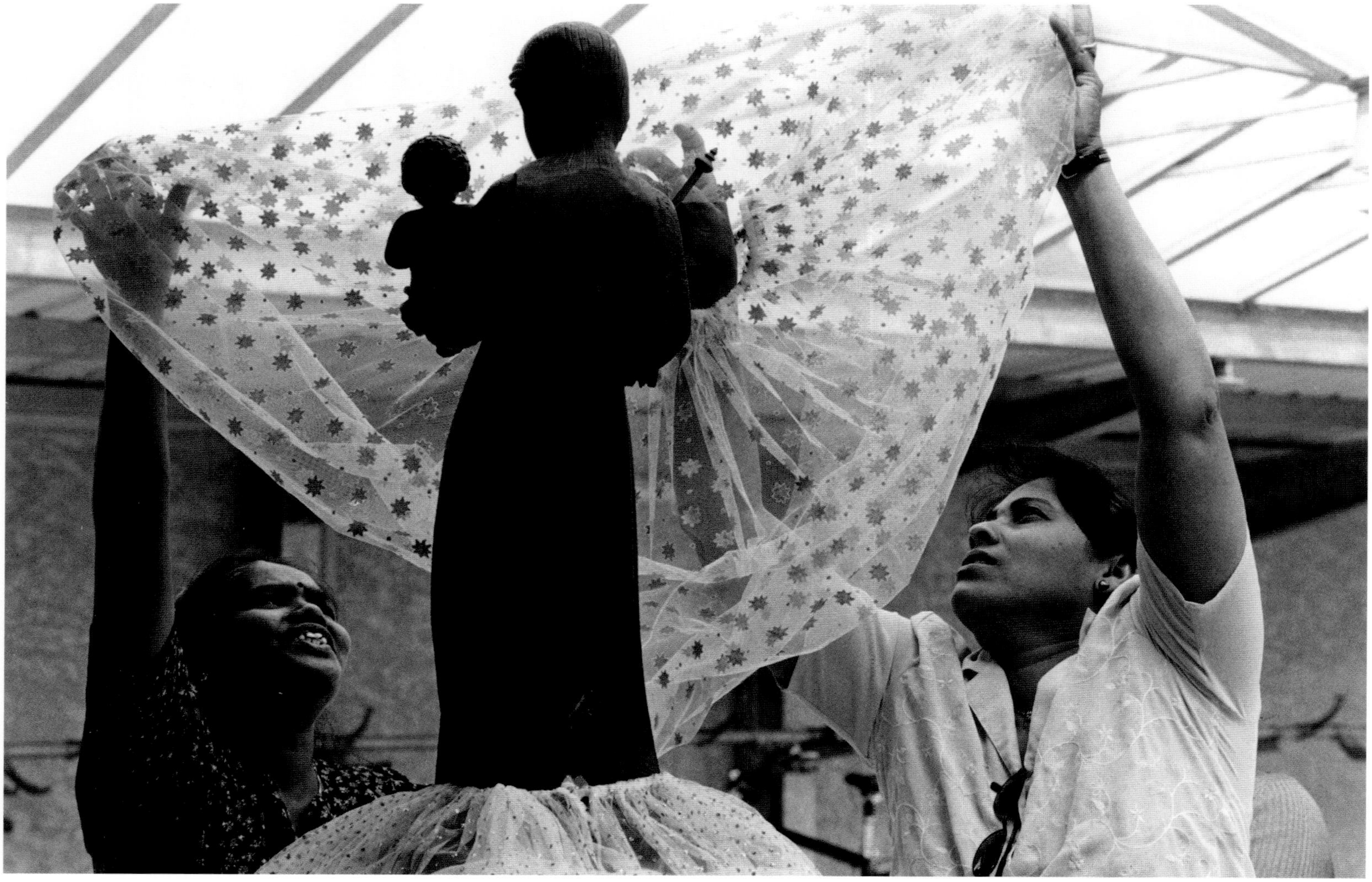

155

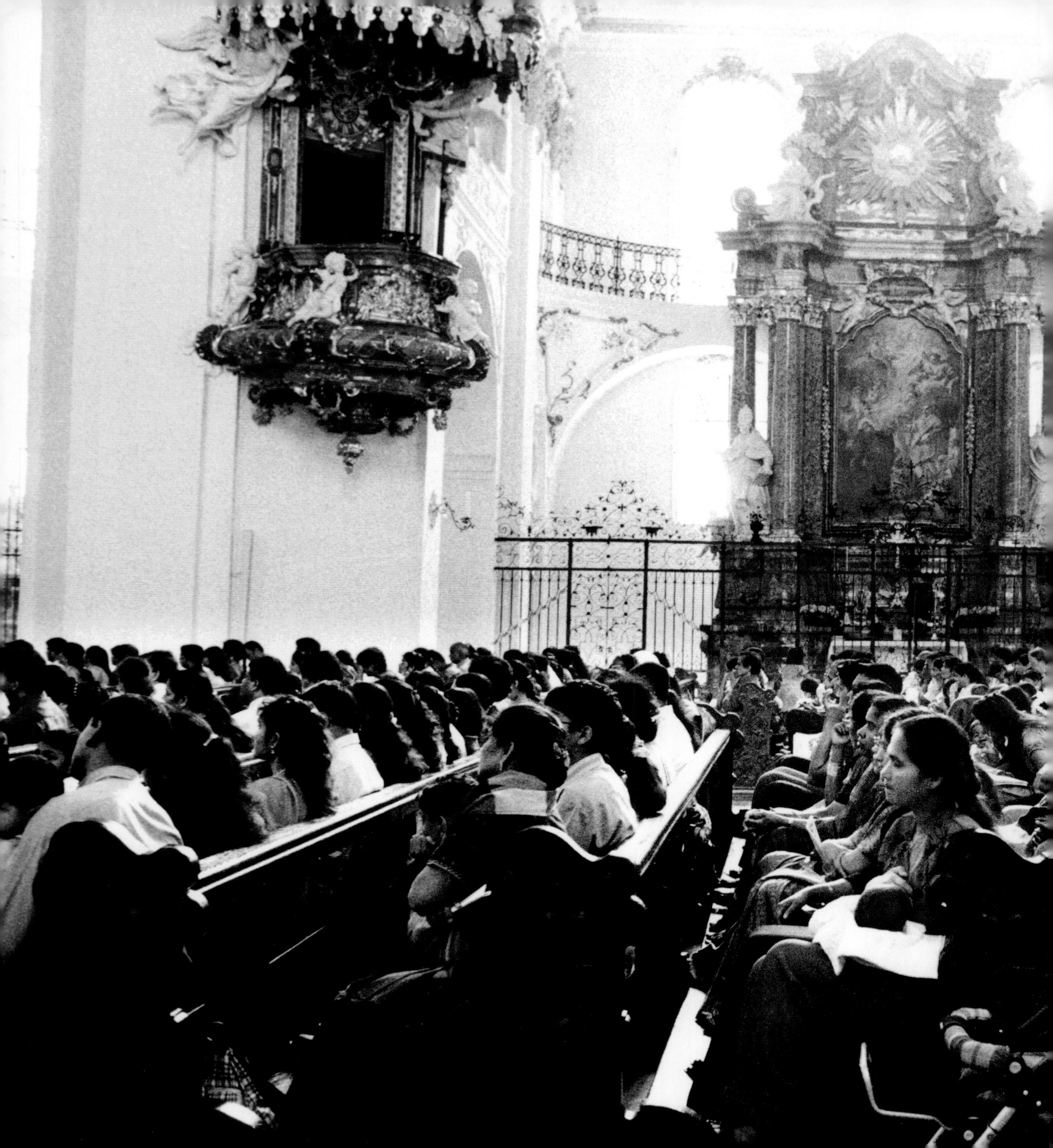

157

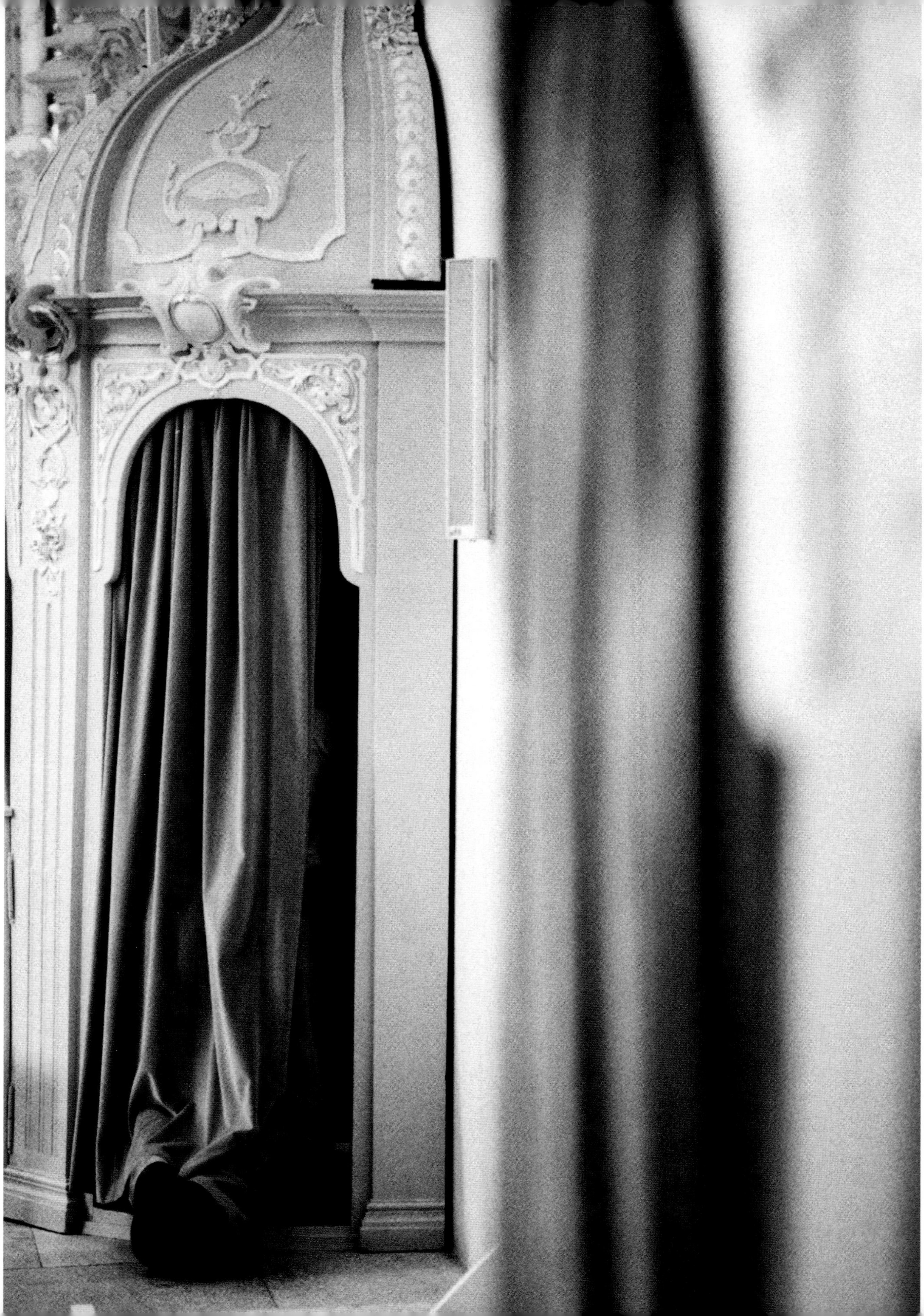

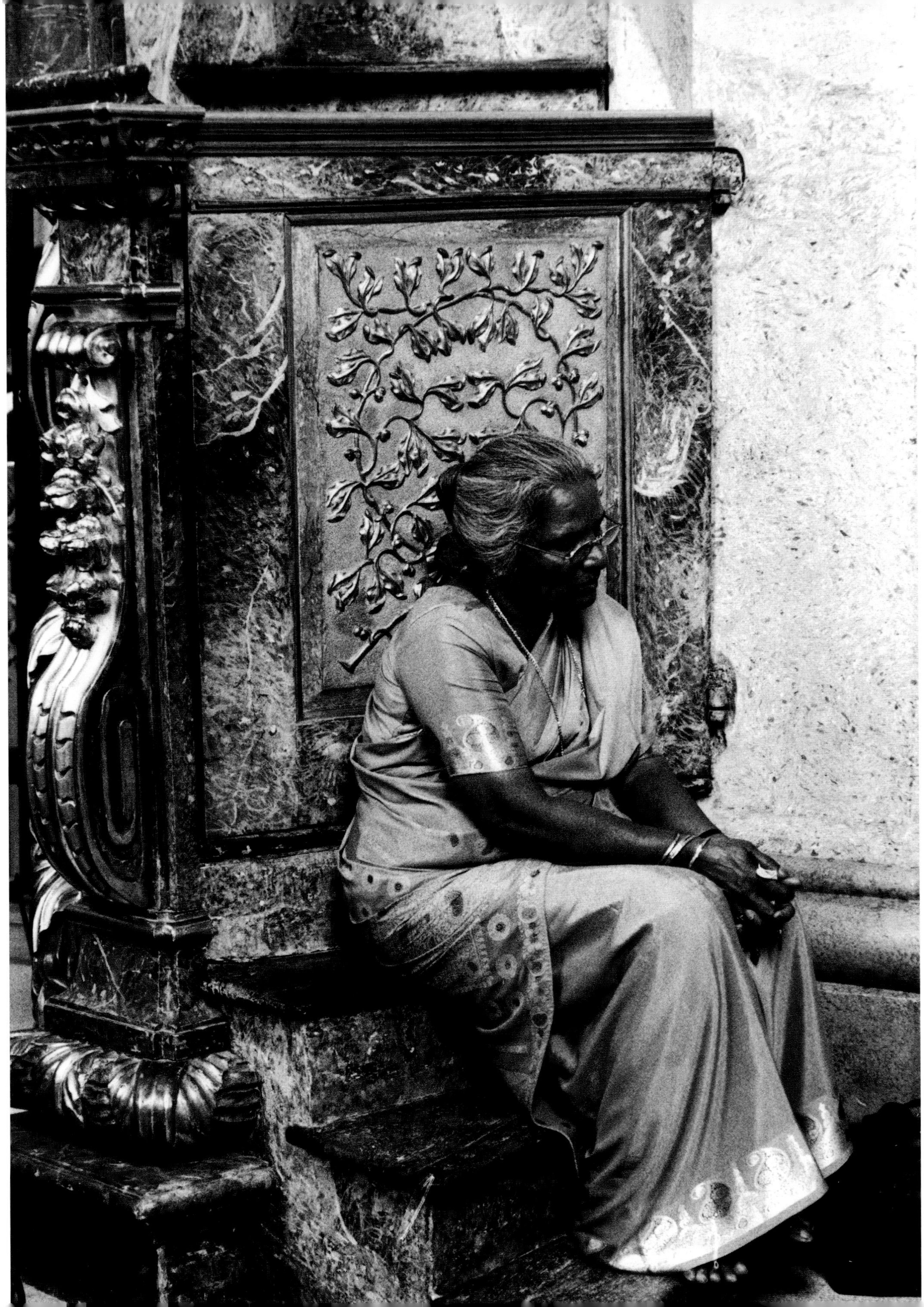

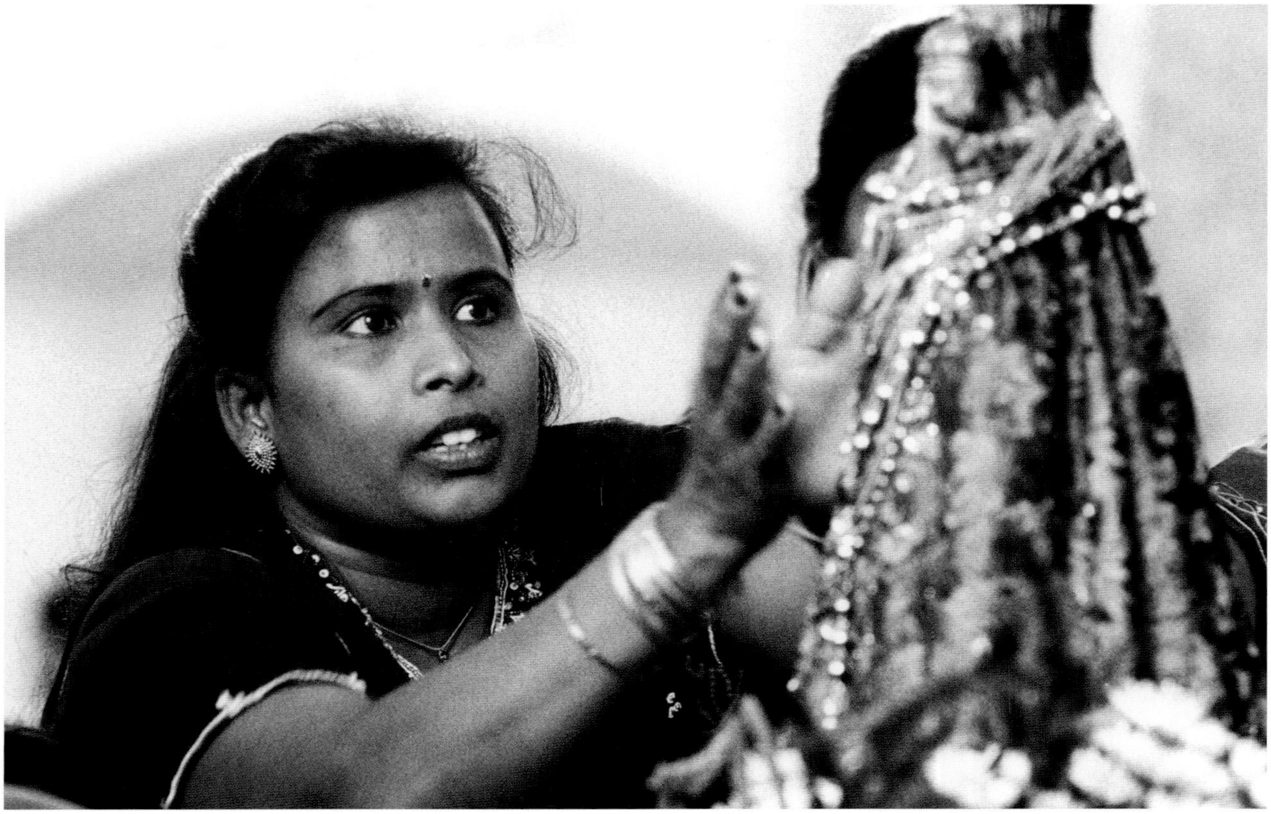

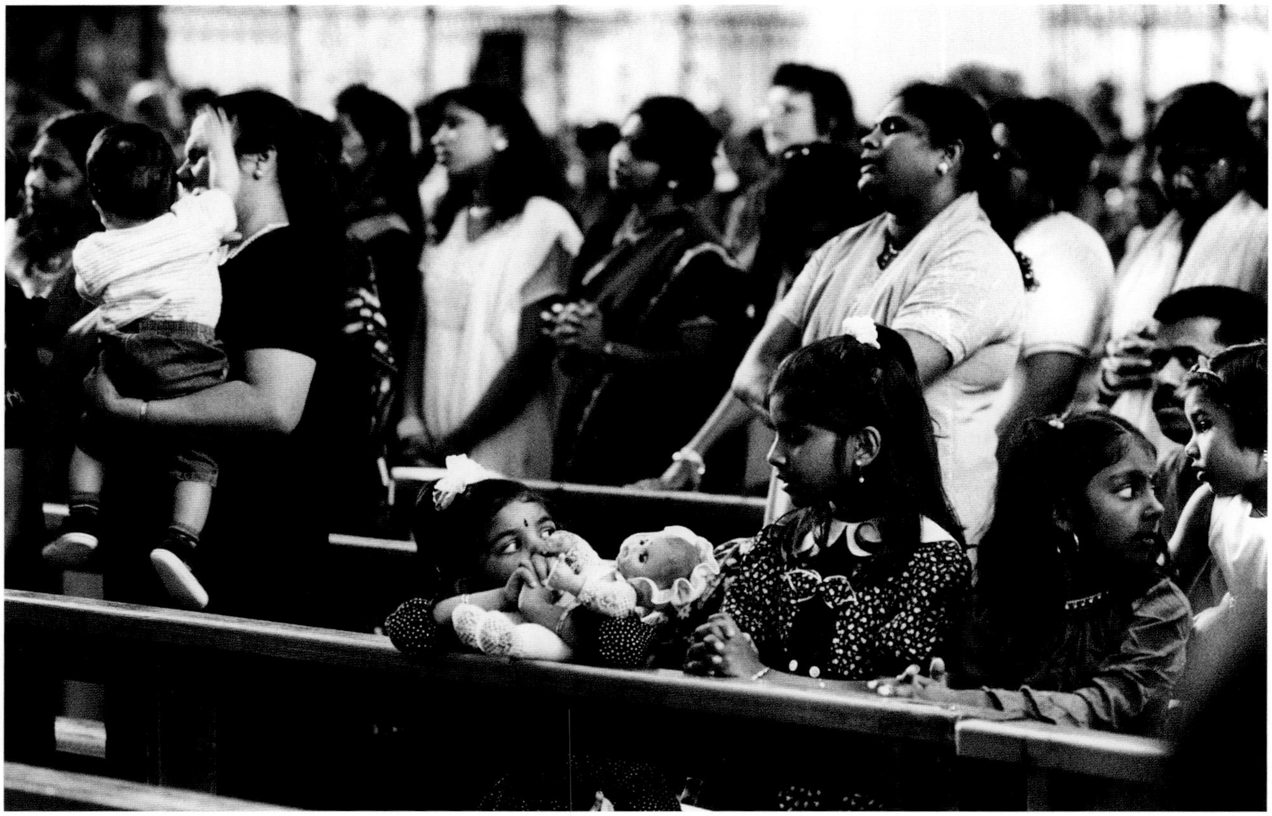

161

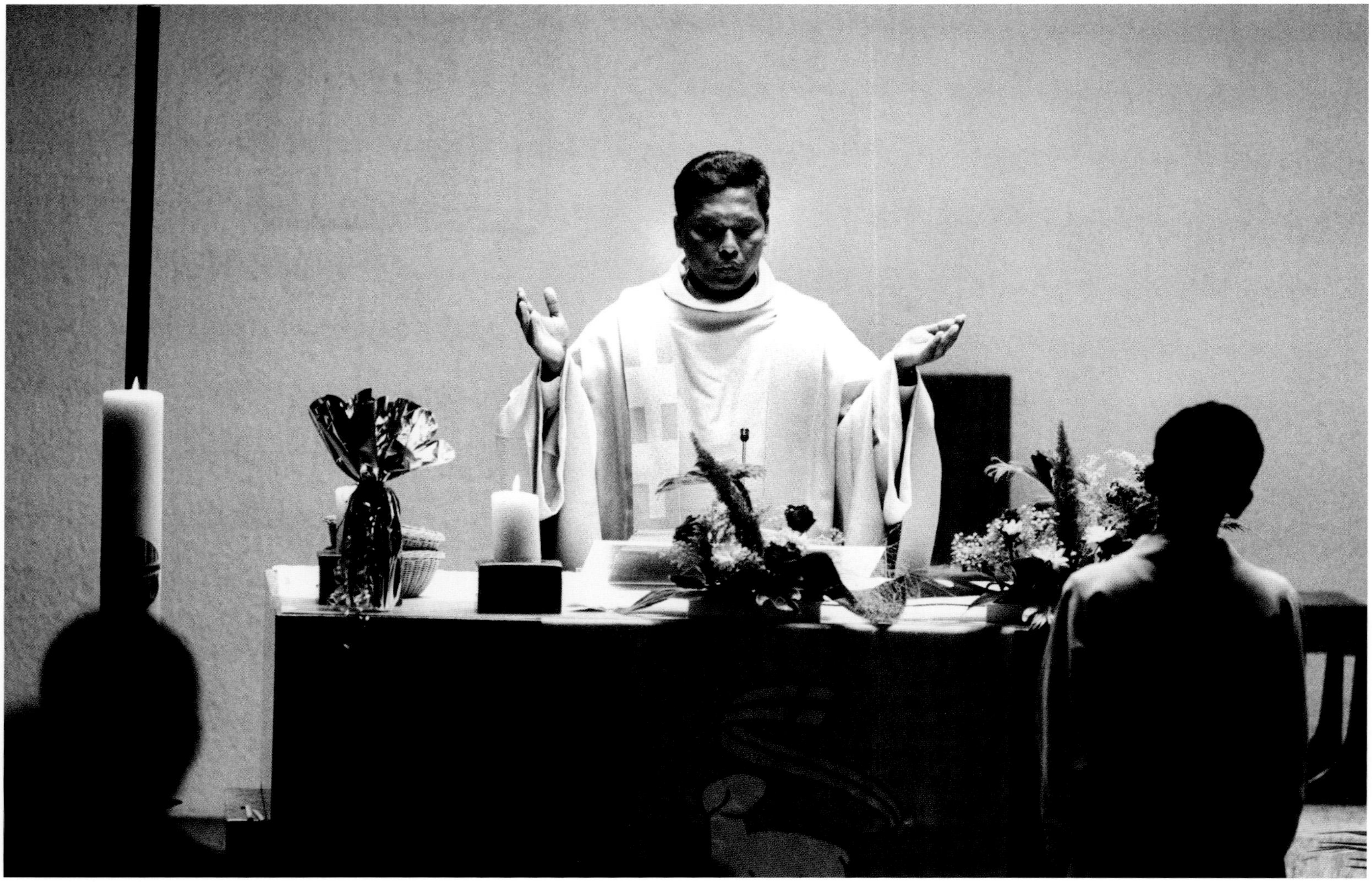

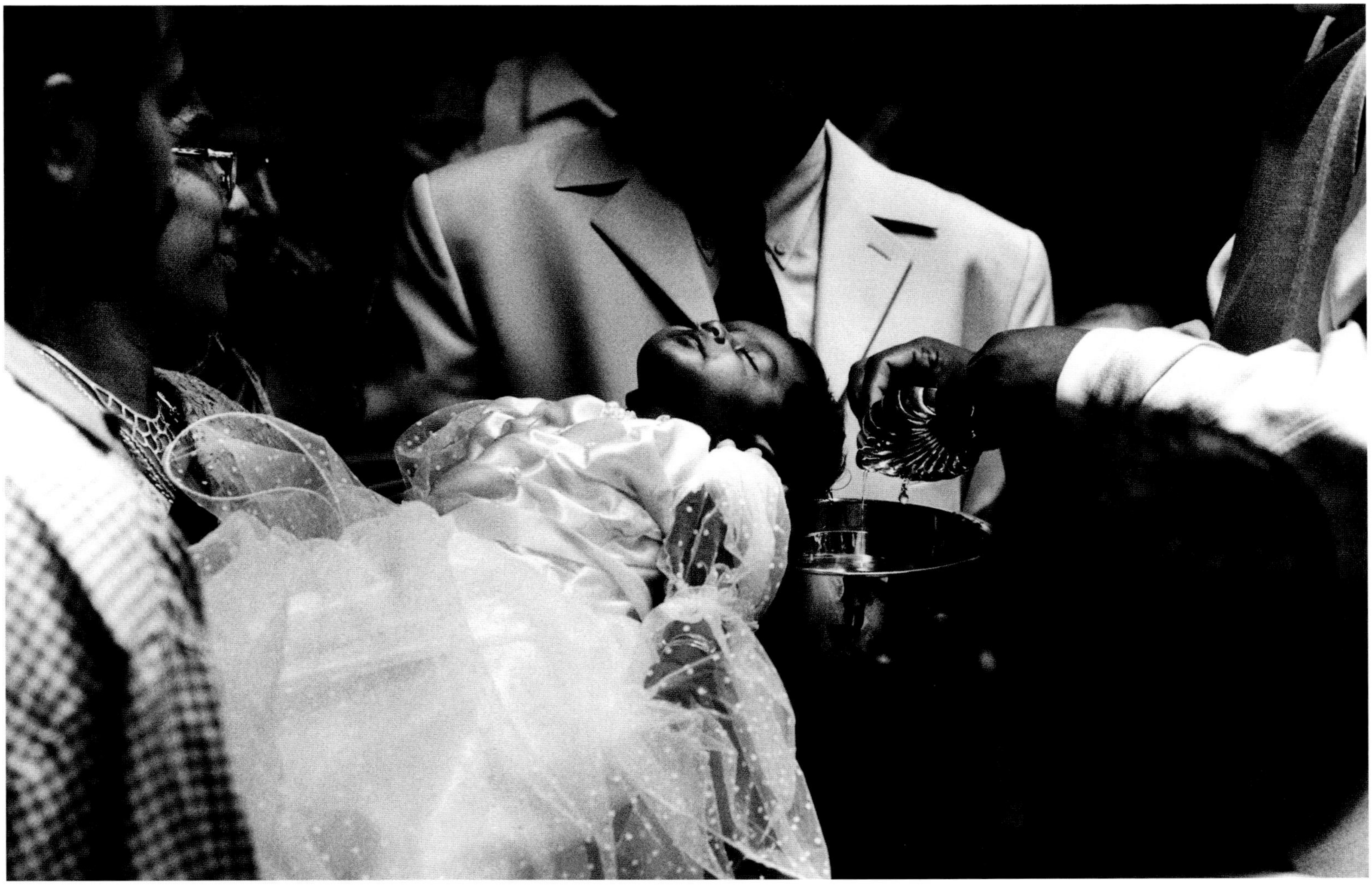

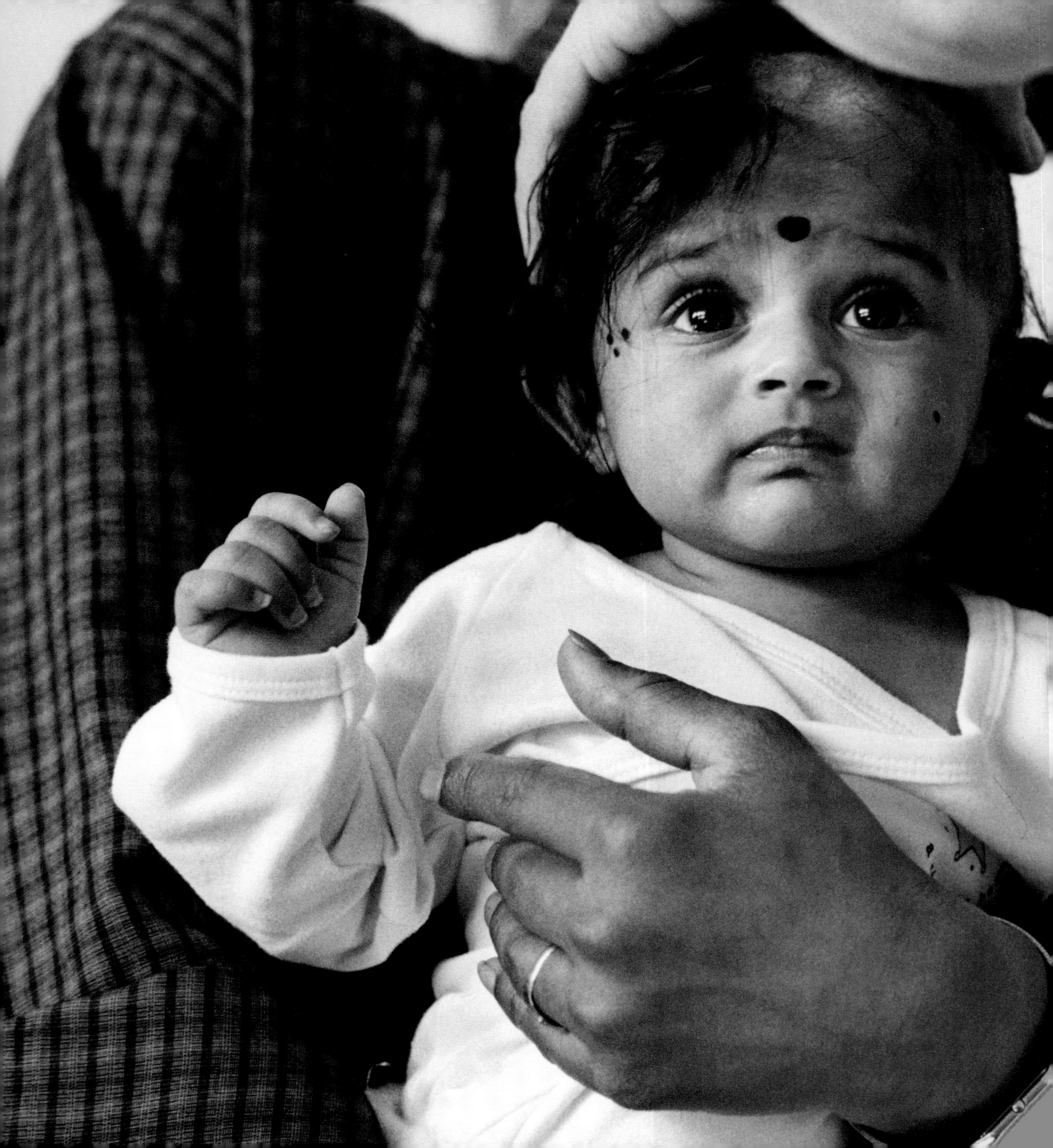

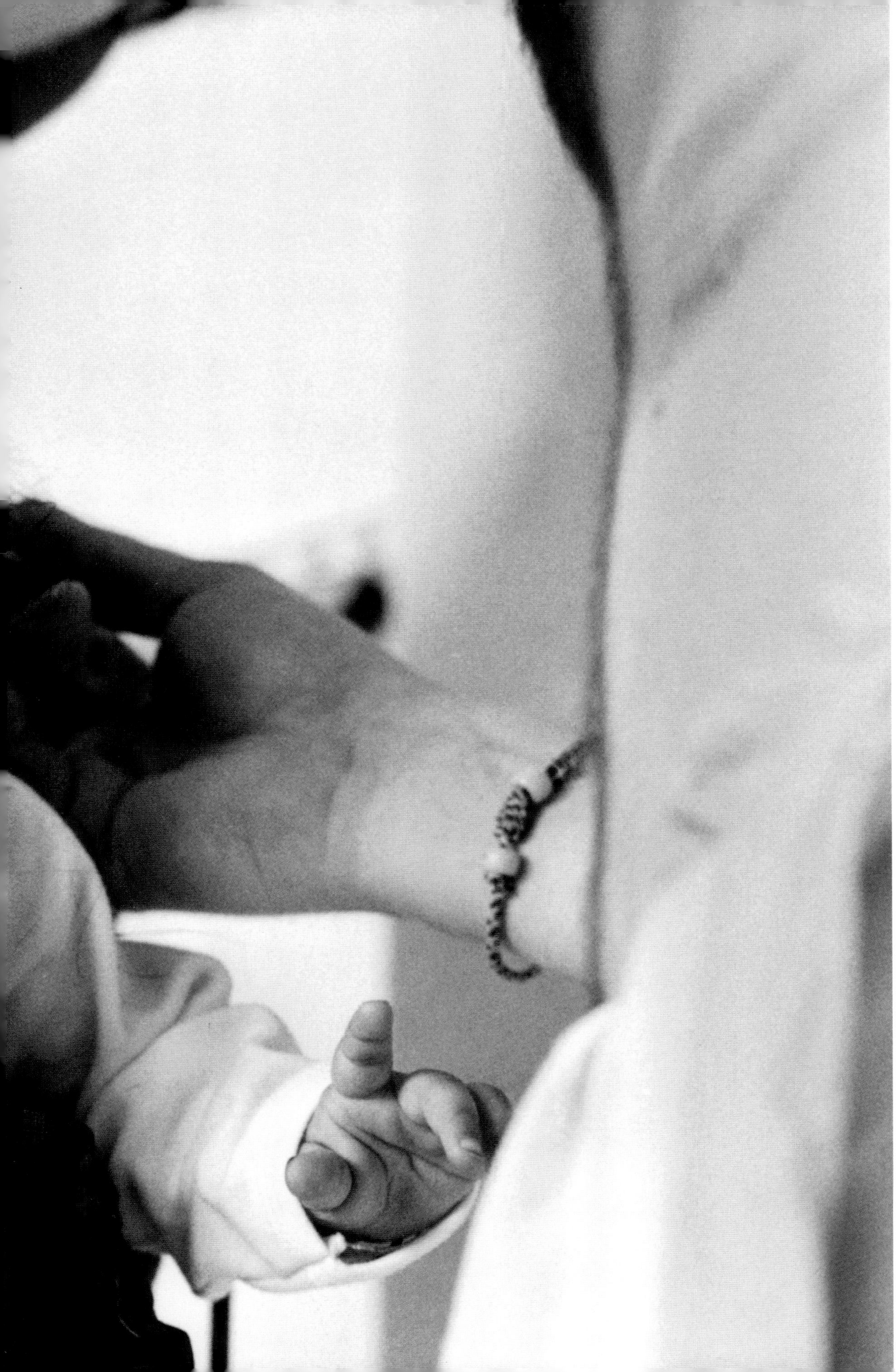

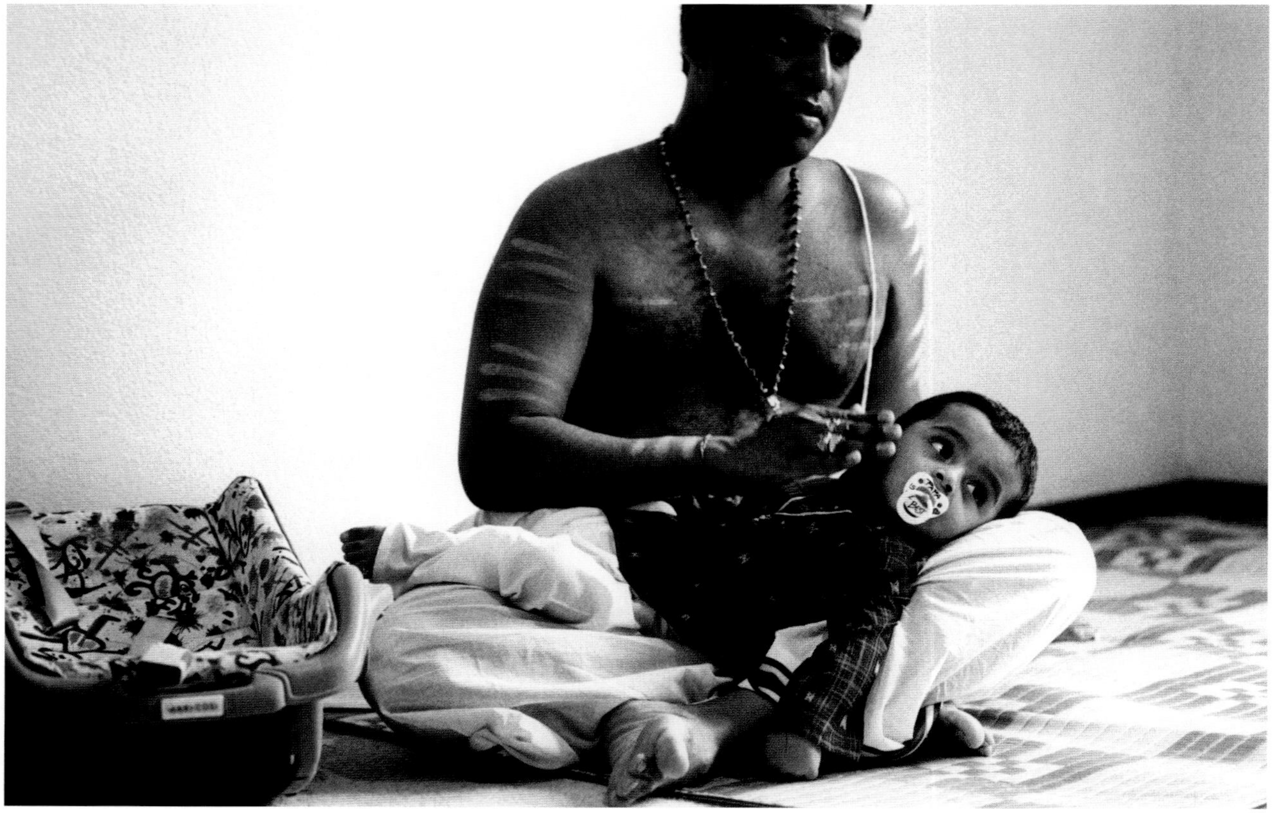

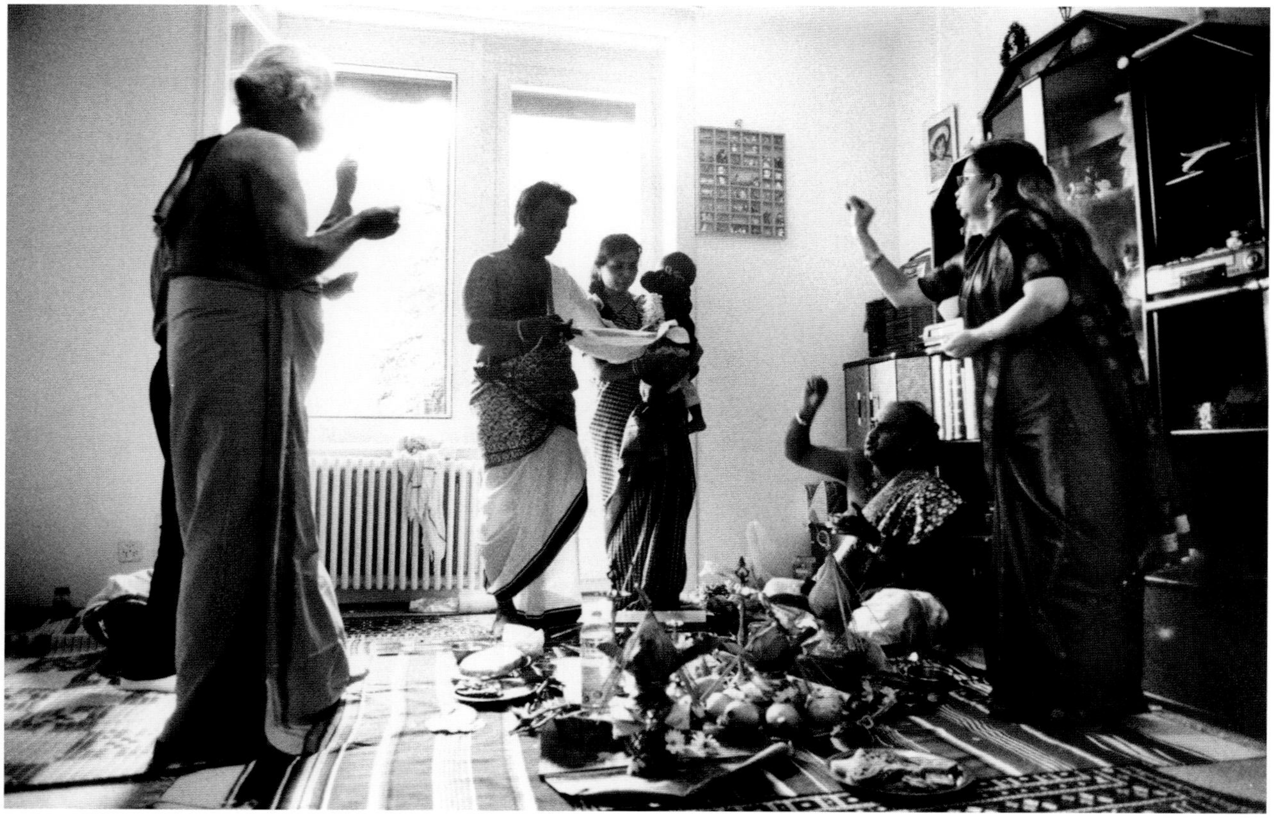

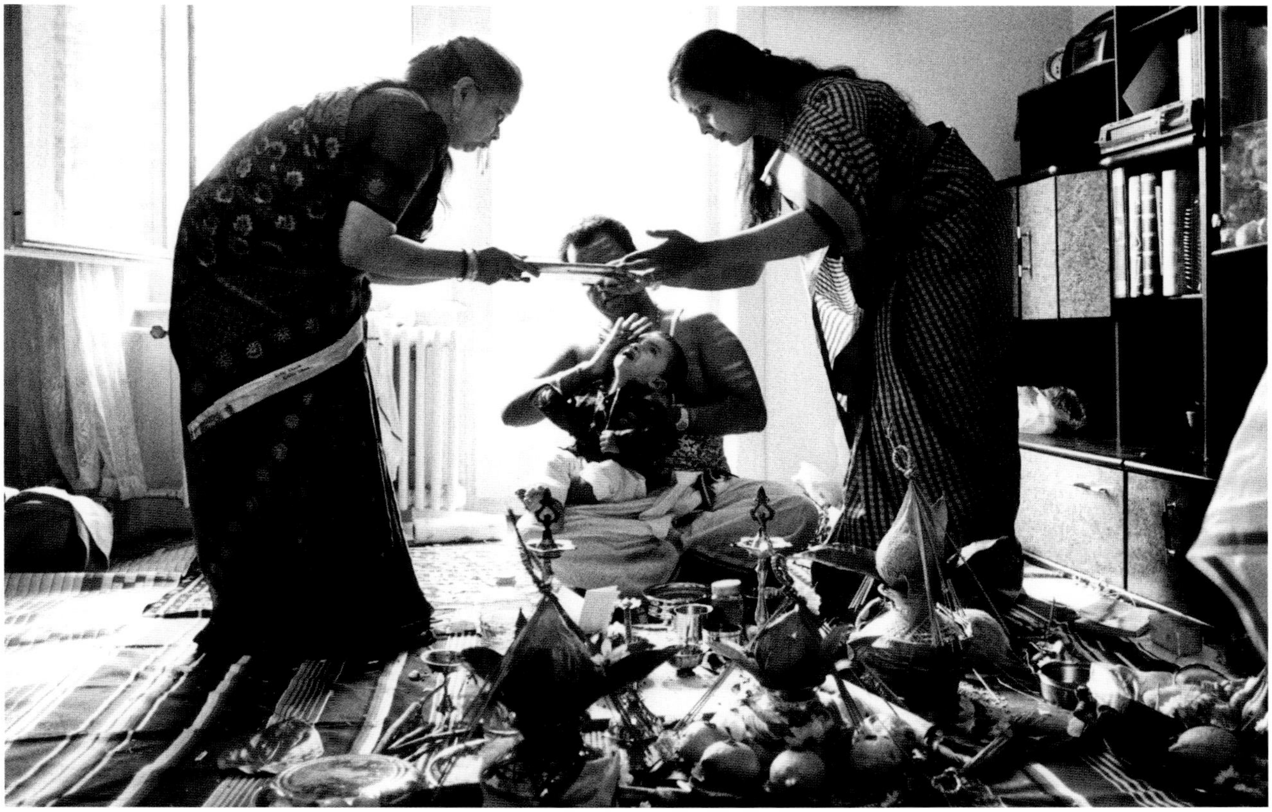

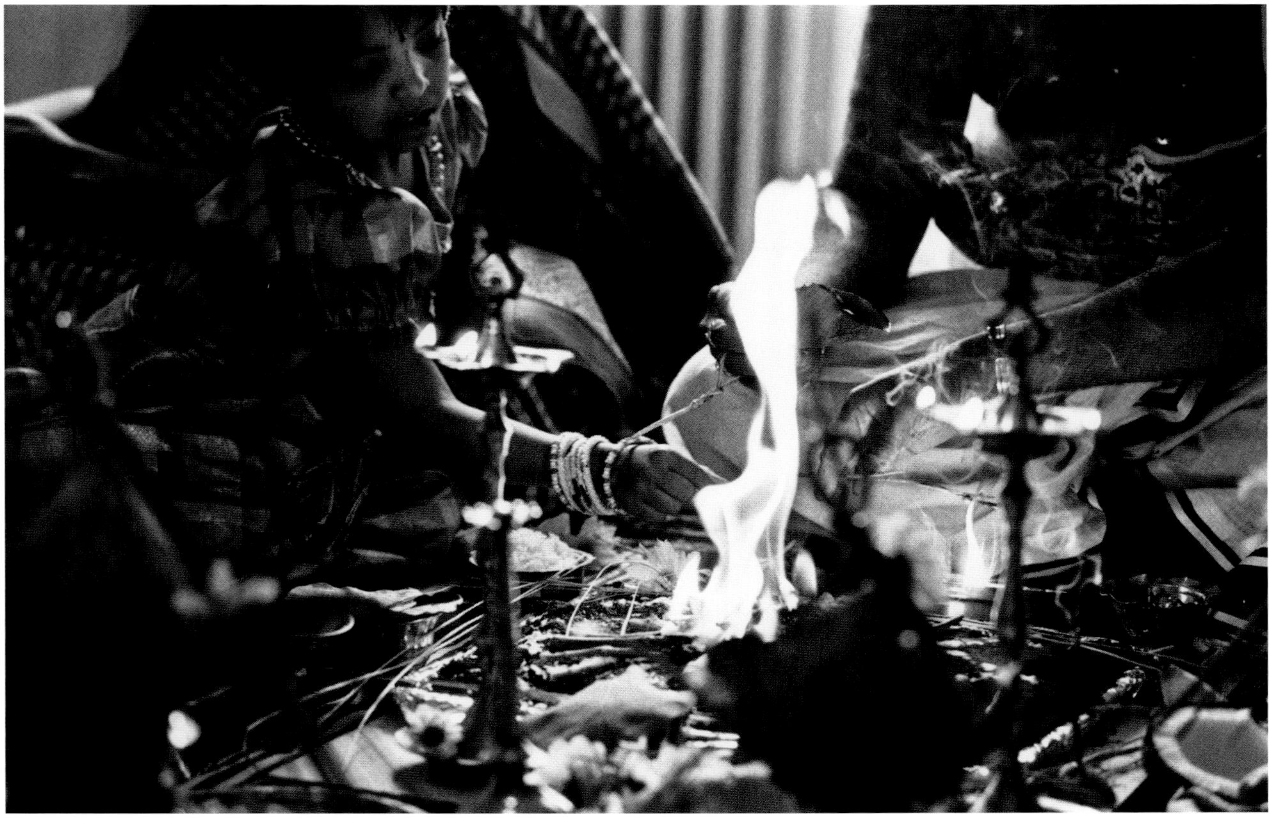

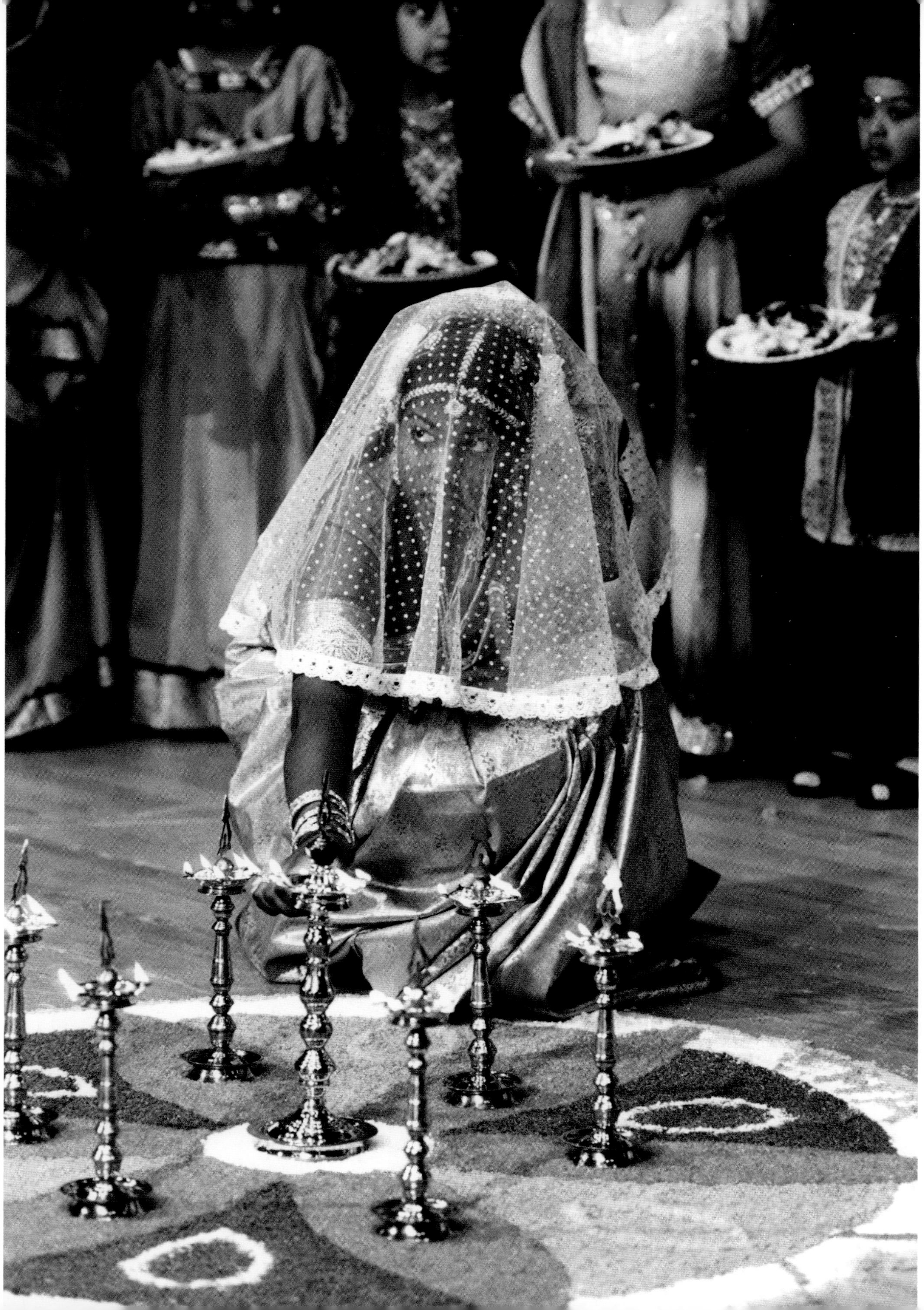

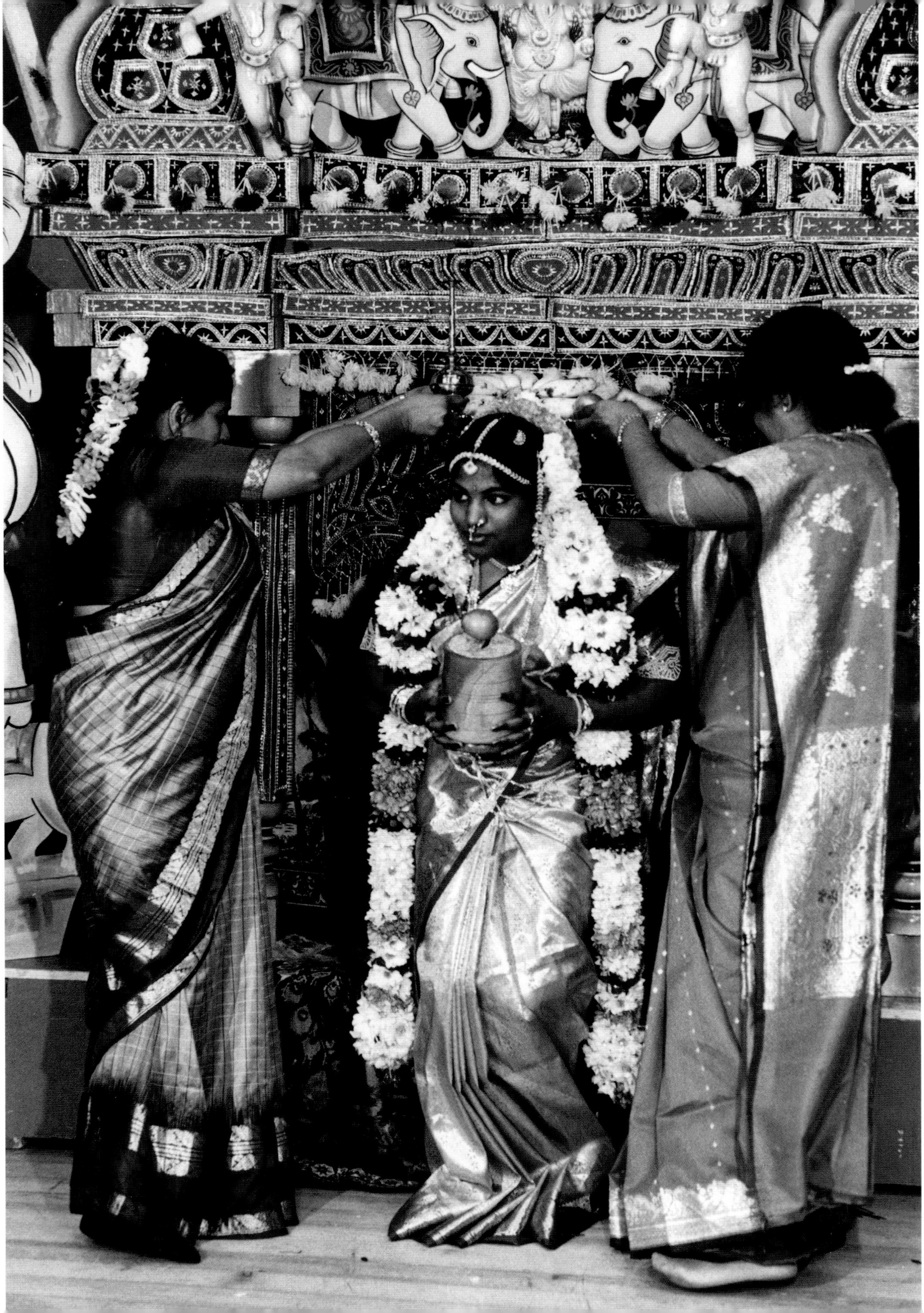

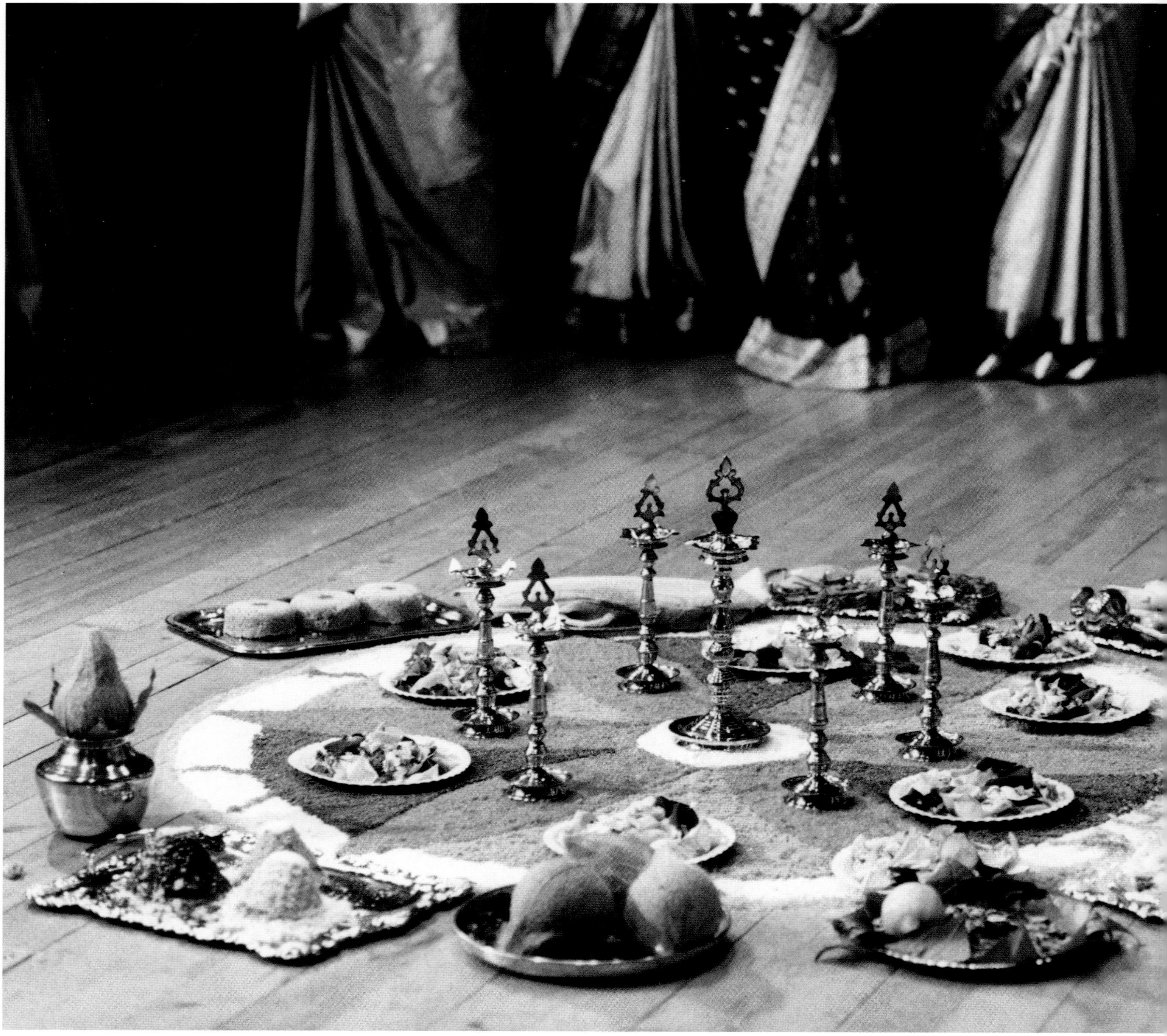

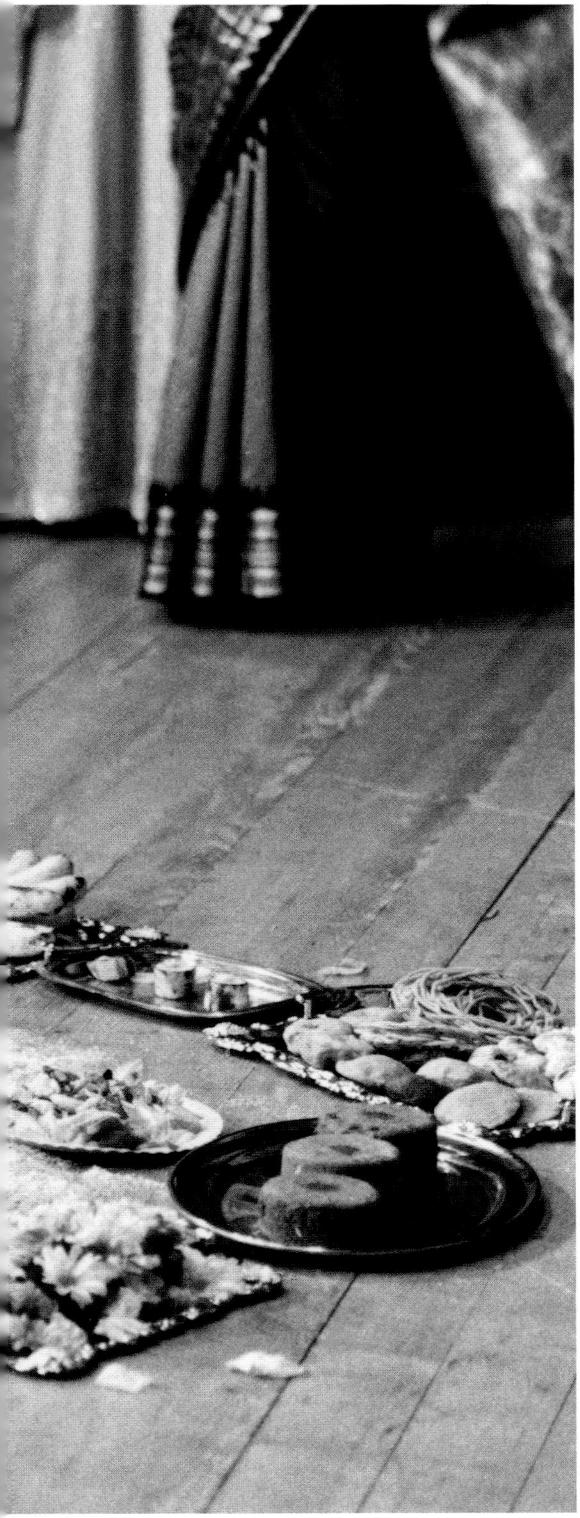

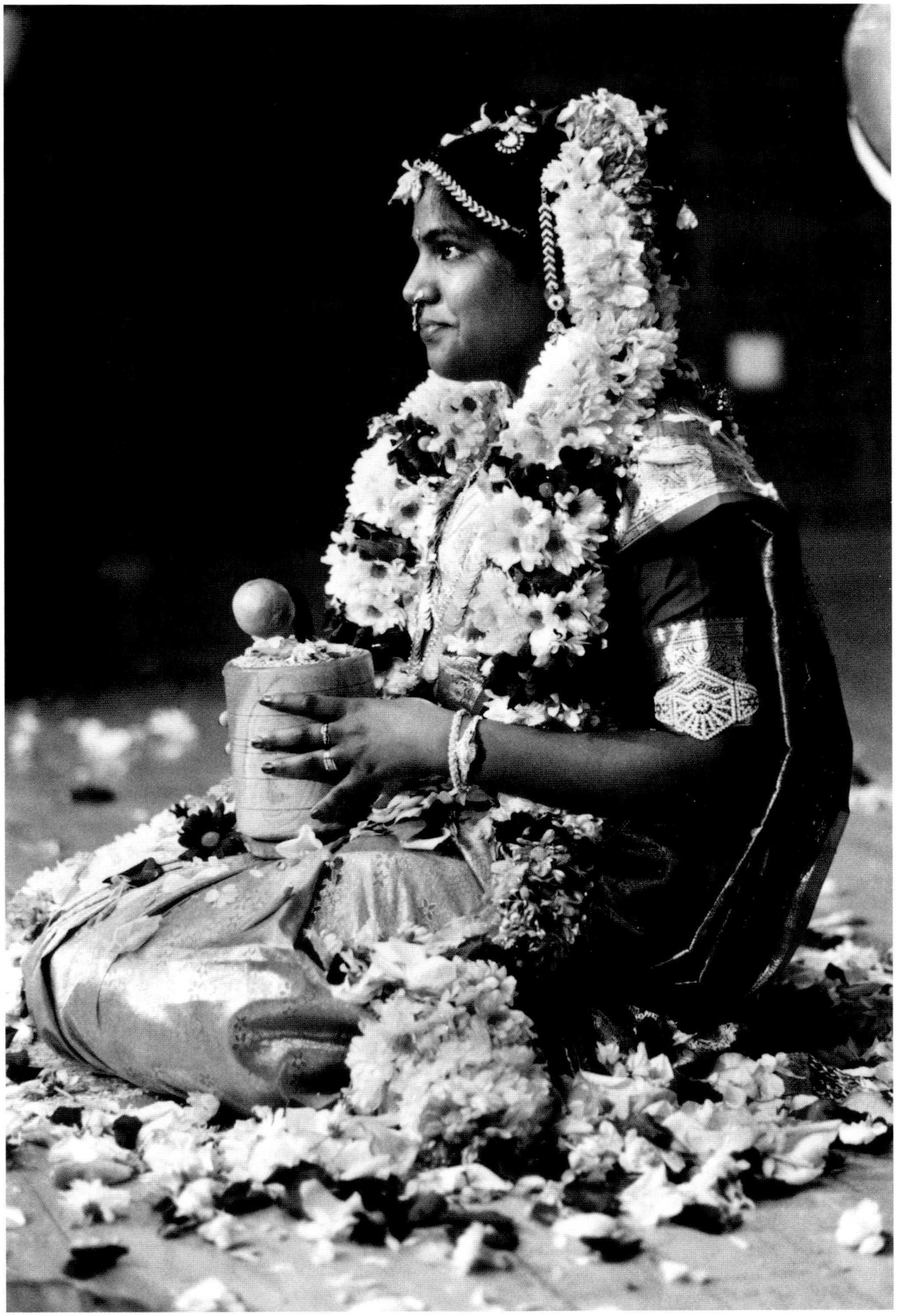

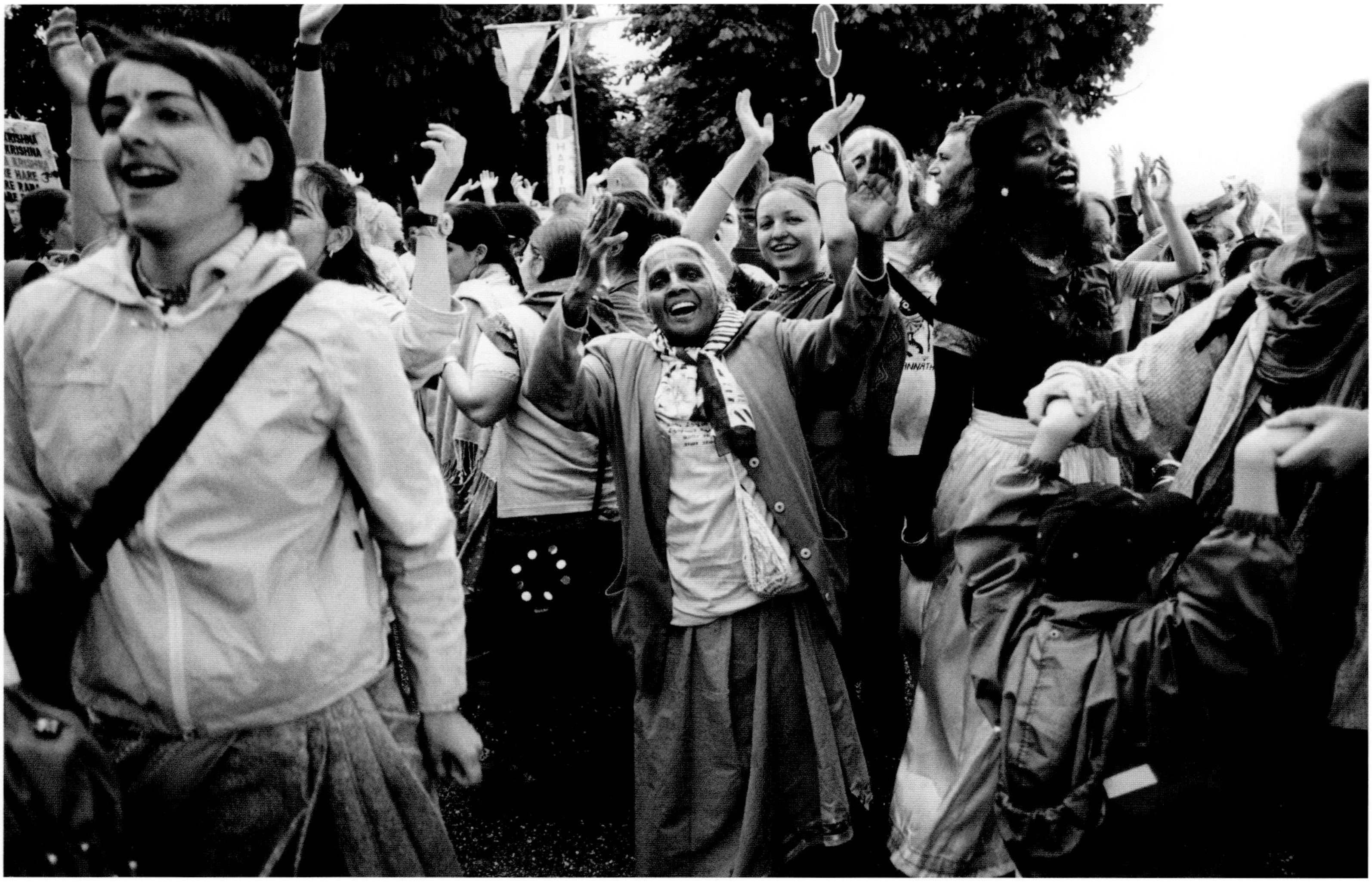
KRISHNA
KRISHNA
HARI

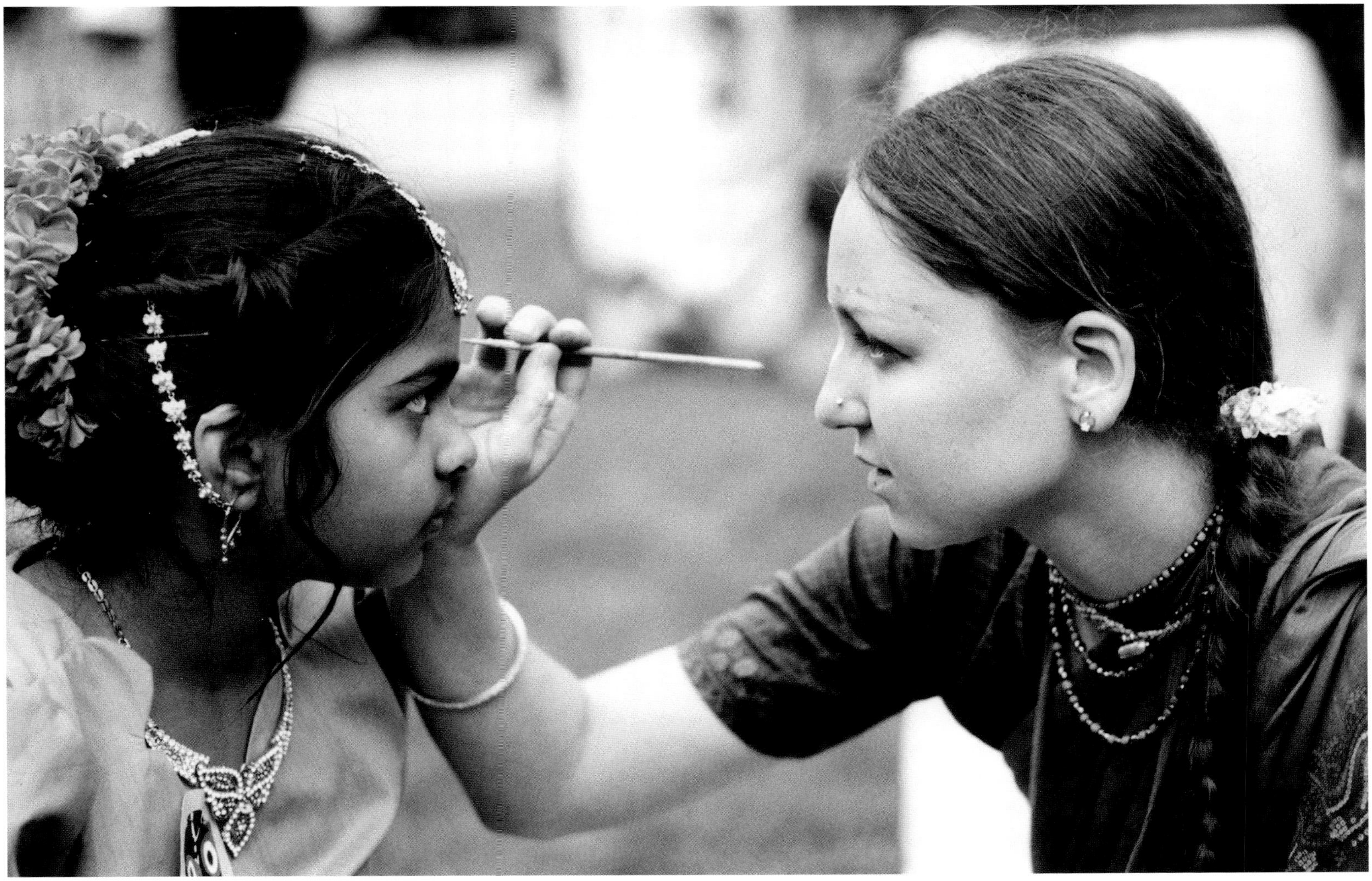

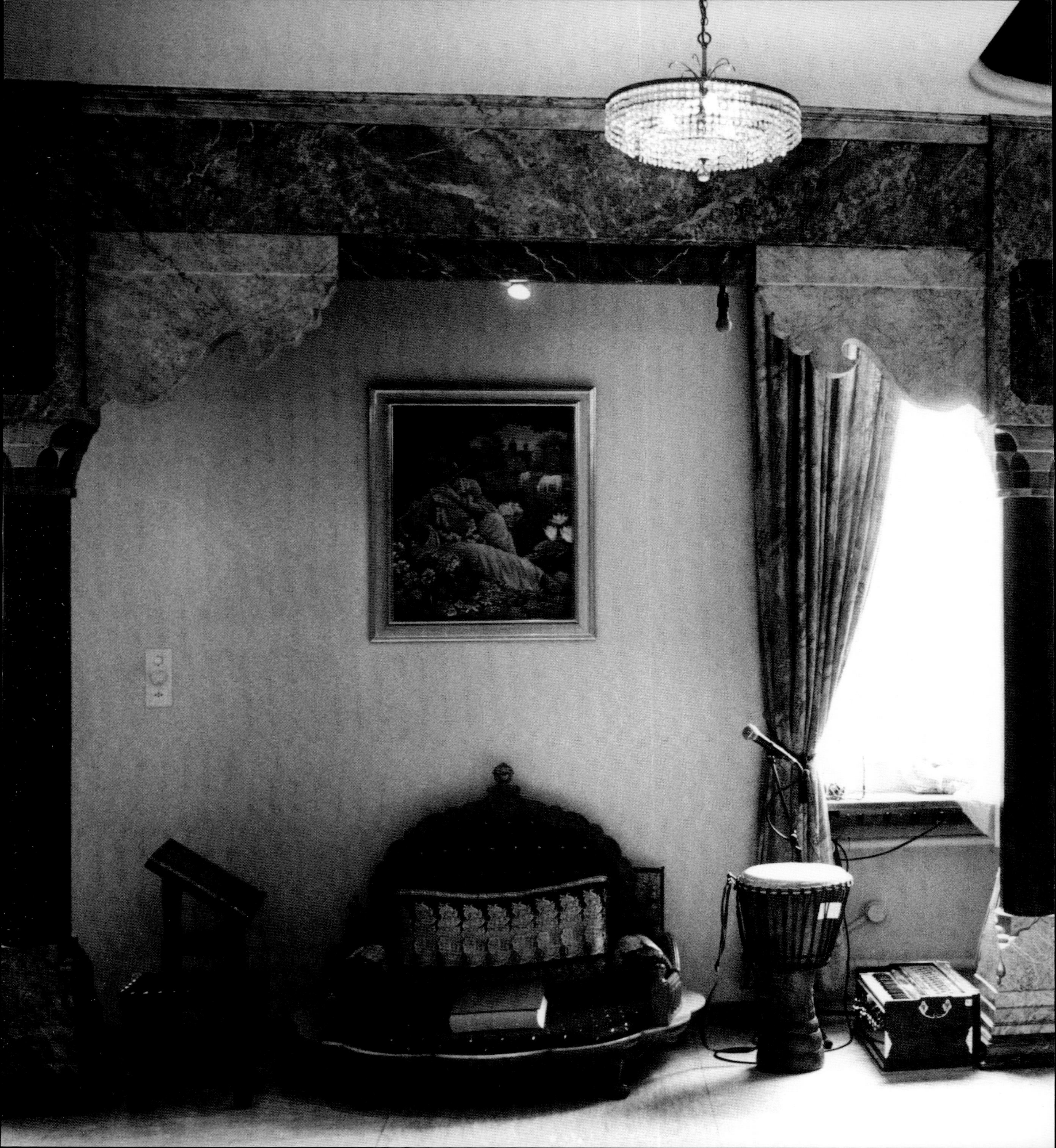

175

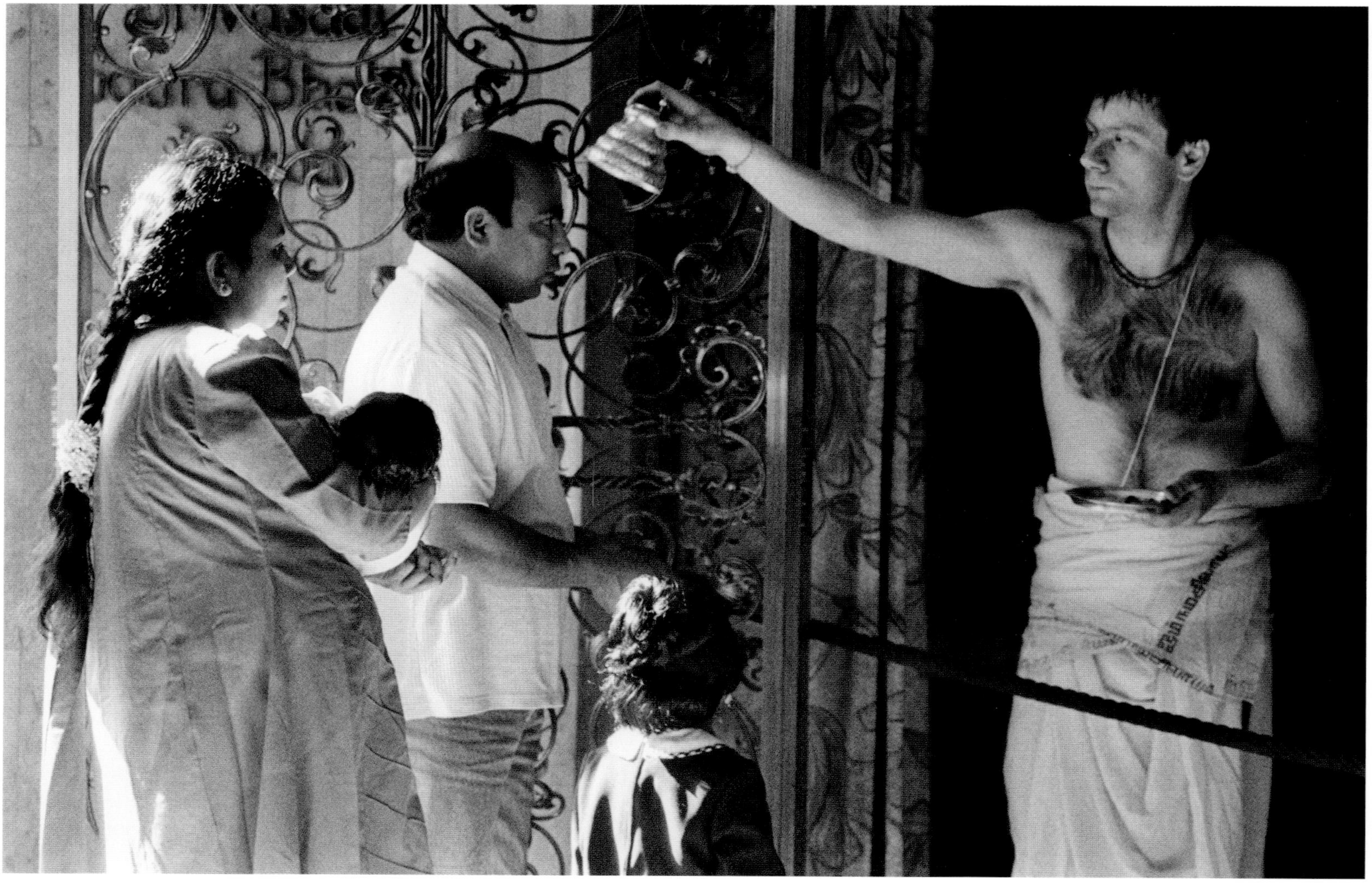

177

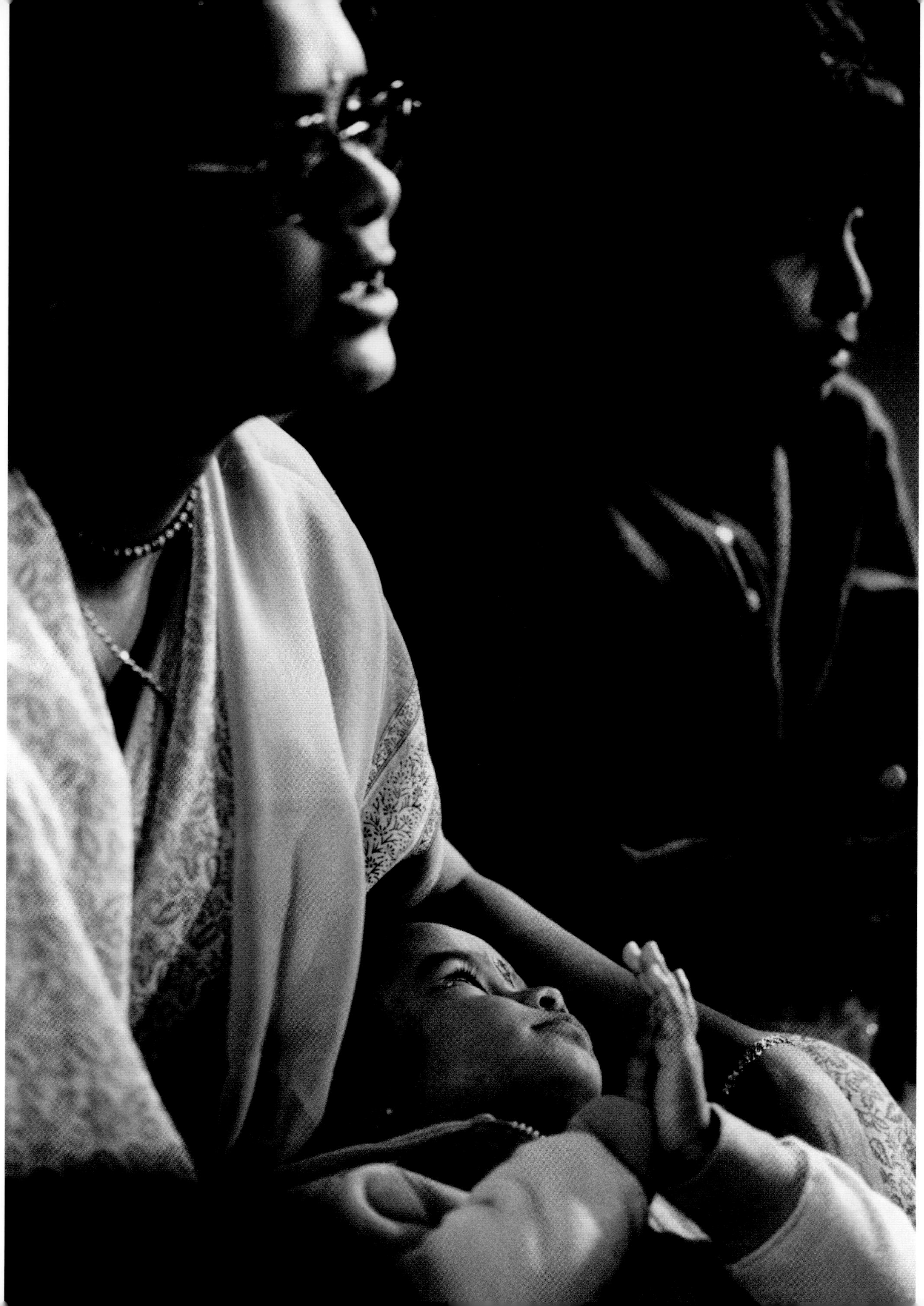

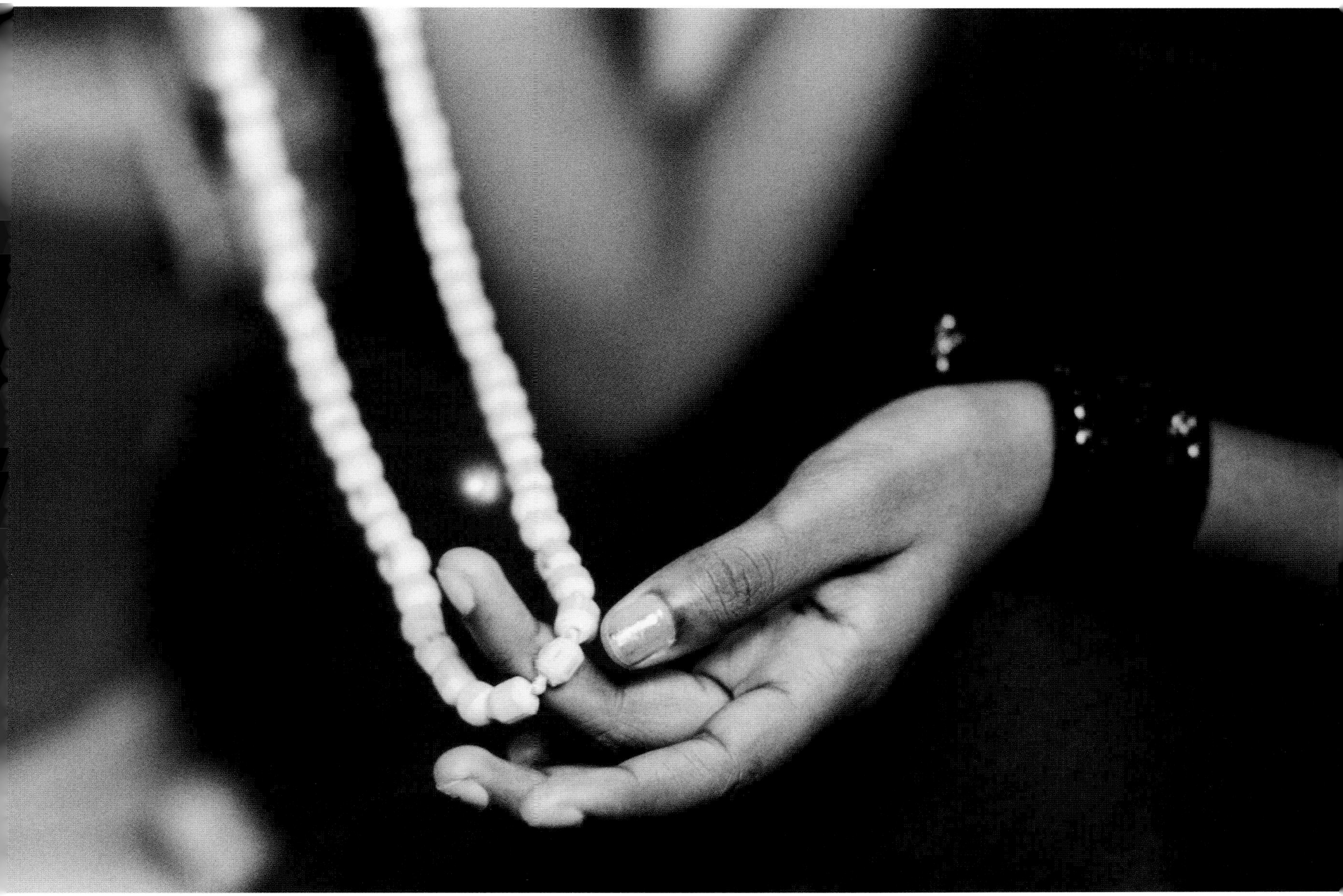

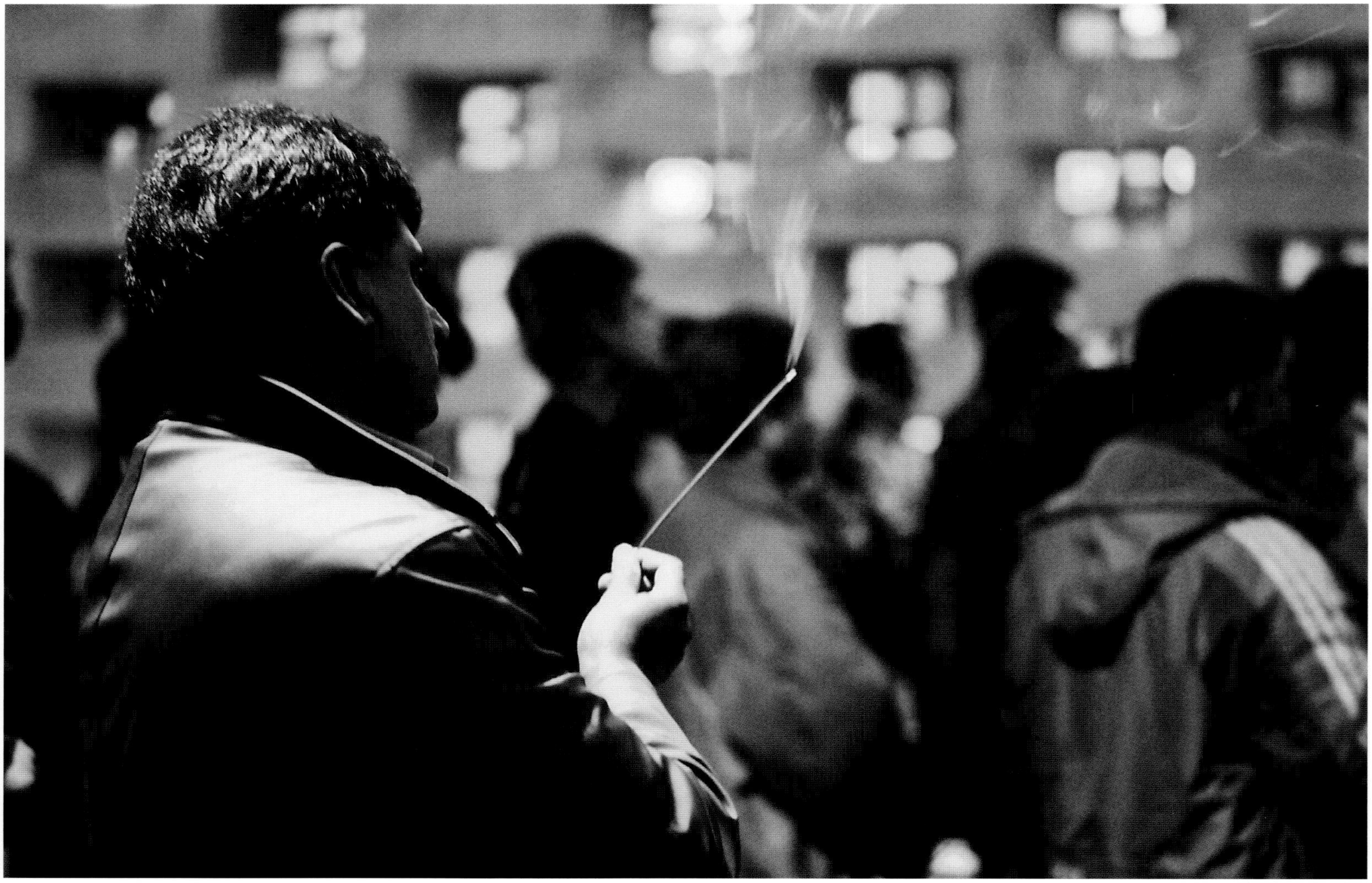

181

«Gott ist überall, er weiss alles.»

Sasitharan Ramakrishnasarma ist Priester. Dass er nebenher als Bäcker arbeiten muss und so nicht täglich Gottesdienst halten kann, nehmen ihm die Gottheiten aber nicht übel.

Paula Lanfranconi

Unablässig rauschen die Autos vorbei. Sasitharan und seine Frau Rohini leben an einer viel befahrenen Strasse in der Stadt Luzern. Drinnen in der Wohnung ist es wohltuend ruhig. Von den Korridorwänden lächeln entrückte Gottheiten, im Bücherregal stehen Statuen von Buddha und der Muttergöttin Durga einträchtig neben Madonnenfiguren und allerlei Plüschtieren. «Wir respektieren jedes Leben», sagt Sasitharan.

Er strahlt eine gelassene Heiterkeit aus. Es ist Sonntagnachmittag, einer der wenigen Tage, an denen der 35-Jährige weder im Tempel noch in der Bäckerei anwesend sein muss. «Die Balance zwischen diesen zwei Tätigkeiten zu finden, ist sehr schwierig», sagt er. Zu Hause in Sri Lanka würde er in Friedenszeiten sechsmal am Tag Gottesdienst, Puja, halten. Tagein, tagaus würden die Gläubigen herbeiströmen. Hier, im Tempel von Gisikon-Root, ist nur zweimal in der Woche und an Festtagen Gottesdienst. Die Spenden der Gläubigen reichen nicht zum Leben. So muss sich der Priester seine Reisschale als Hilfsbäcker verdienen. Jeden Werktag steht er frühmorgens um vier Uhr auf, die Arbeit in der Bäckerei dauert bis zwölf Uhr mittags.

Nur an Dienstag- und Freitagnachmittagen kann Sasitharan seiner eigentlichen Berufung nachkommen. Gegen vier Uhr geht er in den Tempel und bereitet den Gottesdienst vor. Legt geweihte Asche, Sandelholzpaste und Kungkumapulver für den Pottu – den roten Punkt auf der Stirne – bereit, kocht den Süssreis, welcher geopfert und nachher von den Gläubigen gegessen wird. Punkt 19.15 Uhr beginnt dann die Puja. Normalerweise besuchen 100 bis 150 Gläubige den Gottesdienst. Zu den Pflichten des Priesters gehören aber auch private Rituale wie Namensgebungsfeste, Hochzeiten, Totenrituale sowie die religiöse Unterweisung der Kinder. Und die Leute kommen auch mit persönlichen Anliegen zum Priester. Zeit für sich und seine Frau bleibt Sasitharan kaum. «Manchmal schlafe ich nur drei Stunden», sagt er und lächelt.

Dass er Priester werden würde, war immer schon klar. Er stammt aus einer Brahmanenfamilie. Mit 13 begann er seine Ausbildung, lernte Sanskrit und beobachtete den Oberpriester bei den Zeremonien. Neun Jahre hätte die Ausbildung gedauert, doch dann kam der Bürgerkrieg. Die Regierungsarmee warf nachts Bomben ab. Einmal traf es ein Nachbarhaus, die Bewohner starben. «Wir sassen im Bunker und hatten grosse Angst», erzählt Sasitharan. Später verhaftete ihn die Armee, sie hielt ihn für einen Sympathisanten der Rebellen. Mehrere seiner Kollegen wurden erschossen. «Du musst weg!», sagten seine Eltern.

Das war 1992, Sasitharan war 23. Auf der Flucht ging der Schrecken weiter. Einer seiner Gefährten starb – erstickt im Kofferraum des Schlepperautos. Sasitharan erzählt das alles lächelnd – so, als möchte er sein Gegenüber schonen. Doch manchmal stockt seine Stimme, er sagt: «Das kann man mit Worten nicht schildern.» Angst erlebte er dann auch in der Schweiz: Alte Menschen im Heim hatten Angst vor ihm, dem dunkelhäutigen Hilfspfleger. Sasitharan verstand ihre Ängste. Er redete mit den Leuten, und nach vier Monaten, als er das Heim verliess, hatten die meisten Tränen in den Augen.

«Unsere Kulturen sind tatsächlich sehr verschieden», sagt er. «Für uns bedeutet Religion das Leben, wir unterscheiden kaum zwischen religiösen und nichtreligiösen Dingen.» Entsprechend wichtig ist der Tempel in Gisikon-Root für die rund 400 tamilischen Hindufamilien in der Zentralschweiz. Die ersten Pujas fanden 1991 in einem Raum der katholischen St. Karli-Kirche in Luzern statt. Doch bald wurde es dort zu eng. Die Suche nach einem grossen Saal dauerte lange. Wenn Sasitharan den Vermietern jeweils sagte, der Raum würde als Gottesdienstraum benützt, sagten sie: Das wird schwierig! Was sie befürchteten, weiss Sasitharan nicht genau. «Vielleicht hatten sie Angst, weil wir eine andere Religion haben. Aber wir müssen ihnen erklären, was wir machen. Das ist unsere Pflicht.» Und sie wissen: Wir dürfen die Schweizer nicht stören.

Im Jahr 2000 fand die Raumsuche ein glückliches Ende. In der Lagerhalle einer stillgelegten Werkzeugfabrik in Gisikon-Root, direkt am Bahngleis, entstand der Sri Thurkkai Amman-Tempel. Hauptgöttin ist Durga – auf Tamilisch Thurkkai –, die göttliche Mutter. Auch Ganesha und sein jüngerer Bruder Murugan, ihr Vater Shiva sowie Vishnu und eine Reihe weiterer Gottheiten warten in farbenprächtigen Schreinen auf die Huldigung der Gläubigen. Mit den schweizerischen Landeskirchen pflegt Sasitharan gute Kontakte. In Luzern, berichtet er stolz, weihte er zusammen mit seinen christlichen Amtskollegen eine Brücke ein. Wenn ihm Zeit bleibt, hält er Vorträge über Hinduismus oder macht Führungen im Tempel.

Bei den Zeremonien muss er Kompromisse machen, seine Landsleute haben weniger Zeit als in der Heimat. Eine Hochzeitszeremonie darf höchstens drei Stunden dauern. «Wenig Schlaf, viel Stress», sagen die Gläubigen. Und das Leben ist teuer hier, auch die Frauen müssen arbeiten gehen. In die Krippe geben sie ihre Kinder nur im Notfall. Denn in der tamilischen Kultur, sagt Sasitharan, sollte die Mutter in den ersten sieben Jahren bei ihren Kindern sein, damit sie einen guten Charakter bekämen. «Viele Paare lösen es so, dass die Frau nur 50 Prozent arbeiten geht.» Das heisst, dass der Mann bei der Kinderbetreuung, beim Kochen und Putzen mithelfen muss. Das ist ungewohnt und sorgt manchmal für Streit.

Überhaupt ist der Alltag ein ständiger Balanceakt zwischen der eigenen und der fremden Kultur, auch und gerade für den Priester als Hüter der Tradition. So schreibt der Hinduismus seinen Anhängern ein pflichterfülltes Leben vor, wie es die Kaste, in die sie hineingeboren wurden, vorsieht. Sasitharan indes relativiert: «Menschen sind Menschen, wenn Kasten ins Spiel kommen, gibt es Probleme.» Den Gläubigen sagt er: Ihr lebt hier in einem anderen Land. Die Menschenrechte müssen eingehalten werden. In der tamilischen Kultur wiederum ist es verboten, zu rauchen oder Alkohol zu trinken. So erläutert Sasitharan den Leuten, was Alkohol und harte Drogen sind und warum sie darauf verzichten sollen. Besorgte Eltern bitten ihn, ihre Töchter beim Pubertätsfest daran zu erinnern, dass es in ihrer Kultur nicht erlaubt ist, vor der Heirat Geschlechtsverkehr zu haben. Und dass man nur einmal im Leben heiratet. «Die Eltern», weiss der Priester, «haben grosse Angst, dass ihrer Tochter eine ungewisse Zukunft bevorsteht, wenn sie vor der Heirat schwanger würde.» Die Eltern möchten auch nicht, dass der Freund ihrer Tochter aus einer anderen Kultur kommt – auch, weil sie sehen, wie viele hiesige Paare sich scheiden lassen. «Diese Angst», glaubt der Priester, «ist berechtigt.»

Anderseits seien viele Eltern allzu streng. Das sorgt für Konfliktpotenzial, gerade auch im Hinblick auf die Zukunft. Die meisten Eltern, weiss der Priester, möchten so bald wie möglich zurück in die Heimat. Einige machen den Kindern Druck, mitzukommen. Sasitharan findet das eigentlich nicht gut: «Was sollen die Jugendlichen dort machen? Sie sind hier aufgewachsen, haben Deutsch gelernt, und viele sind eingebürgert.» Aber er möchte den Gläubigen nicht zu nahe treten. So relativiert er und sagt, das müssten die Eltern mit den Kindern ausmachen: «Als Priester kann ich nur beraten.»

Doch wie die Jugendlichen sich zurecht finden sollen, wenn die Eltern zurück nach Sri Lanka reisen würden, kann der Priester auch nicht sagen. Er ist geprägt von der tamilischen Kultur, die westliche Vorstellung, ab 18 sei jeder Mensch selber verantwortlich für sein Leben, bleibt ihm letztlich fremd. Die meisten Secondos, meint er, zeigen Respekt vor den Eltern und ihrer Tradition. Aber je älter die Jugendlichen werden, desto mehr lösen sie sich vom elterlichen Gängelband. Zwischen 17 und 24 lassen sich viele Jugendliche im Tempel nicht mehr blicken.

Hat der Hindupriester einen Wunsch an die Schweizerinnen und Schweizer? Er lächelt. Sagt, er empfinde vor allem Dankbarkeit, dass sie hier in Ruhe leben könnten. Früher habe es viele Missverständnisse gegeben, heute seien die Tamilen so etwas wie die Lieblingsausländer der Schweizer. Aber einen Wunsch hat er doch: «Dass die Schweizer nicht alle Tamilen in einen Topf werfen, wenn einer einen Fehler gemacht hat.» Denn, und er deutet auf seine Hand, nicht jeder Finger ist gleich wie der andere.

Der Bürgerkrieg hat auch Ramakrishnasarmas Leben radikal verändert. Statt wie seine Vorfahren Priester zu sein, muss er einen grossen Teil seiner Zeit in der Bäckerei arbeiten. Dass ihm die Gottheiten dies übel nehmen, glaubt er aber nicht: «Gott ist überall, er weiss alles. Er weiss auch, was ich bin, wo ich bin und was ich tue.»

«Bildung kann uns

Erziehung

niemand wegnehmen.»

186/187	Deutschkurs für tamilische Frauen.
188	Singham übersetzt den Verkehrskunde-Kurs seiner Fahrschule in Zürich. «Wir sind die einzige Schule mit tamilischer Übersetzung.»
189	Fahrstunde.
190-194	Vorschulkinder im Tamil-Unterricht. Sie singen tamilische Lieder und lernen das Alphabet, bestehend aus 247 Buchstaben und Buchstabenkombinationen.
195	Alljährlich absolvieren Hunderte von Schülern eine Tamil-Prüfung.
196	Janushans Computer.
197	In Mathematik bekommt Janushan Nachhilfeunterricht.
198	Anuthika besucht die Sekundarschule (Bild oben).
198/199	Die Schwestern Nilayini und Thakshayini kurz vor der Matura. Heute studieren sie Medizin. «Ärzte geniessen besonderen Respekt, da sie nach Gott die Einzigen sind, welche Menschenleben retten können.»
200	Als Fünfjähriger zog Thileeban zu seinen schon früher aus Sri Lanka geflohenen Eltern in die Schweiz. Nach drei Jahren kam er in ein Kinderheim, bis ihn seine frühere Primarlehrerin und deren Partner im Alter von dreizehn Jahren aufnahmen und seine Pflegeeltern wurden.
	Zur Zeit macht Thileeban eine Polygrafenlehre.
201	Elsi ist Pharmaziestudentin an der ETH Zürich.
202/203	Thushant und Partheepan dienen ihrer neuen Heimat.

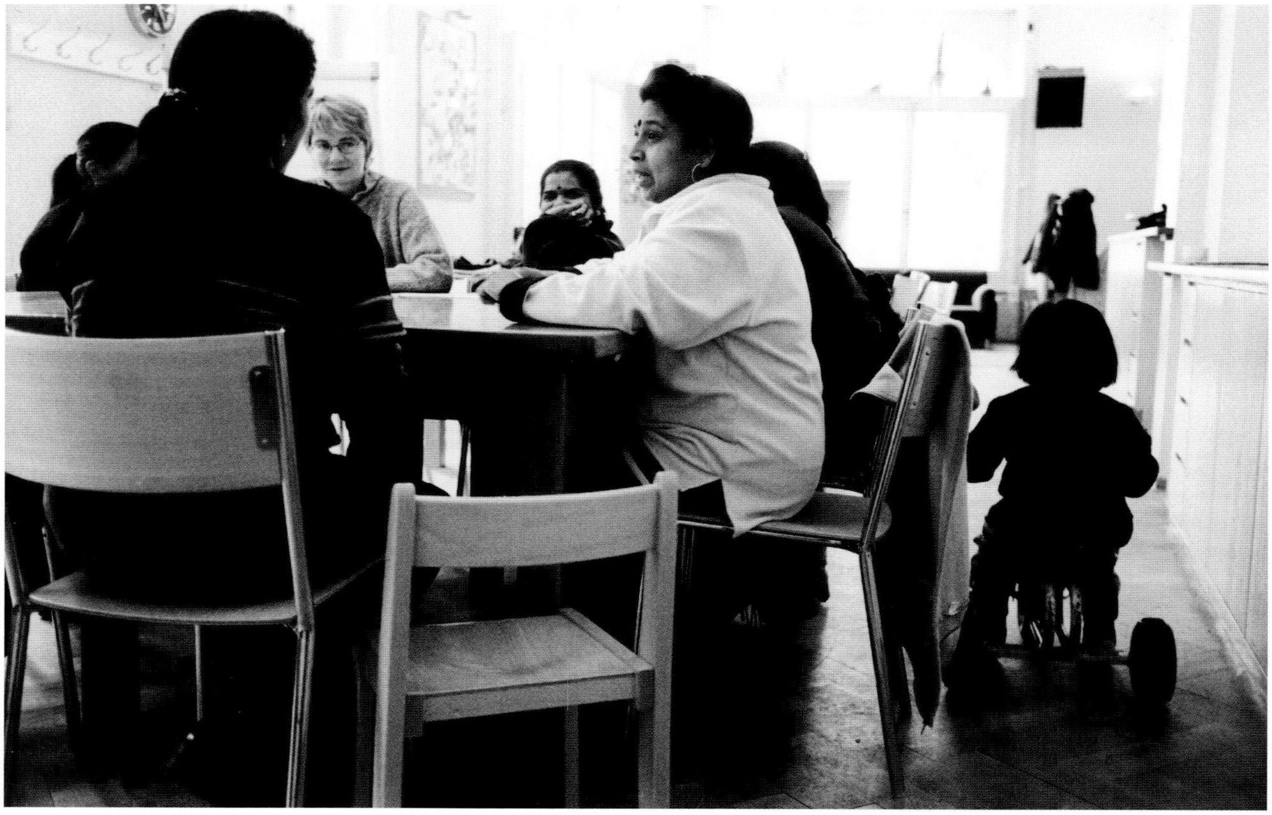

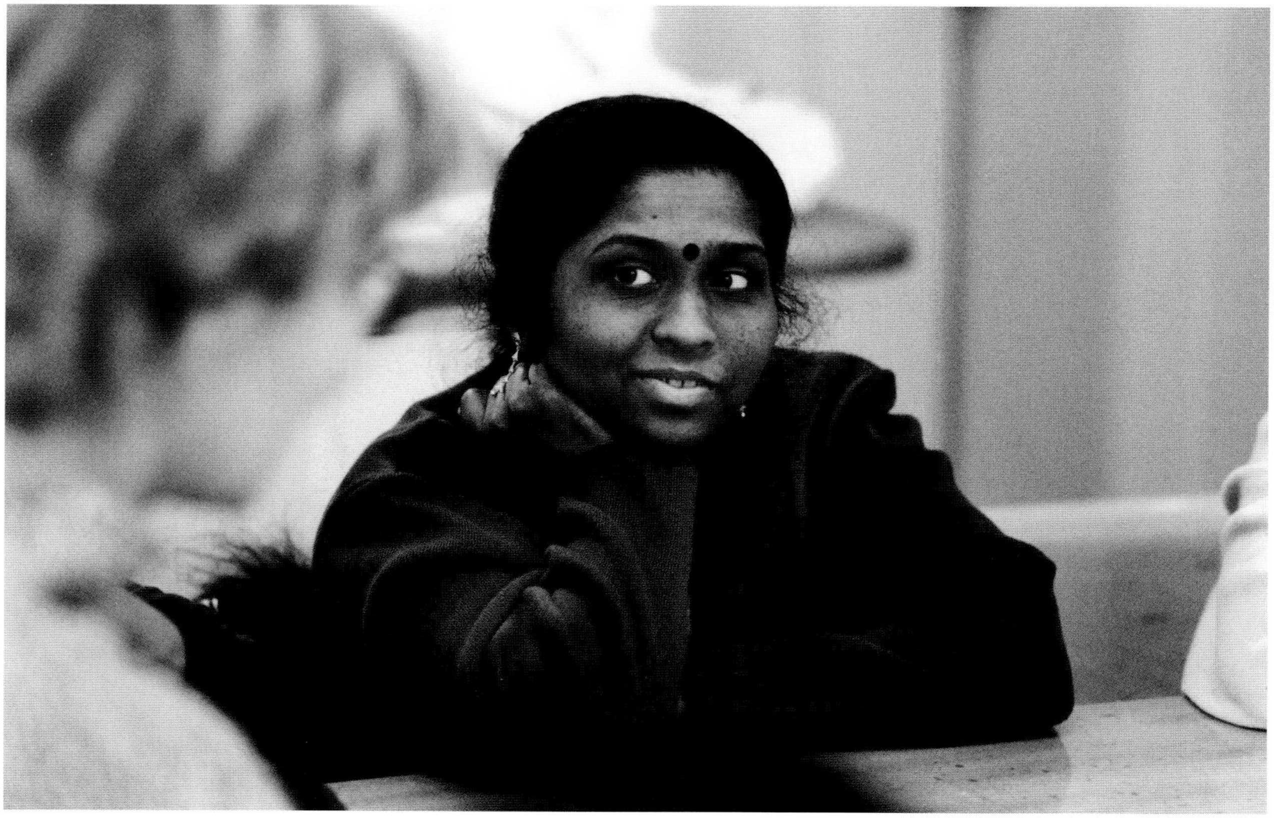

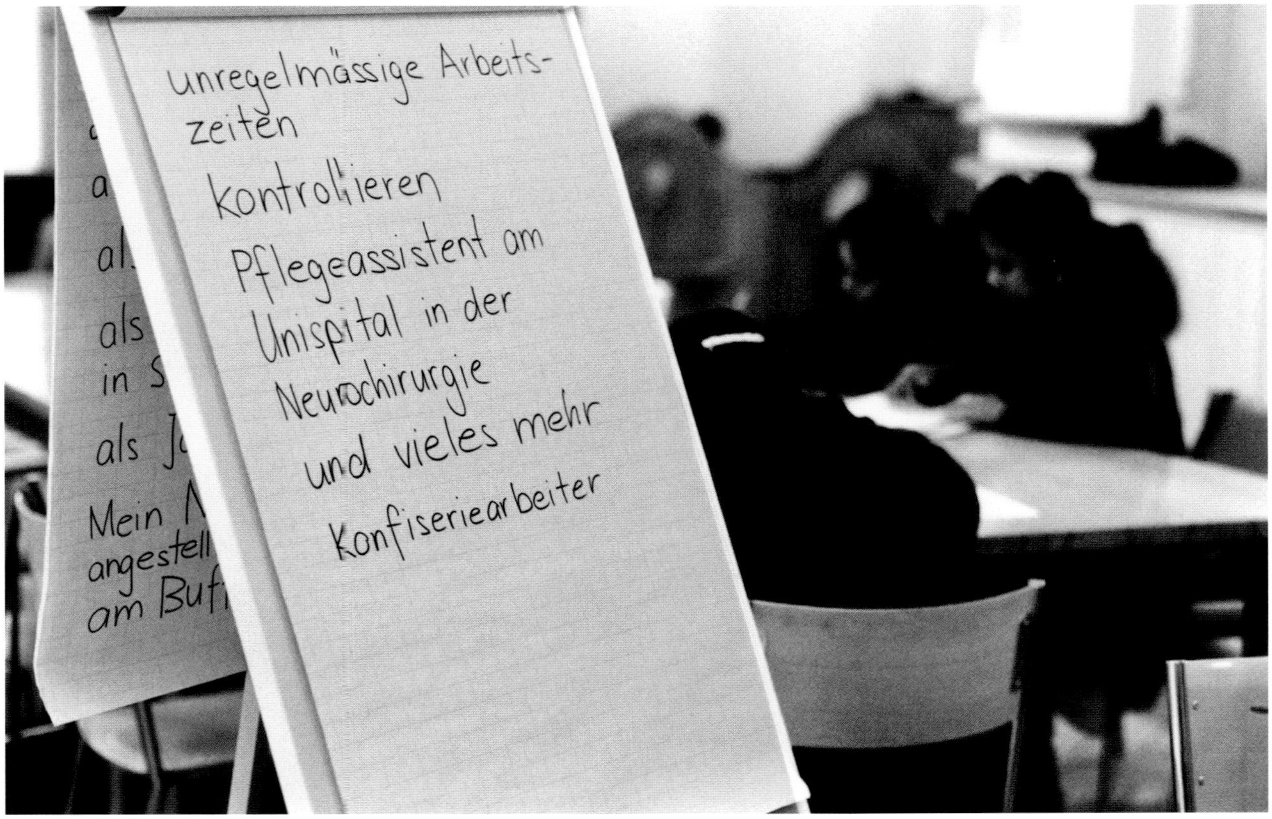
unregelmässige Arbeits-
zeiten
kontrollieren
Pflegeassistent am
Unispital in der
Neurochirurgie
und vieles mehr
Konfiseriearbeiter

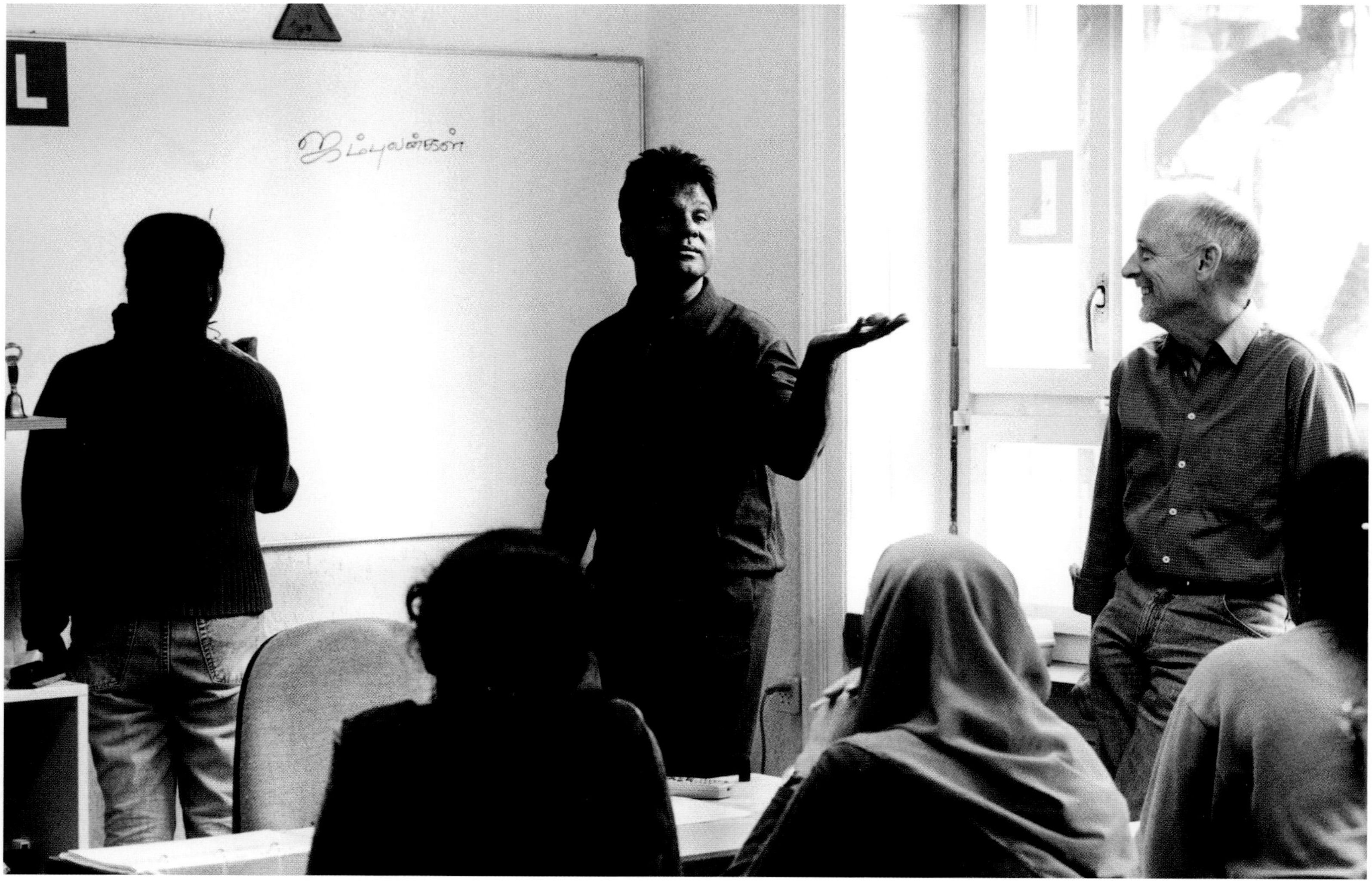

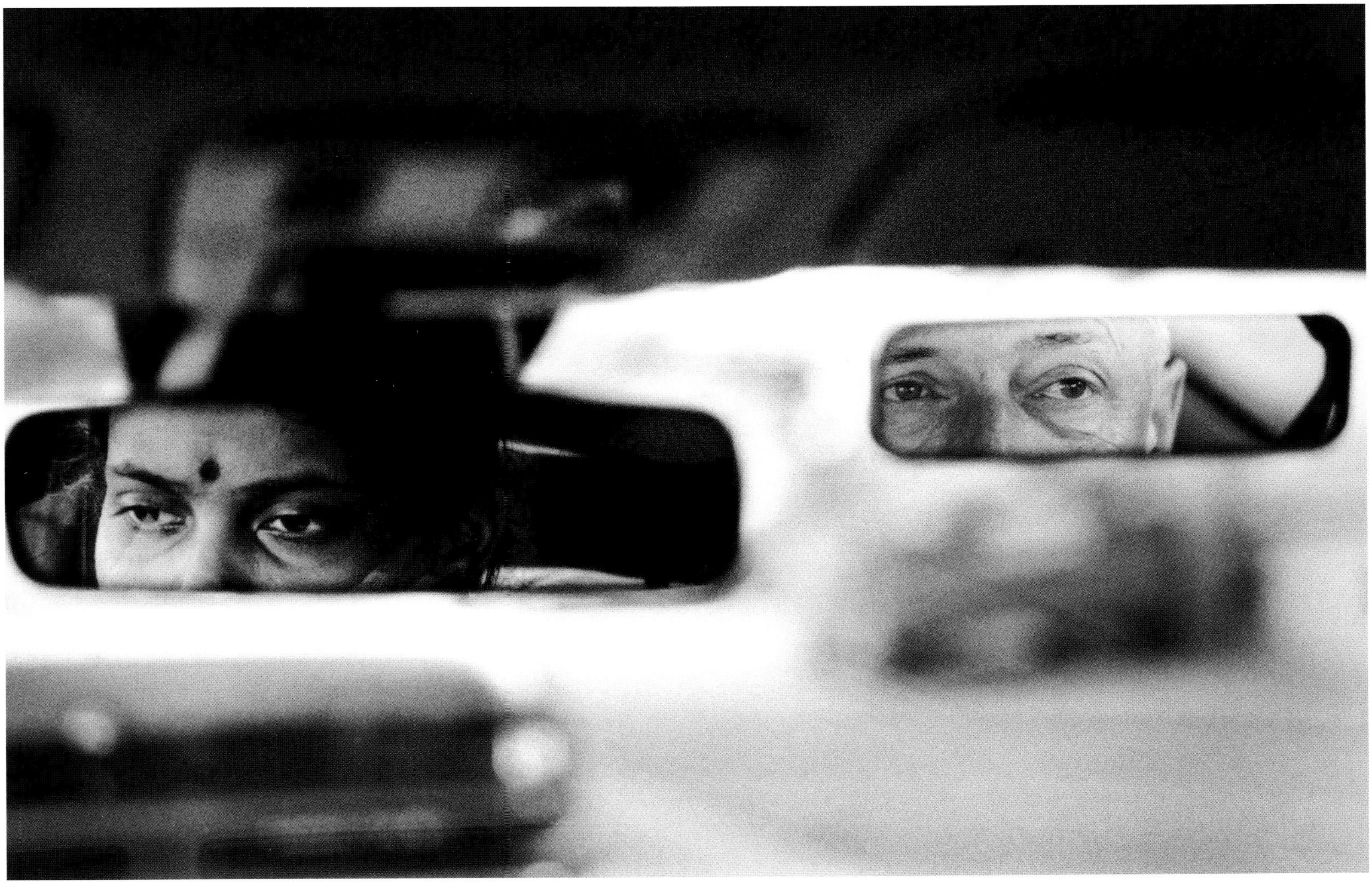

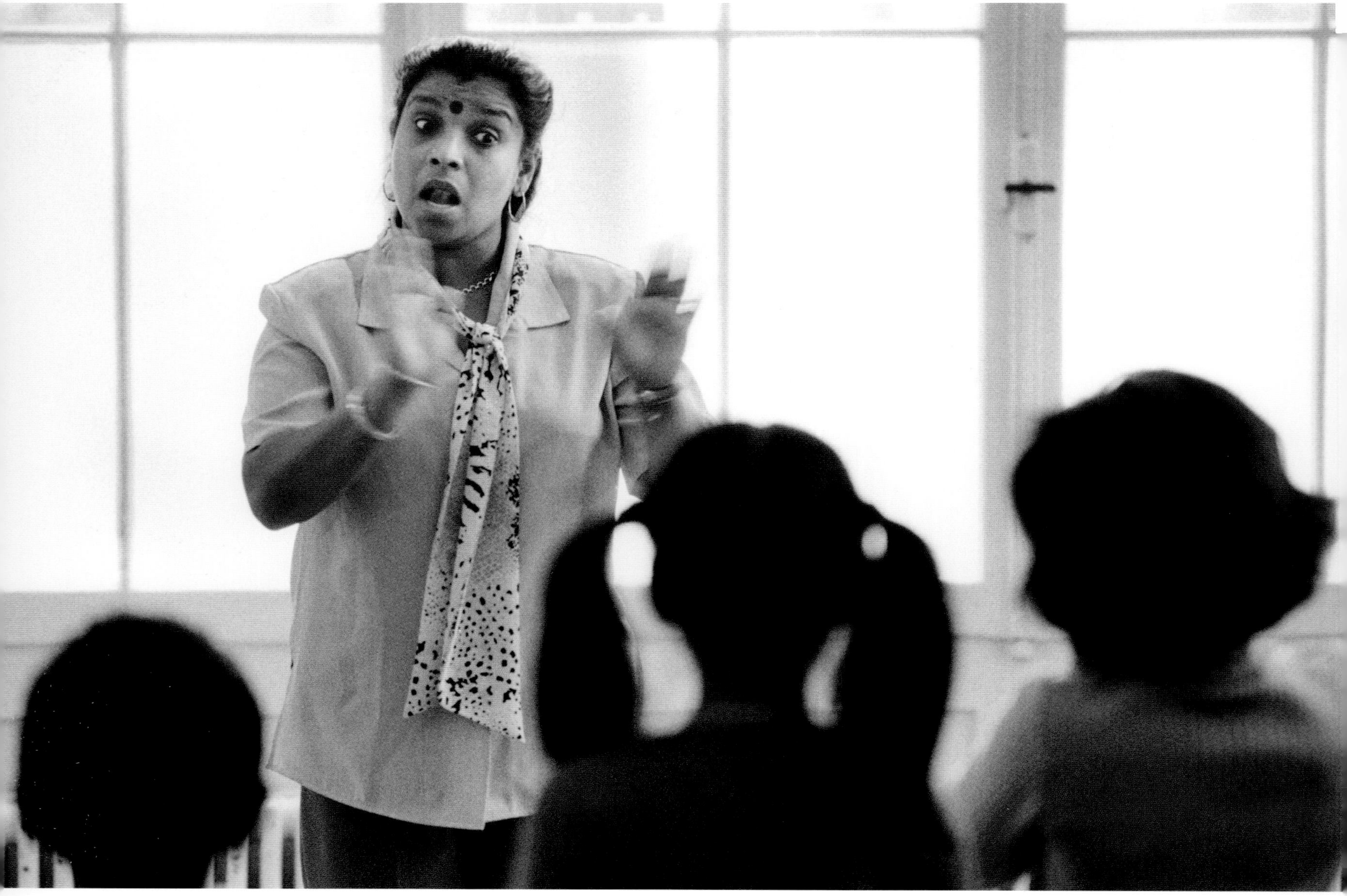

s bin ich
itamine und Feinchemikalien
MERCK ist Spitze in Spezia

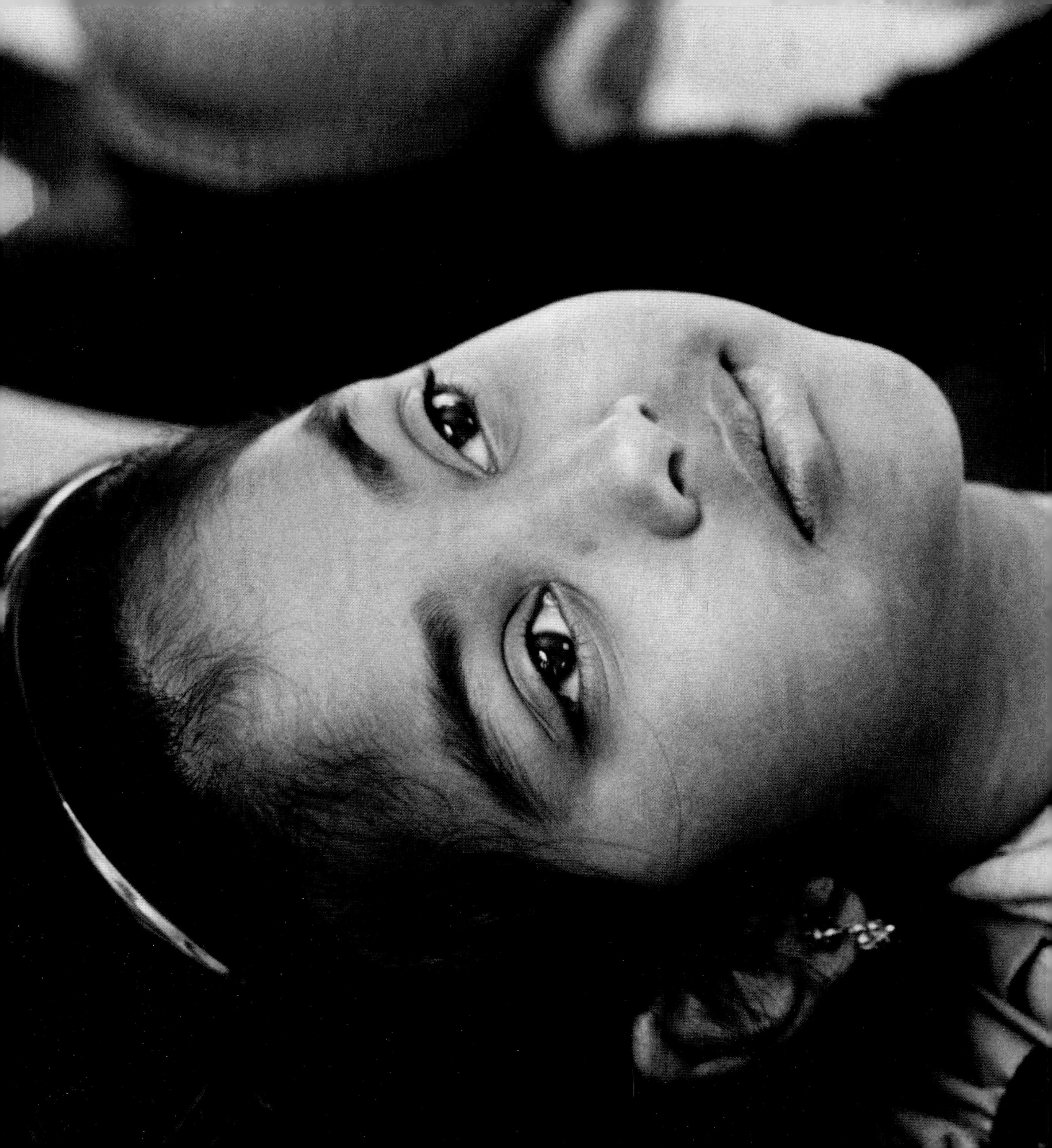

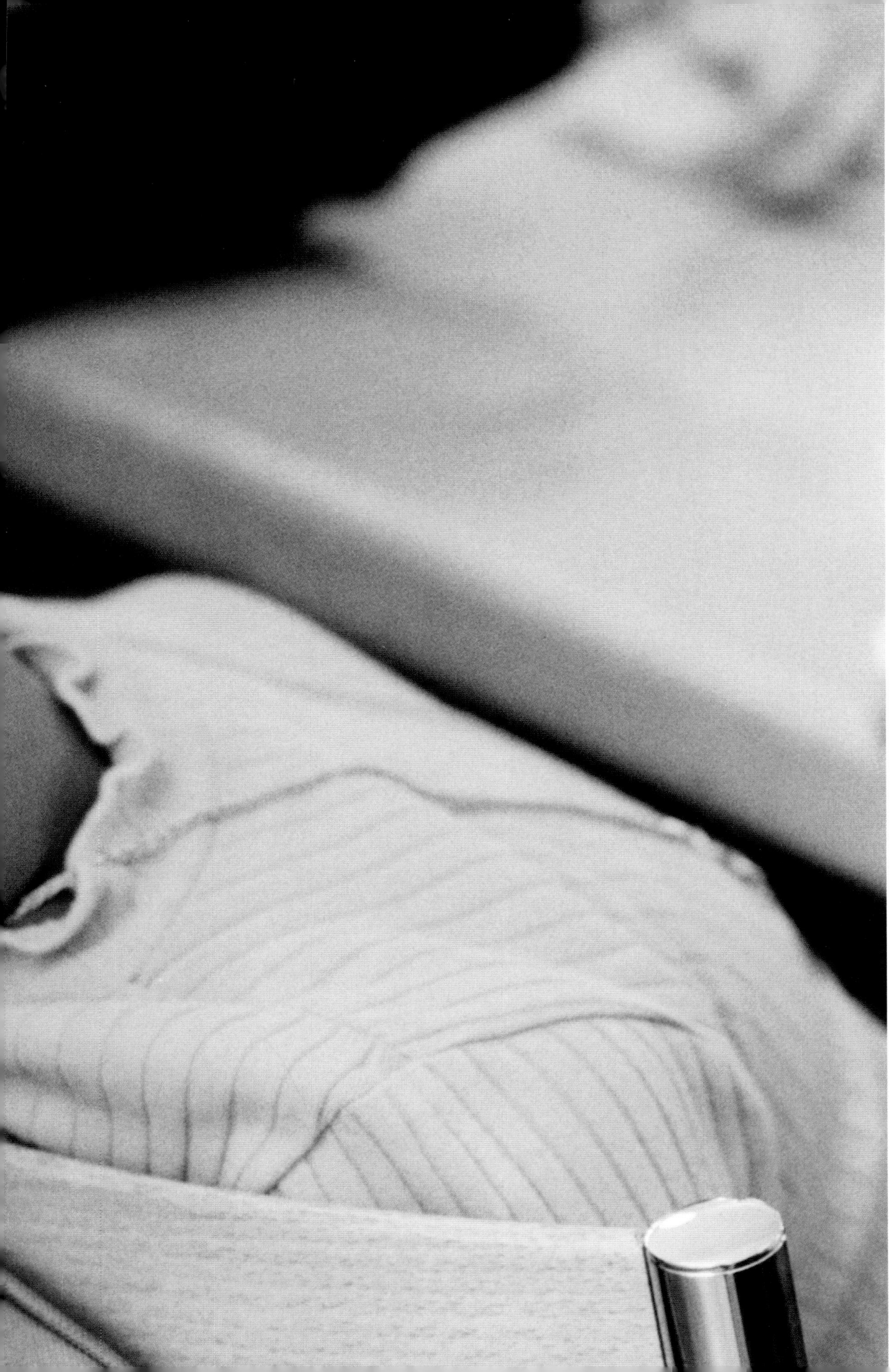

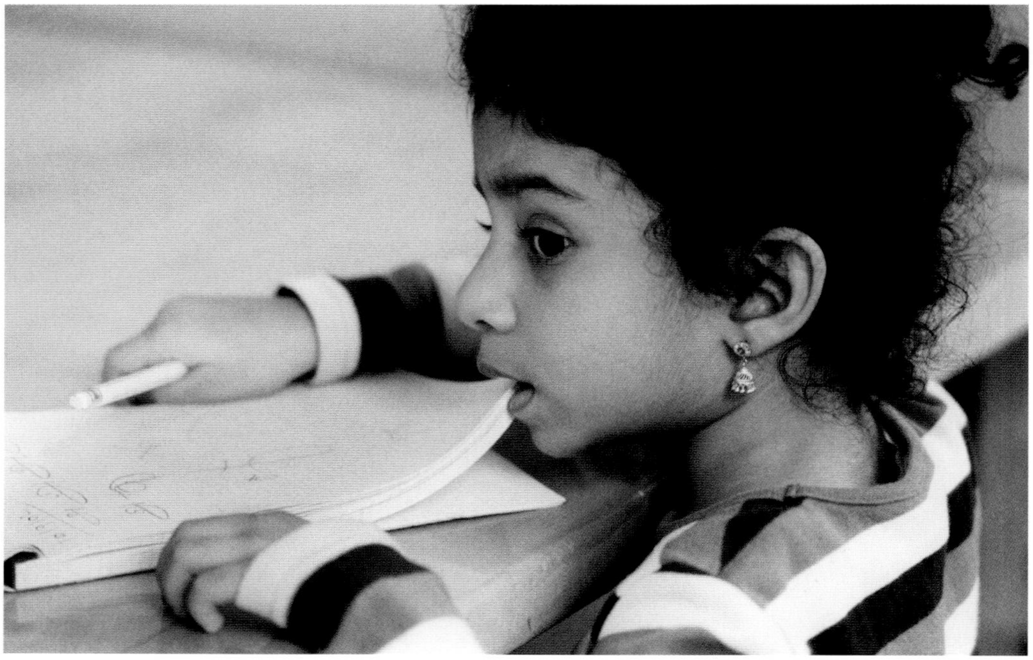

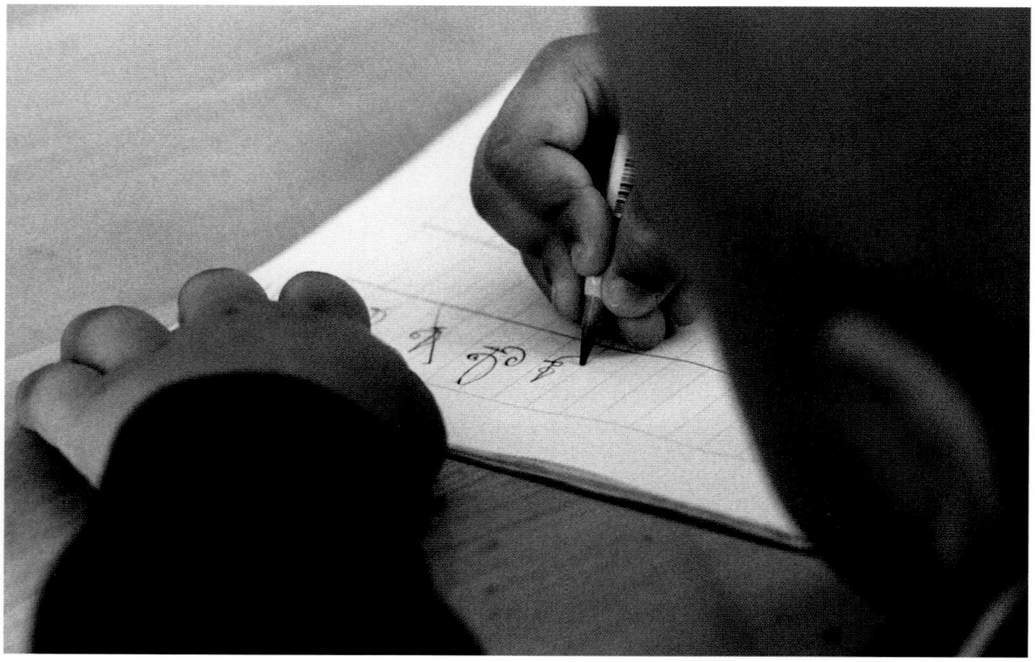

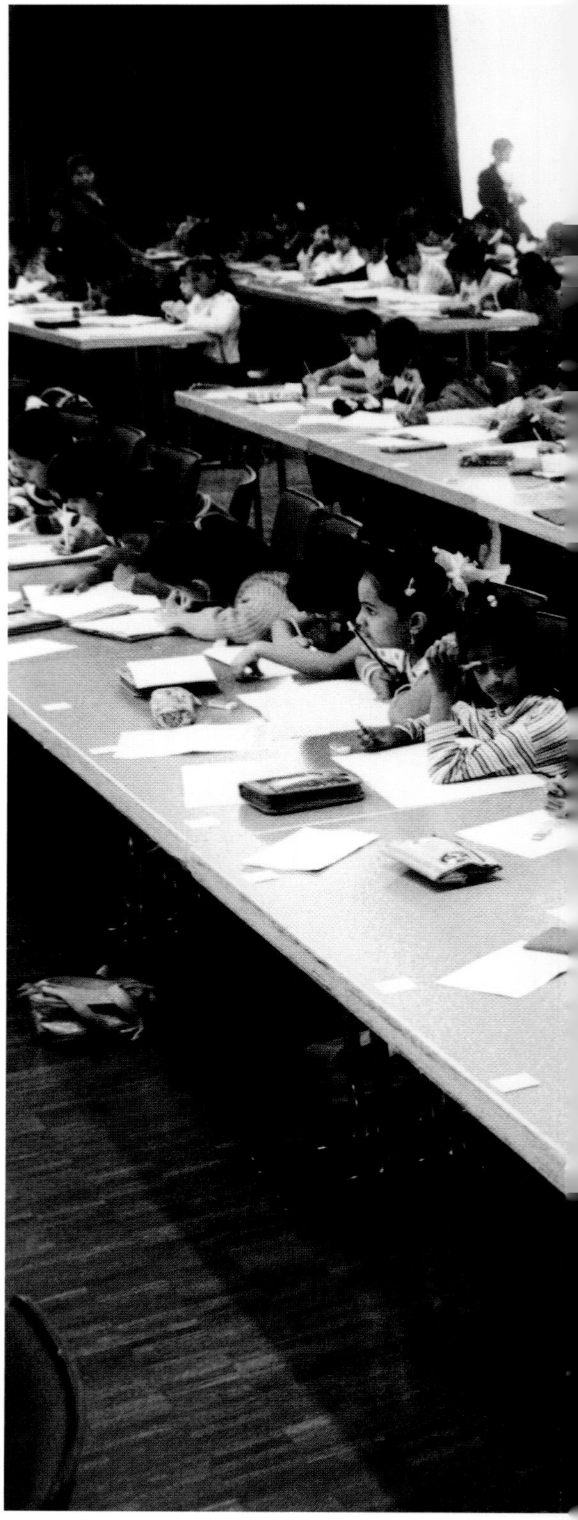

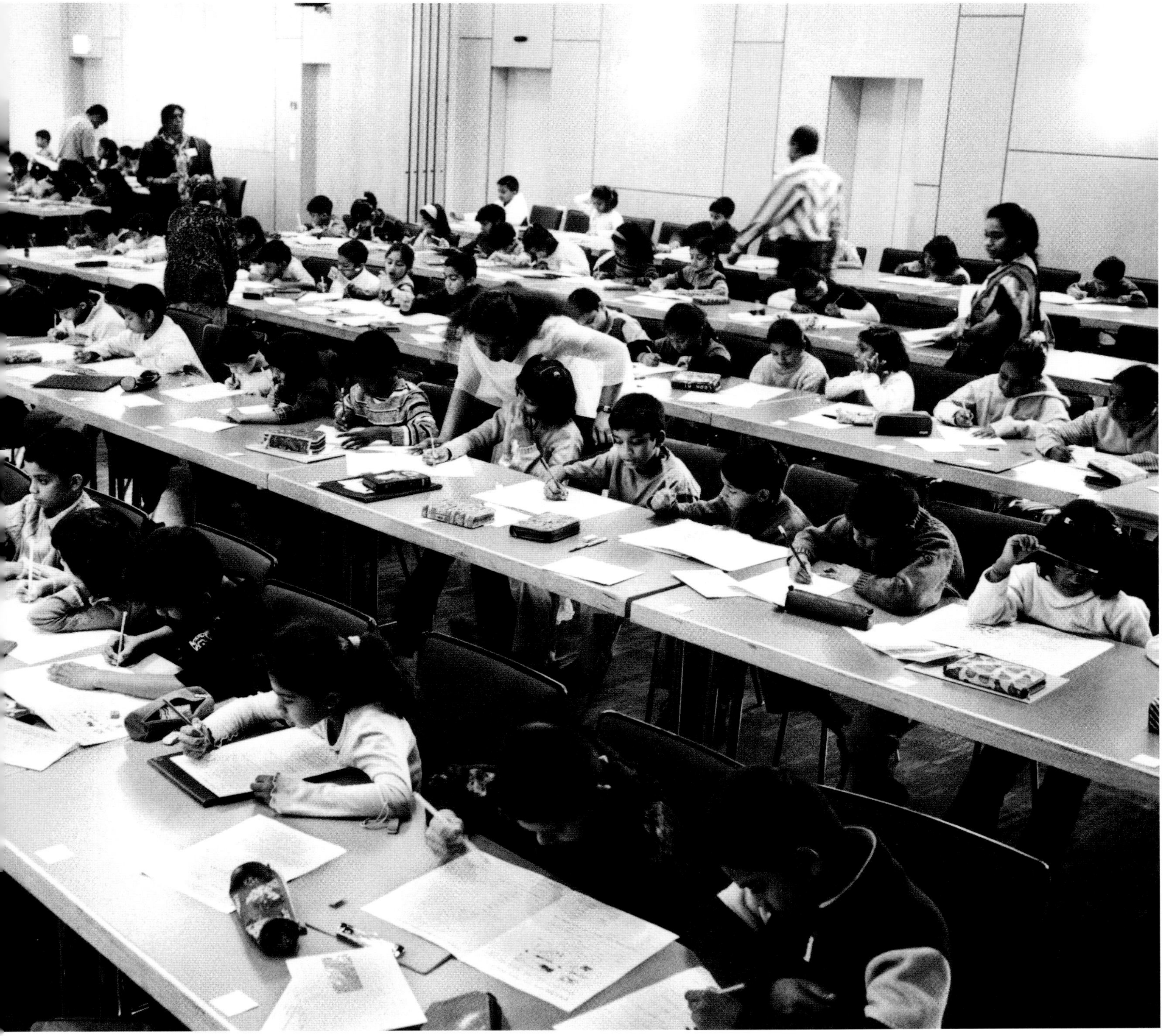

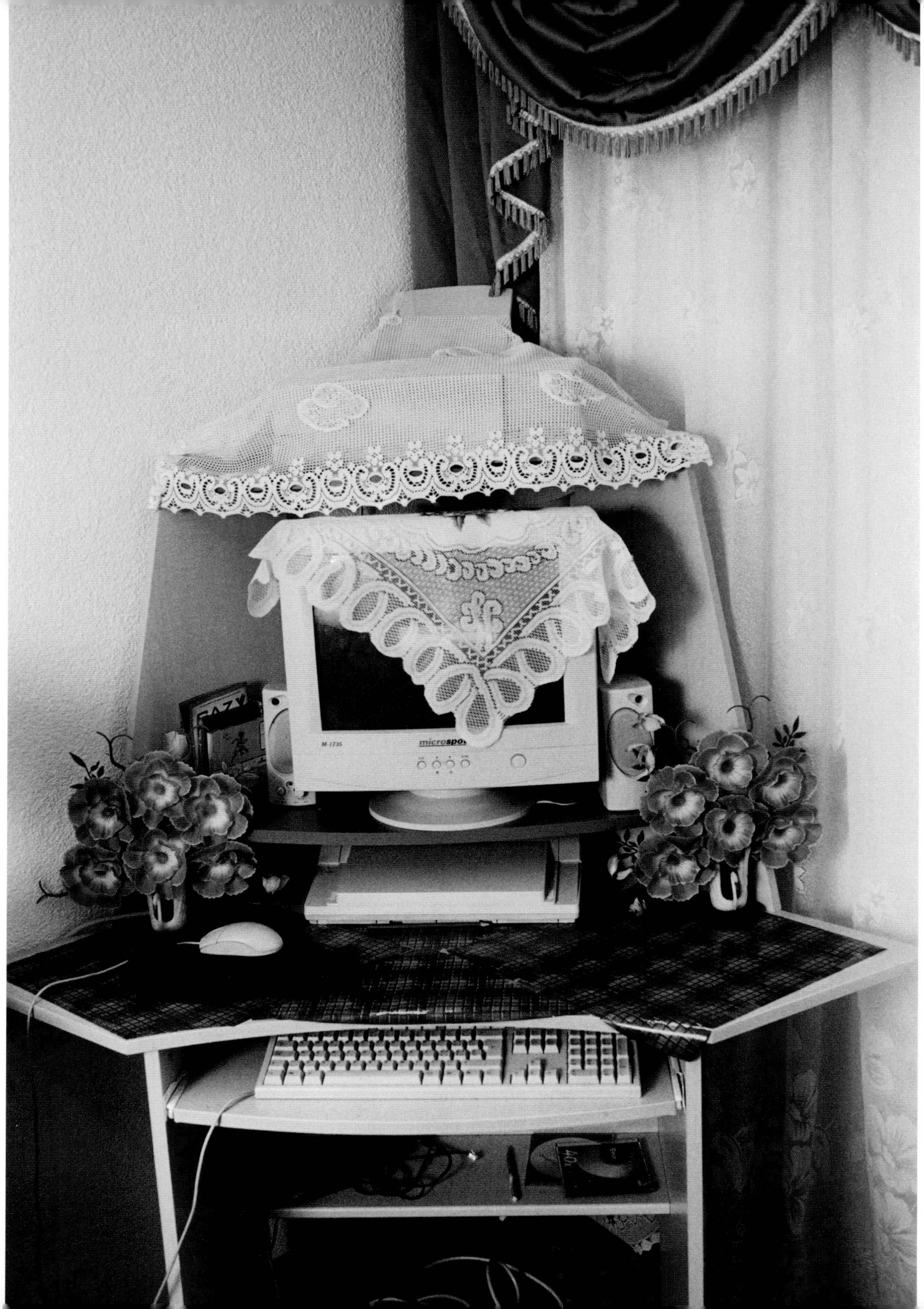
M-1735

197

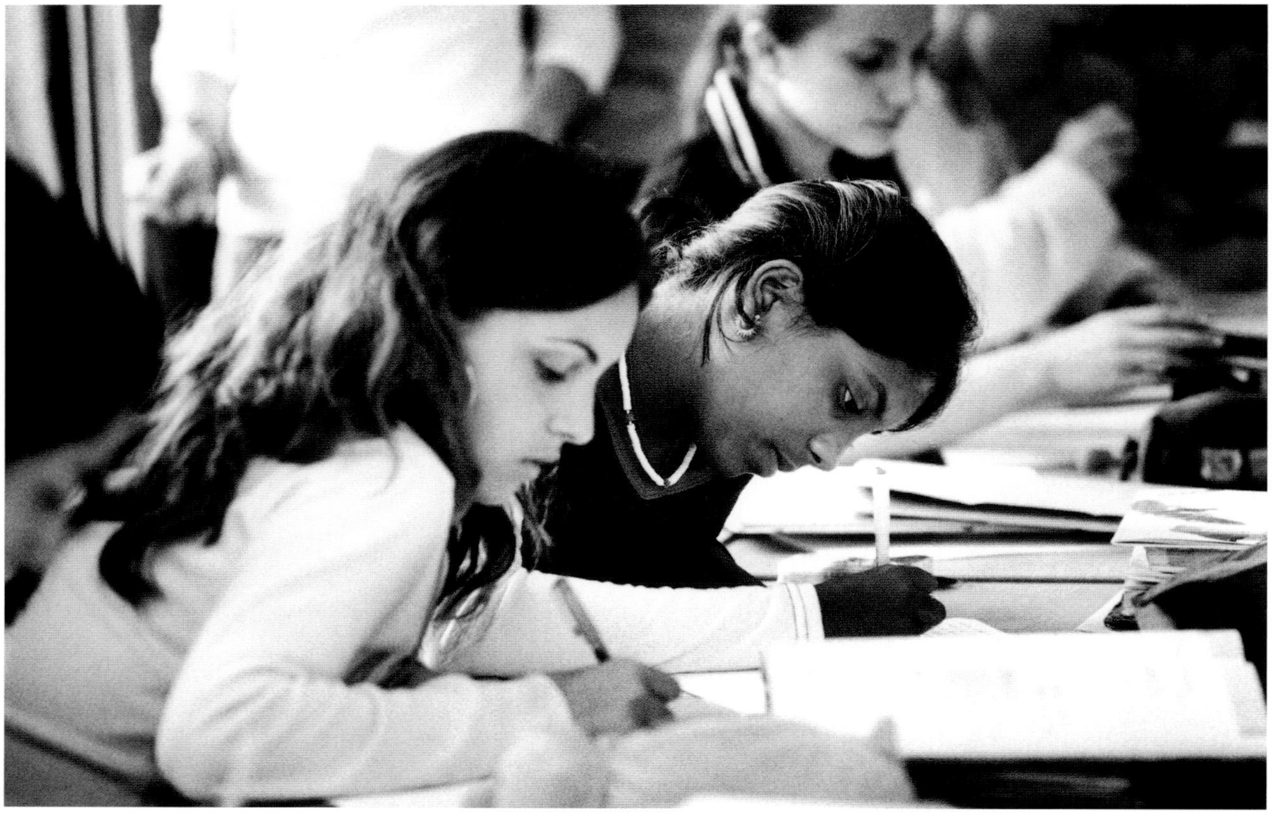

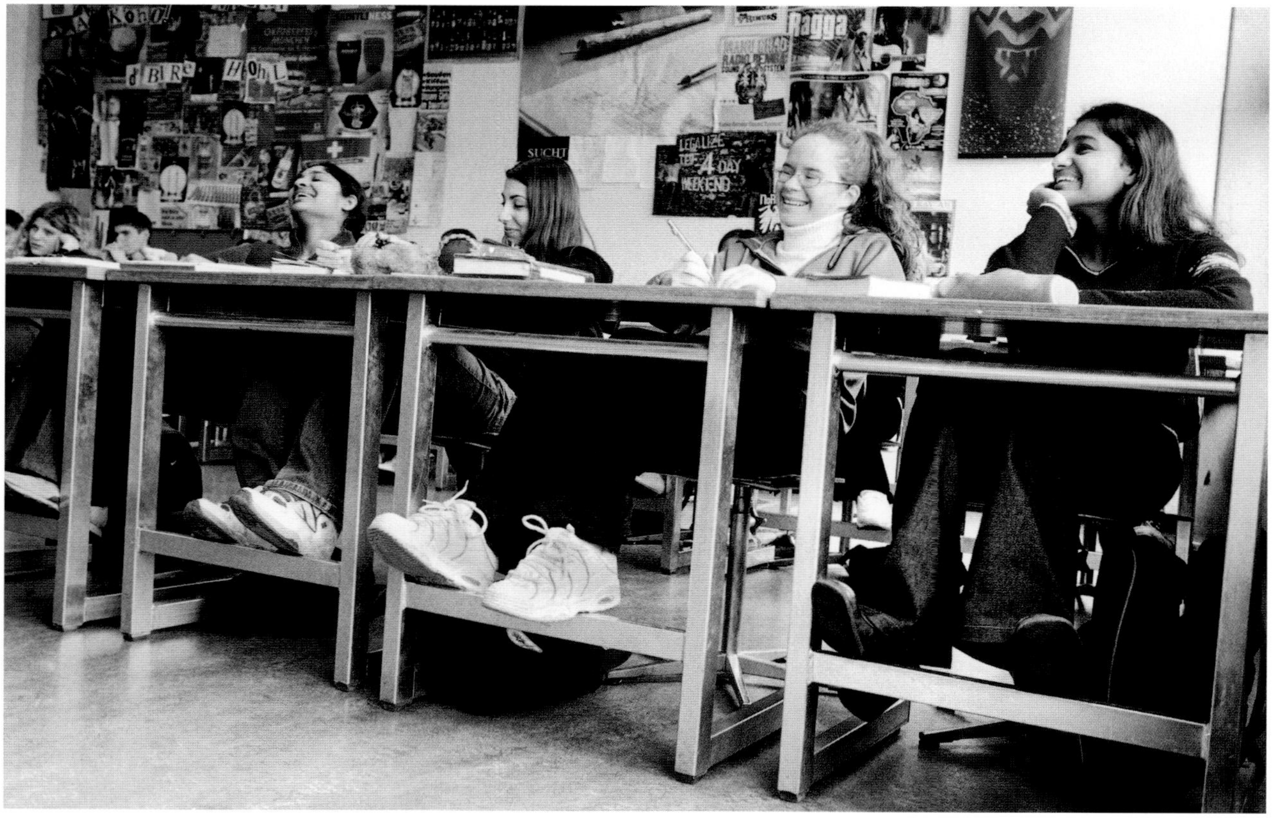
Ragga
SUCHT
LEGALIZE
4 DAY
WEEKEND

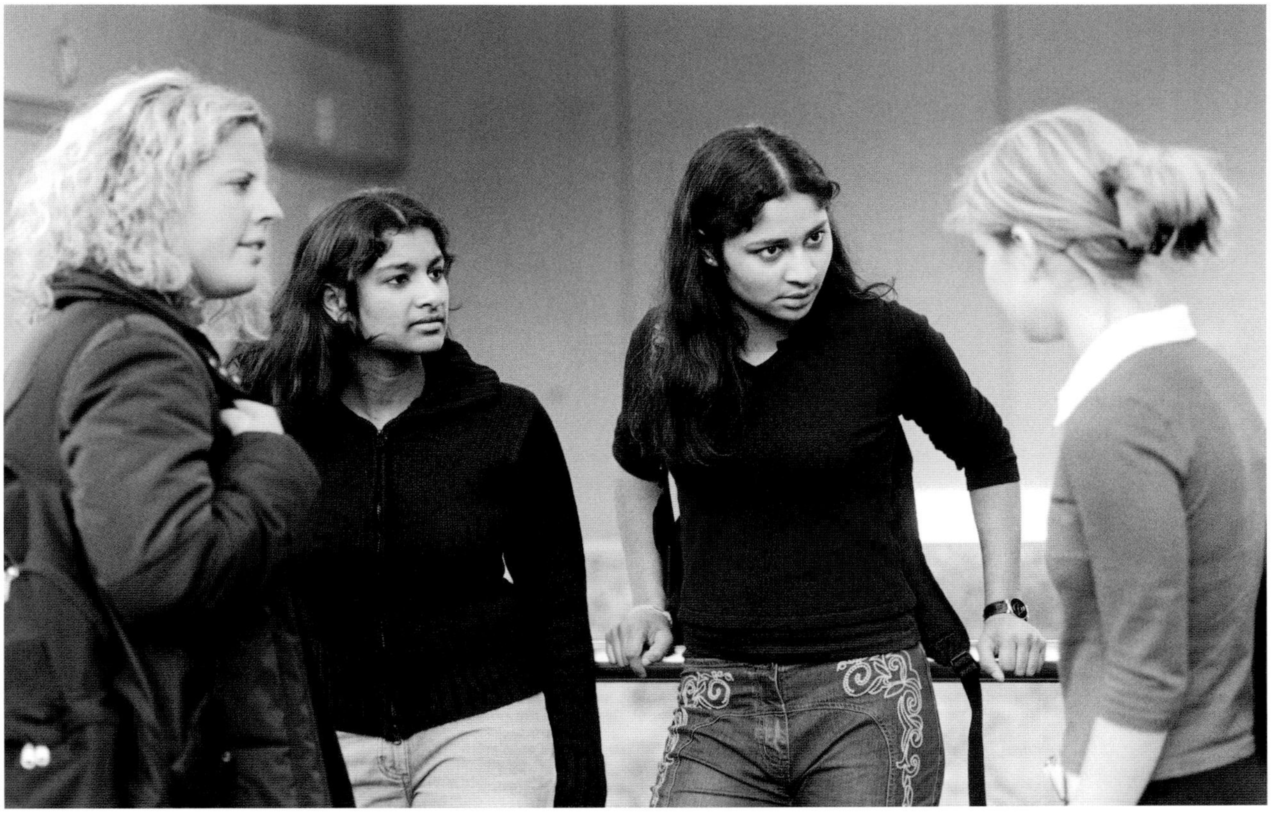

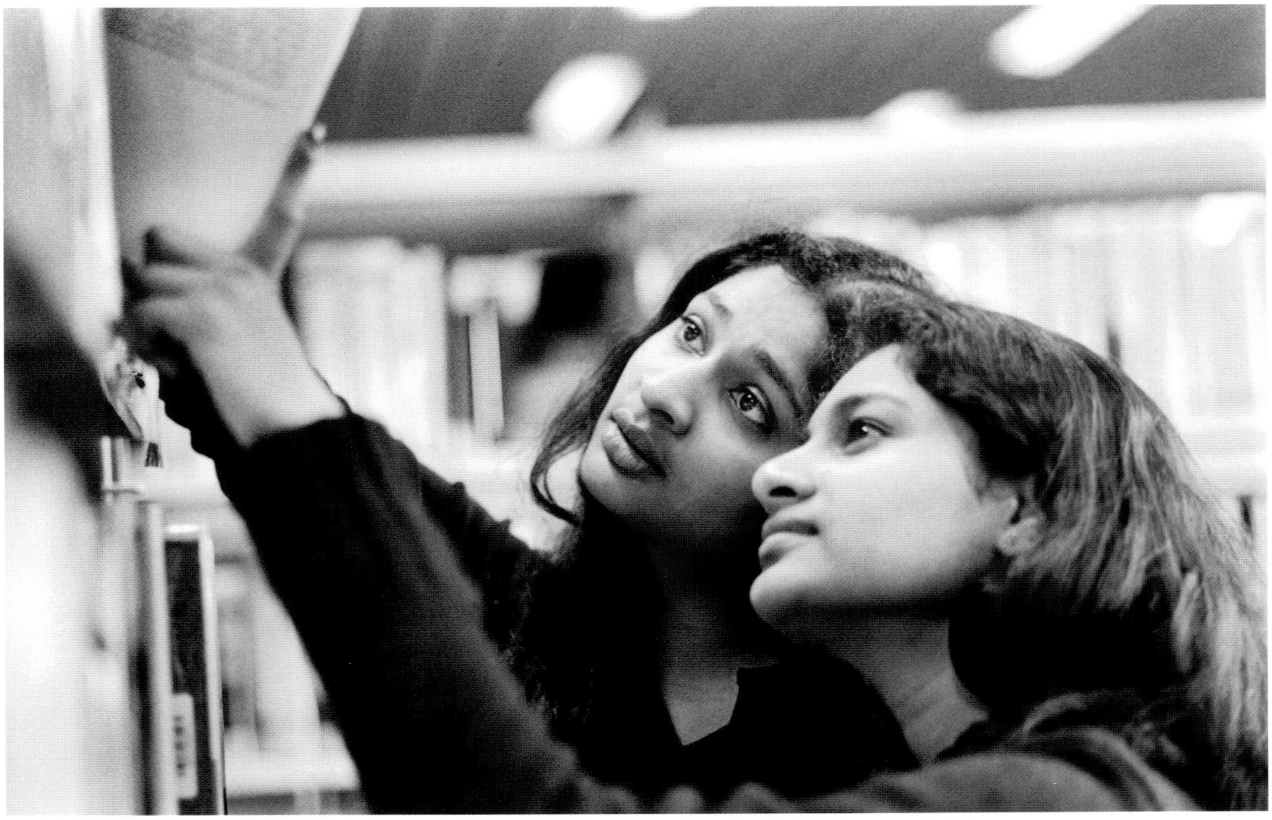

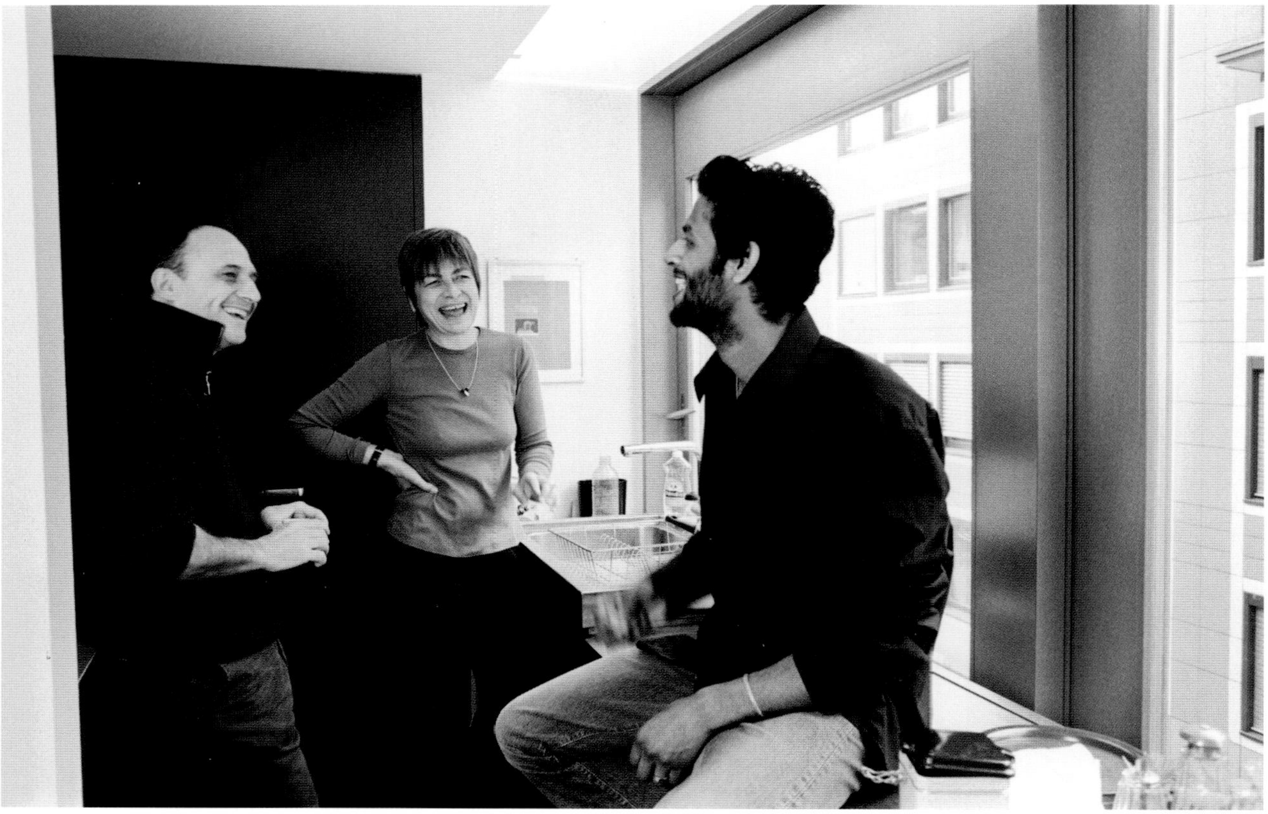

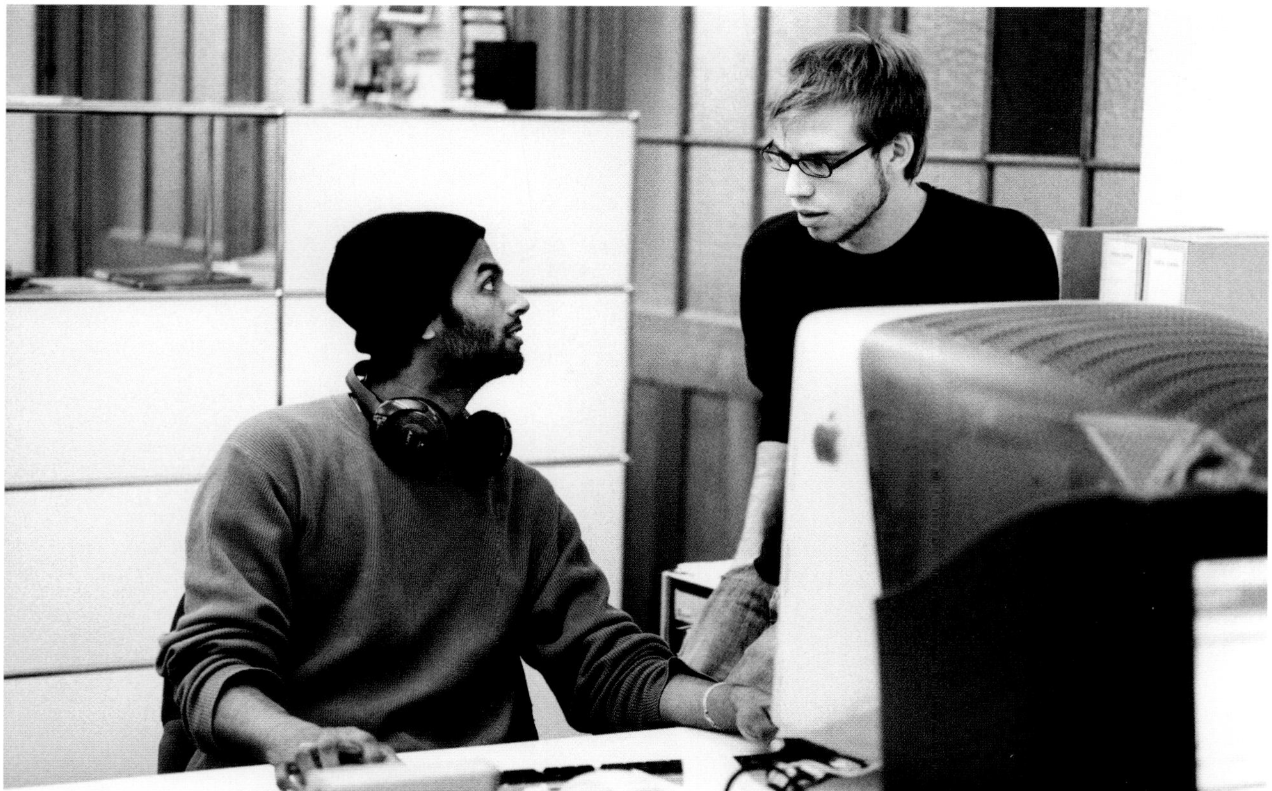

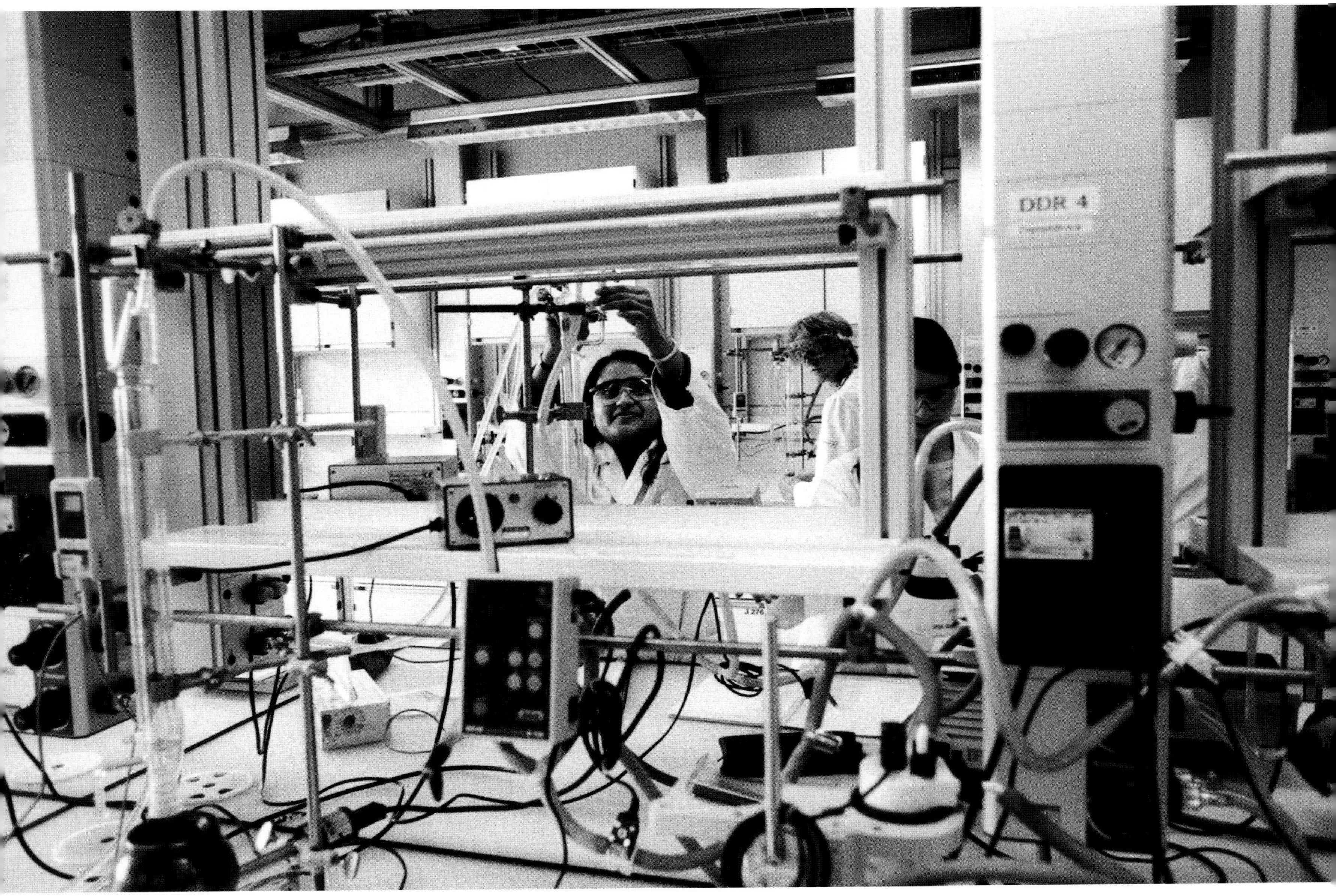
DDR 4

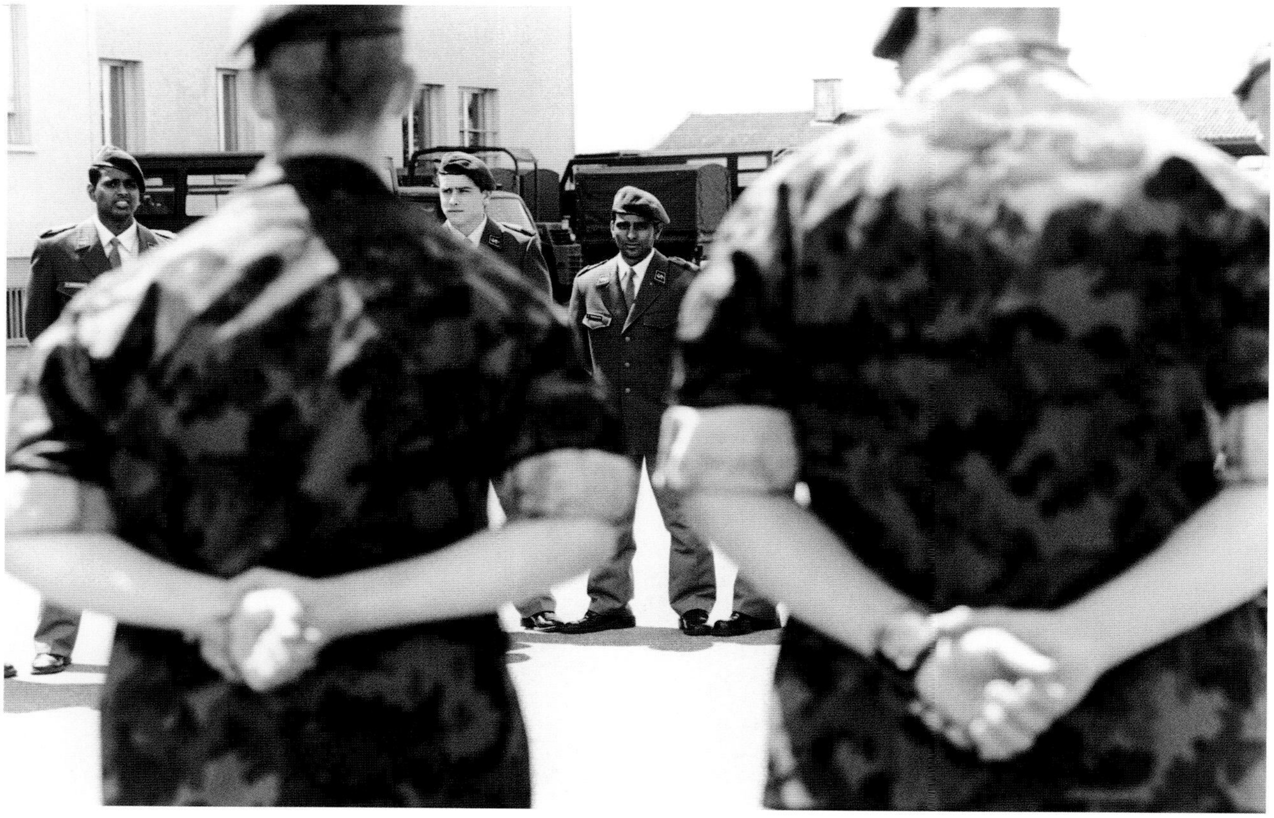

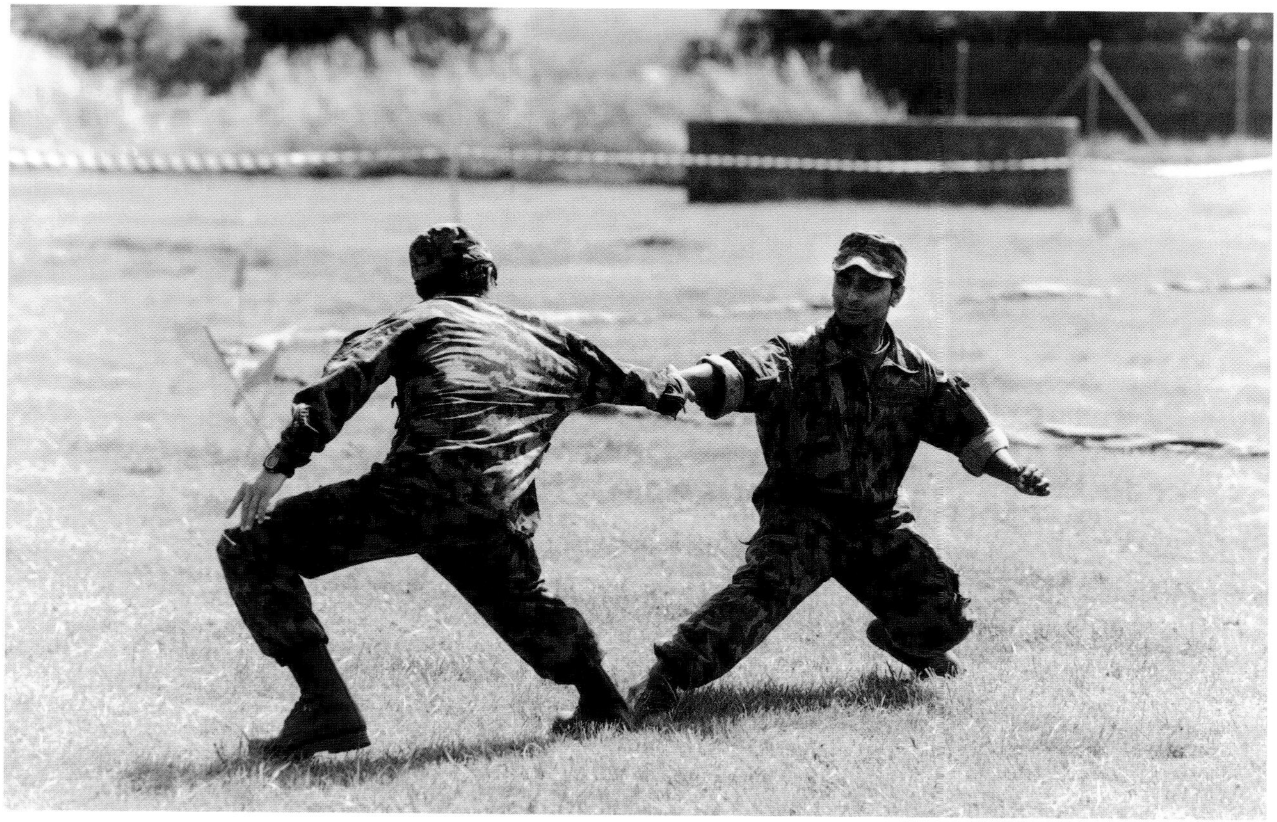

203

«Die Eltern müssen mit der Schule zusammenarbeiten.»

Dharmini Amirthalingam wäre gerne Ärztin geworden. Jetzt hilft sie tamilischen Eltern, sich im Schweizer Schulsystem besser zurecht zu finden.

Paula Lanfranconi

Der Zug fährt durch sanfte Hügel, vorbei an Bauernhäusern mit weidenden Kühen. Lützelflüh zieht vorüber, dann Sumiswald. Wir sind da. Mitten im Gotthelfland. Auch das Haus, wo Dharmini Amirthalingam mit ihrem Mann, der Tochter und den zwei Söhnen lebt, ist ein Bernerhaus mit tief heruntergezogenem Dach. In der Stube dann tut sich eine ganz andere Welt auf. Auf einem Regal glänzen, wie in allen tamilischen Familienwohnungen, zierliche Pokale – Preise, die die Kinder für gute Leistungen in tamilischer Sprache und Kultur gewonnen haben.

Ein Pokal tanzt aus der Reihe. Er ist voluminöser als die anderen. Das sei ein Fussballpokal, geholt hätten ihn aber nicht ihre Söhne, sondern die Tochter, erklärt Dharmini, und in ihren Augen blitzt Stolz auf: «Karthiga ist sehr unternehmungslustig. Mit 13 wollte sie unbedingt Fussball spielen wie ihre Brüder.» Und da gründete Dharmini eben diese Mädchen-Fussballgruppe. Obwohl einige Eltern warnten: Du übernimmst eine grosse Verantwortung! Was, wenn sich eines der Mädchen verliebt? Einmal hatte Dharmini tatsächlich Angst vor ihrem eigenen Mut: «Ein Mädchen hatte den Krampf im Fuss, ein Junge massierte sie. Aber es war ein Unfall, darum akzeptierten die Eltern die Hilfe des Jungen.»

Dharmini ist 43. Eine Frau mit strahlenden Augen, einfühlsam und stark. Wäre es nach den Plänen ihrer Eltern gegangen, wohlhabenden Bauern, wäre Dharmini jetzt wohl Ärztin in Jaffna. Doch sie prahlt nicht gerne mit ihren Fähigkeiten, sagt nur, sie sei wahrscheinlich gut gewesen in der Schule. Ihre Leistungspunkte genügten jedenfalls für einen Platz an der Universität. «Aber ich hatte Pech», erzählt sie, «die Regierung änderte die Quoten, für Tamilen gab es keine freien Plätze mehr.» In ihrer Enttäuschung ging die junge Frau nach Colombo und besuchte dort eine private Handelsschule. Und wieder holte sie das Schicksal ein: Dharmini hatte gerade die erste Prüfung bestanden, als 1983 der Pogrom gegen die Tamilen ausbrach. «Eine schreckliche Zeit, wir konnten mehrere Wochen nicht aus dem Haus», erinnert sie sich.

Eigentlich wollte Dharmini damals nach London gehen, um ihre Ausbildung doch noch abzuschliessen. Aber da hielt Vaitheesparan, ihr zukünftiger Mann, bei ihren Eltern um ihre Hand an. So kam die junge Frau 1985 in die Schweiz. Es war Winter und bitter kalt. Dharmini fühlte sich einsam, weinte viel. «Ich dachte, mein Bildungsleben ist vorbei, wegen der Sprache.» 1986 kam ihre Tochter zur Welt, bald darauf die beiden Söhne. So lernte Dharmini die Schweizer Schule kennen. «Es ist ein ganz anderes System», sagt sie. «Die sri-lankischen Schulen vermitteln nur Wissen, die Schule hier bereitet die Kinder aufs Leben vor.» Viele tamilische Eltern verstünden das nicht.

Das grosse Problem kommt ab der fünften Klasse. Es heisst Selektion. Fast alle tamilischen Eltern sind ehrgeizig. «Wenn ihr Kind nicht in die Sekundarschule gehen kann, denken sie: Die Zukunft ist verloren!» Familien, die Geld haben, schicken ihre Kinder in eine

Privatschule oder zumindest in Nachhilfestunden, so, wie sie es von Sri Lanka gewohnt sind. Zerplatzen ihre Träume, greifen sie manchmal zu Gewalt. Andere Familien gehen nach Kanada oder England. Sie hoffen, ihr Kind habe in einem englischsprachigen Land mehr Chancen. Meistens bringe das aber nichts, sagt Dharmini: «Jedes Kind hat Talente, aber wenn sogar wir Eltern die Begabungen unserer Kinder nicht kennen, hat es keinen Sinn, von einem Ingenieur oder Doktor zu träumen.»

Manchmal irritiert es Dharmini, dass die Eltern ihren Kindern kaum Freizeit lassen. Am Mittwochnachmittag gehen die Kinder in den tamilischen Sprachunterricht, am Samstag in Kurse für tamilische Kultur. Sie lernen mindestens ein Musikinstrument, treiben Sport und besuchen auch noch Englisch- oder Computerkurse. Und das alles neben der Schweizer Schule. Dass ihre Kinder überfordert sind, merkten die Eltern lange nicht, stellt Dharmini fest. «Sie verstehen die Sprache oft nicht so gut und bemerken so auch Fehler nicht. Deshalb denken sie: Unser Kind hat noch mehr Kapazität!» Wenn ihre Eltern von Anfang an streng waren, wagten die Kinder nicht, sich gegen die Überbelastung zu wehren.

Dharmini kennt sich aus mit Schulproblemen. Sie informiert im Rahmen von wisnew, den Berner Fachfrauen für Migration, fremdsprachige Mütter über das Schweizer Schulsystem. Dass es eigentlich 26 Systeme sind, macht alles noch komplizierter. Wenn Dharmini mit verunsicherten Eltern spricht, erzählt sie von ihren eigenen Erfahrungen. Sie möchte aufzeigen, dass die Schweizer Schule durchlässig sei: «Ich sage den Eltern: Ich habe auch einen Sohn, der in die Realschule geht. Aber er hat gelernt und ist jetzt in Mathe auf Sekundarschulniveau.»

Dharmini ist für ehrgeizige Eltern auch deshalb glaubwürdig, weil es ihre Tochter an die Mittelschule geschafft hat. Auch Gowdhaman, ihr Jüngster, wollte ans Gymi, aber er bestand die Prüfung nicht. Jetzt geht er ins neunte Schuljahr. Er kann gut zeichnen, sein aktueller Berufswunsch ist Kartograf. Bald wird Dharmini mit ihm ins Berufsinformationszentrum gehen.

Dass ihre Kinder eine Lehre machen, können sich viele tamilische Eltern nicht vorstellen – auch, weil es in Sri Lanka keine duale Berufsbildung nach Schweizer Muster gibt. Ambitiöse Familien setzen deshalb aufs Gymnasium, denn Bildung bedeutet für sie ganz klar Prestige. Umso grösser ihr Frust, wenn es nicht klappt. Solchen Eltern sagt Dharmini: Ihr Kind könnte auch eine Lehre mit Berufsmittelschule machen und nachher an die Fachhochschule gehen. Sie ermutigt ihre Landsleute auch, zur Berufsberatung zu gehen. Doch einige winken ab. Das bringe nichts. Tatsächlich gibt es manchmal kulturspezifische Missverständnisse: Die Jugendlichen kommen von der Beratung nach Hause und erzählen zum Beispiel begeistert, sie möchten Coiffeuse oder Schreiner werden. Doch die Eltern sagen: Coiffeuse? Schreiner? Nie! Das sind Tätigkeiten für Leute aus den untersten Kasten. Über die Kastenzugehörigkeit, sagt Dharmini, spreche die tamilische Gemeinschaft in der Schweiz nicht. Trotzdem spielt sie noch immer eine wichtige Rolle. Eine von Dharminis Schwestern hat einen Mann aus einer tieferen Kaste geheiratet, die Familie ging nicht ans Hochzeitsfest. Zu Hause habe das für Diskussionsstoff gesorgt: «Unser jüngster Sohn sagte: Kasten sind ein Unrecht! Die Leute werden dort hineingeboren und können nichts ändern.» Seither, erzählt Dharmini, akzeptierten sie die Ansicht ihres Sohnes, und sie besuchen auch die Schwester wieder.

Dharmini ist stolz darauf, dass ihre Kinder zu Hause ihre Meinung sagen können. Natürlich gebe es manchmal Probleme. Karthiga zum Beispiel sei eine Zeitlang sehr extrem gewesen: «Sie wollte mit 12 ein Punk sein, mit schwarzem Lippenstift, Nasenpiercing und so – das akzeptierte ich.» Aber mit den Stachelarmbändern habe sie «ein schreckliches Gefühl gehabt», erzählt Dharmini. Sie habe dem Mädchen erlaubt, die Armbänder zu kaufen, aber sie durfte sie nie an tamilischen Festen tragen. Inzwischen sei diese Punkphase vorbei, und Karthiga schmücke sich für tamilische Anlässe sogar mit dem Pottu.

Was müsste man denn tun, damit die tamilischen Kinder eine gute Zukunft haben? «Die Eltern», sagt Dharmini, «müssen mehr mit der Schweizer Schule zusammenarbeiten, sollten verstehen, was die hiesige Realität ist.» Und wenn ein Kind Unterstützung brauche, müsse es sie bekommen. Dass die Eltern Nachhilfeunterricht in Deutsch organisieren, sei schon richtig. Aber: «Dort folgen sie einfach einem Buch. Viel nützlicher wäre es, wenn die Nachhilfelehrerin mit der Schweizer Lehrerin zusammenarbeitet und gezielt dort hilft, wo das Kind Probleme hat.»

Was ihre eigene Zukunft anbetrifft, ist Dharmini «im Spagat», wie sie sagt. Ihr Mann werde sicher zurückgehen. Sie selber möchte das eigentlich auch. Aber die Kinder, die seien hier. «Wahrscheinlich», sagt Dharmini, «werde ich manchmal ein halbes Jahr hier und ein halbes Jahr dort leben.» Um freier zu sein, liess sie sich und die Kinder einbürgern.

Und das mit dem Mädchen-Fussballteam – das möchte Dharmini schon noch einmal probieren. Die Mädchen der jetzigen Gruppe seien 18 und wollten nicht mehr mitspielen, offenbar, weil junge Männer während des Spiels blöde Sprüche machten. Dharmini sagte den Mädchen: Ihr müsst nicht hinhören, ihr müsst euch aufs Spiel konzentrieren! Und dann hätten sie tatsächlich gewonnen. Das sei Empowerment, sagt Dharmini.

Das Risiko möchte sie aber nicht mehr allein tragen. Denn Dharmini weiss: Die Eltern wollen einen guten Mann für ihre Töchter suchen. Und wenn die Mädchen dann auf dem Fussballplatz einen Jungen kennen lernen und sich verlieben, würden die Eltern ihr, Dharmini, die Schuld geben: «Es würde eine Revolution ausbrechen!»

Wie alles anfing

«Tamilen sind die beliebtesten Ausländer», «Tamilen sind sehr gut integriert». Solche Sätze bekam ich immer wieder zu hören und in den Medien zu lesen. Ich selber kannte keinen Tamilen persönlich, obwohl in meinem Stadtquartier sehr viele Tamilen leben. Von aussen beobachtete ich, wie sie ihre kleinen Kinder zur Schule brachten, wie sich lange Warteschlangen vor einer tamilischen Beratungsstelle am Ende meiner Strasse bildeten, wie sich Ehepaare in einem Bus oft hintereinander setzten oder wie sie wunderschön gekleidet von irgendwelchen Festen zurückkamen. Meine Neugier war geweckt, und ich überlegte mir, wie ich Kontakt knüpfen könnte. Ich entdeckte einen Flyer, der eine Veranstaltung eines Vereins von schweizerischen und tamilischen Frauen ankündigte.

Mit Srikalasena fing alles an; einer sehr lebhaften, aktiven und offenen Frau, Mutter von drei Kindern und Lehrerin in tamilischer Sprache. Ich fotografierte ihren Unterricht und bald darauf sie als Schülerin in einem Deutschkurs für Frauen. Durch Srikalasena lernte ich weitere Menschen kennen und durch jeden wieder weitere und weitere. Je mehr Einblick ich in das Leben der Tamilen in der Schweiz bekam, desto mehr wollte ich über sie erfahren. Bald war ich diesem Thema verfallen. Mich faszinierten die Geschichten der Menschen, ihre reiche Kultur, die sie hier leben, die Vielzahl an religiösen, kulturellen, sportlichen und politischen Anlässen, die oft unbemerkt von der schweizerischen Gesellschaft stattfinden, zu denen Tausende aus der ganzen Schweiz, zum Teil auch aus dem angrenzenden Ausland anreisen. Ich befand mich auf einer Entdeckungsreise mit offenem Ausgang.

Diese Reise lief nicht immer ganz ohne Missverständnisse und sprachliche Schwierigkeiten ab. Als ich beispielsweise nach vielen gescheiterten Versuchen glaubte, nun doch noch ein von mir lang ersehntes Foto machen zu können, nämlich das aufwändige Schmücken einer Braut, und ich wie abgemacht um neun Uhr in der Wohnung des Bräutigams erschien, war alles um sechs Uhr schon fertig und die Braut in einem ganz anderen Stadtteil. Warum ich eine noch nicht perfekt fertig geschmückte Braut fotografieren wollte, leuchtete ihnen nicht ein und war auch nicht erwünscht.

Ein anderes Mal kündigte ich einen Tempelbesuch in einer kleinen Ortschaft an. Ich betonte, ich hätte kein Auto, und mir wurde der Weg zu Fuss vom nächsten Bahnhof erklärt. Dieser Weg war zwar nur geradeaus, doch führte er aus dem Dorf heraus und schien nicht mehr enden zu wollen. Nach einigen Kilometern im Dunkeln, ich wollte schon aufgeben, traf ich auf einen Bauer, der zu seinen Kühen schaute und zu meinem Erstaunen wusste, wo sich der Hindu-Tempel befand: noch ein Stück geradeaus, versteckt hinter einem Silo. Dort angekommen, war ich von der herzlichen Aufnahme, der Schönheit der Tempeldekoration und der andächtigen Stimmung überwältigt. Ich setzte mich in einer Ecke auf den Boden und wurde gleich freundlich auf die andere Seite geführt. Erst später verstand ich, dass ich mich auf der Seite der Männer befunden hatte.

Nach den vielen Malen, die ich bei verschiedenen Familien gewesen war und jedesmal grosszügig verköstigt wurde, wollte ich meine neuen Bekannten endlich einmal zu mir nach Hause einladen. Sogleich stellte ich mir Fragen, ob es ihnen gefallen wird, ob ihnen das Essen schmecken wird. Bei einem Gespräch im Park fragte ich Vathany einmal, ob sie eigentlich gerne von Schweizern eingeladen würde. «Ja, eigentlich wären wir schon froh, doch wir haben ein bisschen Angst, ob wir uns richtig benehmen und gut mit Messer und Gabel essen.» Es folgten sehr schöne Abende, die alle vorhergehenden Unsicherheiten in den Wind schlugen. Ich hoffe, dass mir eine Priesterfamilie den eihaltigen Schokoladenkuchen verzeiht. Dass das Menü vegetarisch sein musste, wusste ich. Doch dass Leute aus der Priesterkaste auch keine Eier essen, daran dachte ich erst zu spät.

Nun sind zweieinhalb Jahre vergangen. Mich beeindruckt die Stärke der Menschen, die oft traumatische Erlebnisse hinter sich haben und hier in der Schweiz schwere Arbeit verrichten müssen, die ihrer Qualifikation in keiner Weise entspricht. Sie werden für ihren Fleiss und ihre Freundlichkeit geschätzt. Auch dafür, dass sie nicht negativ auffallen und aus den Schlagzeilen verschwunden sind. Bedeutet dies Integration? Wie auch immer, es ist jedenfalls eine enorme Leistung, in kurzer Zeit vom Unbehagen auslösenden Migranten zum beliebtesten Ausländer zu werden.

Vera Markus

Autoren

Vera Markus

1969 in Australien geboren, aufgewachsen in der Schweiz. Musikstudium (Klavier) in New York und Berlin.
Vera Markus ist freiberufliche Fotografin. Ihre Bilder wurden in verschiedenen Zeitungen und Zeitschriften publiziert.
1997-2000 freie Fotografin in Tel Aviv.
2000 Organisation und Teilnahme an der Ausstellung «Zeitgenössische Fotografie aus Israel» in Berlin.
Von 2000 bis 2002 Bildredaktorin bei der NZZ. 2004 Fotografien für die Ausstellung «Hinduistisches Zürich» im Stadthaus Zürich.
2005 erscheint das Buch: «Tag für Tag – Was unheilbar kranke Kinder bewegt» mit Fotos von Vera Markus.

Paula Lanfranconi

1950 in Dagmersellen/LU geboren. Lebt seit vielen Jahren in Zürich und arbeitet als freie Journalistin unter anderem für den Tages-Anzeiger und die Universität Zürich. Ihre Schwerpunkte sind Gesundheits- und Sozialthemen. Am liebsten schreibt sie über Menschen, die nicht auf der Sonnenseite des Lebens stehen oder die ein schwieriges Schicksal zu meistern haben.
Sie ist Autorin des Buches «Morgen ist alles anders… Leben mit Alzheimer» (2002).

Damaris Lüthi

1959 in Unterseen/BE geboren. Studium der Ethnologie an der Universität Bern und der London School of Economics, regionale Spezialisierung auf Südasien. Feldforschung im Tamilengebiet Südindiens, 1999 Promotion.
2001-2003 Leitung einer Studie zum sozialen Wandel bei Sri Lanka-tamilischen Flüchtlingen in der Schweiz, unterstützt durch den Schweizerischen Nationalfonds.
Seit 1993 Autorin ethnografischer Filme.
Seit 2002 Entwicklungsexpertin für Frauenprojekte in Indien beim Elisabethenwerk des Schweizerischen Katholischen Frauenbunds.
Autorin u. a. der folgenden Publikationen: «Private Reinlichkeit, öffentliches Chaos: Un/reinheit und Raum im südindisch-tamilischen Kottar» (Zeitschrift für Ethnologie 129, 2004). «Umgang mit Gesundheit und Krankheit bei tamilischen Flüchtlingen im Raum Bern» (Arbeitsblätter des Instituts für Ethnologie, Universität Bern, 2004).

Markus Spillmann

1967 in Basel geboren, Studium der Politologie, Geschichte und Volkswirtschaft an den Universitäten von Basel und Zürich.
Lizentiat über Länderrisiko-Analyse.
Seit 1995 bei der NZZ, zunächst als Dienstredaktor der Auslandredaktion, dann als Auslandredaktor mit Zuständigkeit u. a. für Südasien.
Seit Sommer 2001 Leiter der Auslandredaktion der NZZ am Sonntag und Stv. Redaktionsleiter.

Martin Stürzinger

1956 in Zürich geboren. Ausbildung als Primarlehrer, Studium der Philosophie, Geschichte und Publizistik an der Universität Zürich.
Seit 1985 arbeitete er als Journalist und Redaktor für verschiedene Zeitungen und Zeitschriften.
2000-2002 war er Länderexperte für Asien mit Schwerpunkt Sri Lanka bei der Schweizerischen Flüchtlingshilfe (SFH).
Seit 2003 ist er Berater für zivile Friedensförderung auf der Schweizerischen Botschaft in Colombo.
Er ist Autor des Buches «Sri Lanka: Tee, Tempel, Turmaline – Land der lauten und leisen Töne» (1995).

1. Auflage März 2005

Buchkonzept und Fotografie: Vera Markus
Gestaltung: Rogério Franco
Editorische Betreuung: Peter Zehnder, Ulrike Groeger
Lektorat: Esther Hürlimann
Korrektorat: Karina Wisniewska
Lithografie und Druck: Meier Waser Druck AG, Feuerthalen
Buchbindung: Burkhardt AG, Mönchaltdorf

© 2005 Offizin Verlag, Zürich
© Fotografien by Vera Markus, Zürich
© Texte by Autoren

Alle Rechte vorbehalten
ISBN 3-907496-35-3

Bibliografische Information der Deutschen Bibliothek:
Die Deutsche Bibliothek verzeichnet diese Publikation in der deutschen
Nationalbibliografie; detaillierte bibliografische Daten sind im Internet über http://dnb.de abrufbar.